THÉORIE ET PRATIQUE

GRAMMAIRE FRANÇAISE

ET DICTÉES

PAR

P. LAGLAINE

Professeur de langue française

(Ce que chacun doit savoir).

PARIS

NOUVELLE LIBRAIRIE CLASSIQUE

VICTOR SARLIT, LIBRAIRE-ÉDITEUR

RUE SAINT-SULPICE, 25

GRAMMAIRE FRANÇAISE

Wassy. — Imp. Mougin-Dallemagne.

THÉORIE ET PRATIQUE.

GRAMMAIRE FRANÇAISE ET DICTÉES

PAR

P. LAGLAINE

PROFESSEUR DE LANGUE FRANÇAISE

Ce que chacun doit savoir.

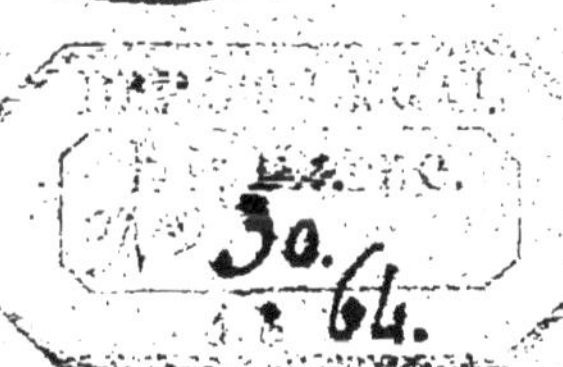

PARIS

NOUVELLE LIBRAIRIE CLASSIQUE

VICTOR SARLIT, LIBRAIRE-ÉDITEUR

RUE SAINT-SULPICE 25

1864

PLAN ET BUT

DE CET OUVRAGE.

L'enfance a besoin d'une main qui la guide; l'adolescence, surtout dans sa première période, réclame, exige le secours d'un œil qui l'éclaire. Mais l'enfance ne veut pas être effrayée; mais la première adolescence ne veut pas être fatiguée, disons le mot, ennuyée par des démonstrations trop sèches, par le conflit d'opinions, de disputes qui, au lieu de faire jaillir la lumière, n'aboutissent qu'à laisser les jeunes intelligences dans l'indécision, la perplexité, et finissent par amener l'indifférence d'abord, et bientôt le dégoût.

Pour obvier à d'aussi déplorables conséquences, nous avons cru devoir simplifier le plan adopté jusqu'ici par les auteurs, non pas d'une Grammaire plus ou moins savante, mais de traités où l'on affecte de ne vouloir s'occuper que des plus simples principes grammaticaux.

Convaincu que, dans un siècle où l'on a hâte d'apprendre vite et beaucoup, il faut élaguer de chaque science toutes les questions qui peuvent ne tendre qu'à la rendre obscure, diffuse, et difficilement compréhensible ; persuadé particulièrement, grâce à une longue expérience, que la Grammaire française peut et doit être débarrassée d'une foule d'entraves, d'anomalies, nous avons jugé convenable de restreindre à quelques pages seulement la théorie de ce qu'on est convenu d'appeler les *Dix parties du discours*.

Puis, reprenant l'une après l'autre chacune de ces parties, nous nous sommes borné à l'application pratique du genre et du nombre, dans les subtantifs et dans les adjectifs. — Des phrases détachées, suivies d'une série de substantifs et d'adjectifs se rattachant à la même règle, fourniront à l'instituteur, au père de famille, un thème d'exercices à dicter à ses élèves, à ses enfants.

Quant aux pronoms, partie trop négligée, selon nous, nous en précisons la nature, les fonctions, et la différence qui existe entre eux et les adjectifs du même nom. En procédant ainsi, nous avons espéré rendre l'analyse grammaticale plus facile.

Le genre, ordinairement mal appliqué, de plusieurs substantifs; les variations dans la signification, que subissent, en passant d'un genre ou d'un nombre à un autre genre ou à un autre nombre, un certain nombre de substantifs; les règles relatives aux adjectifs numéraux, indéfinis, aux *quelque*, aux *tout*, etc., sont, dans notre ouvrage, l'objet d'explications spéciales, d'exercices particuliers.

Dans nos exercices, dans nos phrases détachées qui, toutes, présentent un intérêt moral, religieux, historique, anecdotique ou scientifique, nous avons donné tous les temps de plus de deux mille verbes irréguliers.

Des tableaux comparatifs présentent, d'une manière analytique et raisonnée, toutes les règles du Participe passé, et le moyen aussi simple que facile de distinguer l'adjectif verbal du Participe présent. Une liste des participes qui doivent toujours être invariables, et d'autres détails que nous n'avons pas à mentionner ici, terminent cette première partie du travail que d'honorables sympathies nous engagent à livrer à la publicité.

Dans une seconde partie, dans un cours de dictées en texte suivi, nous traitons de tout ce qui a rapport à l'emploi des modes, à l'étymologie, aux homonymes et à l'orthologie.

Nous dédions cet ouvrage à cette chère jeunesse qui, depuis vingt ans, est l'objet de nos soins, de notre sollicitude, de nos veilles, de notre dévouement ; à nos confrères ; aux pères et aux mères de famille.

11 avril 1864. Paulin LAGLAINE.

GRAMMAIRE FRANÇAISE

NOTIONS PRÉLIMINAIRES.

La Grammaire française est l'art de parler et d'écrire correctement en français.

Une langue se compose de mots ; un mot est l'expression d'une idée. Les mots sont composés de lettres ; l'alphabet français compte vingt-cinq lettres ou caractères, qui sont :

a, b, c, d, e, f, g, h, i, j, k, l, m, n, o, p, q, r, s, t, u, v, x, y, z.

On divise les lettres en *voyelles* et en *consonnes*. Les *voyelles* sont *a, e, i, o, u, y* (i grec). Elles sont ainsi nommées parce que seules elles forment une *voix*, un son. *Consonne* vient de deux mots latins signifiant qui *sonne avec* ; les *consonnes*, en effet, ne peuvent produire un son plein et distinct qu'avec le concours d'une ou de plusieurs voyelles. Nous croyons que toutes les lettres de l'alphabet doivent être du genre masculin. Il faut donc dire : un *r*, un *n*, un *h*, un *s*, un *m*, un *l*, etc.

On appelle *diphtongue* toute syllabe qu'on prononce en faisant entendre, d'une seule émission de voix, le son de deux voyelles, comme *ie*, *ui*, *oui*, dans *ciel*, *nuit*, *fouine*. Nous ajouterons : *ia*, *ieu*, *iu*.

Les voyelles sont *longues* ou *brèves*. Les voyelles *longues* sont celles sur lesquelles on appuie plus longtemps que sur les autres en les prononçant. Les *brèves* sont celles sur lesquelles la prononciation s'opère plus promptement. Par exemple *a* est long dans *châsse* (sorte de coffre où l'on garde les reliques), et bref dans *chasse* (action de chasser, de poursuivre).

On distingue trois sortes d'*e* : l'*e* muet, l'*e* fermé, l'*e* ouvert.

L'*e* muet a un son à peine sensible à la fin ou dans le corps de certains mots ; souvent même ce son est complètement nul : *pomme, crucifiement, assemblée*. L'*e* fermé se prononce la bouche presque fermée : *aménité, volonté*. Pour prononcer l'*e* ouvert, il faut ouvrir davantage la bouche : *Cérès, abcès, procès*.

L'*y* s'emploie tantôt pour deux *i*, et tantôt pour un seul.

Il équivaut à deux *i* dans le corps de tout mot où il est précédé d'une voyelle : *ennuyer, rudoyer, royaume*. Placé entre deux consonnes, au commencement ou à la fin des mots, il s'emploie pour un seul *i* : *hyperbole, hymne, bey, étymologie, yacht, yeux, yeuse*.

La consonne *h* est *muette* ou *aspirée*. Elle est *muette* quand elle est nulle pour la prononciation, comme dans les mots : l'*humeur*, l'*héroïne*, l'*humus*, l'*humanité* ; et *aspirée* quand elle fait prononcer du gosier la voyelle suivante, et empêche la liaison du mot précédent avec cette syllabe, comme dans : *le héros, le héraut, la haine, la honte, le hameau*.

Une ou plusieurs lettres formant un son et se prononçant par une seule émission de voix, produisent une *syllabe*. On appelle *monosyllabes* les mots qui n'ont qu'une seule syllabe : *dent, vent, loup* ; *dyssyllabes*, les mots qui en ont deux : *santé, jardin* ; *tryssyllabes*, ceux qui en ont trois : *lentement, comprendre*. Un *polysyllabe* est un mot composé de plusieurs syllabes, quel que soit du reste le nombre de ces dernières : *appartement, fourchette, ruine, cathédrale, Nabuchodonosor*.

Une *idée* est la notion que l'esprit reçoit ou se forme de quelque chose. De l'*idée* naît la *pensée*. La *pensée* est une opération de l'intelligence par laquelle l'esprit examine, considère d'abord deux choses en elles-mêmes, et ensuite dans les rapports qu'elles peuvent avoir entre elles : *Dieu est miséricordieux*.

La *pensée*, dirons-nous plus simplement, est le résultat de la comparaison de deux idées.

On appelle *phrase* une ou plusieurs *propositions* présentant à l'esprit un sens complet. Toute *proposition* est l'expression d'une pensée ; ou bien encore : une *proposition* est l'énoncé d'un *jugement* par lequel on affirme qu'il y a ou qu'il n'y a pas rapport entre deux idées données : *Ce cheval est fougueux ; la vertu n'est pas toujours heureuse*.

Le *discours* est une suite de mots, de phrases qu'on emploie pour exprimer sa pensée, pour exposer ses idées. Il y a dix espèces de mots ou parties du discours ; ce sont : le *Nom* ou *Substantif*, l'*Article*, l'*Adjectif*, le *Pronom*, le *Verbe*, le *Parti-*

cipe, l'*Adverbe*, la *Préposition*, la *Conjonction* et l'*Interjection*. Les six premières espèces de mots sont *variables ;* les quatre autres sont *invariables*

La *lexicologie* (1) ne s'occupe que des mots considérés seuls, en eux-mêmes, au point de vue de l'*étymologie* et des acceptions, ainsi que des modifications qu'ils ont subies ou qu'ils peuvent être appelés à subir.

La *syntaxe*, au contraire, traite des mots dans leurs rapports mutuels, et en établit l'arrangement, la construction, selon les règles de la grammaire.

Passons rapidement en revue chaque partie du discours ; viendront ensuite les principes et leur application. Nous n'aurons guère à donner ici que des définitions.

I

DU NOM.

Le NOM ou *Substantif* sert à représenter, à désigner les personnes ou les choses, tous les êtres, tous les objets, qu'ils existent dans la nature ou seulement dans notre esprit. Exemple . *Dieu, loi, ciel, herbe, château, vertu, courage.*

Il y a deux sortes de noms : les noms *propres* et les noms *communs*.

Le nom *propre* est ainsi appelé parce qu'il est la propriété d'un seul être, d'un seul individu, d'un seul objet : *Pompée, Annibal*, la *Loire*, *Charlemagne*, *Napoléon*, les *Cévennes*, la *Gaule*. Le nom *commun*, au contraire, convient, est *commun* à tous les êtres, à tous les objets d'une même nature, d'une même espèce : *homme*, *cheval*, *table*, *poularde*.

Les noms communs sont *collectifs*, lorsque, quoique au singulier, ils réveillent dans notre esprit l'idée de plusieurs êtres, de plusieurs objets de même espèce, considérés en même temps et ensemble : *armée*, *assemblée*, *bande*, *foule*, etc. On appelle *noms composés* les noms formés à l'aide de deux ou plusieurs mots, n'ayant que la valeur d'un seul mot ; il faut dans un *nom composé* autant de traits d'union qu'il y a de mots, moins un : *pince-sans-rire*, *avant-coureur*.

Les noms sont dits *abstraits* lorsqu'ils désignent des propriétés, des qualités, des facultés, indépendantes des êtres ou des objets auxquels ces qualités, ces propriétés ou facultés, peuvent convenir : *modération*, *blancheur*, *âcreté*, *douceur*, *sagesse*, *malheur*, *déshonneur*, *gloire*, etc.

(1) *Lexicologie* vient de deux mots grecs qui signifient *traité des mots*.

Les noms ont deux propriétés : le *genre* et le *nombre*.

Le *genre* est la propriété qu'ont les noms de représenter les êtres mâles ou femelles. Il y a deux genres : le *masculin* et le *féminin*. — L'analogie et l'arbitraire ont donné le genre *masculin* ou le genre *féminin* à des objets qui ne sont ni mâles ni femelles. — Le *masculin* est le genre des noms représentant les êtres mâles ou les objets admis conventionnellement comme tels : *homme, lion, hôtel, livre, couteau*. Le *féminin* est le genre des noms représentant les êtres femelles ou les objets admis conventionnellement comme tels : *femme, lionne, lune, chaise*.

II

DE L'ARTICLE.

L'ARTICLE est un mot qui indique que les noms sont pris dans un sens déterminé ; il sert aussi à en faire connaître le genre et le nombre. *Le* est l'article du nom masculin ; *la* est l'article du nom féminin ; *les* se met avant les noms pluriels des deux genres. *Le, la, les*, sont des articles *simples* ; *du, des, au, aux*, sont des articles *composés*, parce qu'ils résultent de la *contraction* de la préposition *de* ou *à* et de l'article simple : *du* est mis pour *de, le* ; *des*, pour *de, les* ; *au*, pour *à, le* ; *aux*, pour *à, les*. L'article a donc la double propriété du genre et du nombre. *Le* et *la* placés avant un nom commençant par une voyelle ou un *h* muet, perdent la voyelle *e* ou *a*, que l'on remplace par une *apostrophe* ; c'est l'*élision* : *L'humeur, l'argent, l'égoïsme, l'héroïne*. (On écrit et l'on prononce séparément *le héros*.)

L'article est le seul mot de notre langue qui n'ait par lui-même aucune signification.

III

DE L'ADJECTIF.

L'ADJECTIF est un mot qui ajoute aux noms une idée de qualité ou de détermination : élève *studieux*, sciences *exactes*, *mon* fusil, *trois* perdreaux, *quelques* étoiles, *cette* reine. Il y a, par conséquent, deux sortes d'adjectifs : les adjectifs *qualificatifs* et les adjectifs *déterminatifs*. — L'adjectif *qualificatif* ajoute au nom l'idée d'une qualité qui lui est propre : *charitable, généreux, venimeux, vénéneux, rapide*. — Les adjectifs *déterminatifs* précisent la signification du substantif en y ajoutant une idée de nombre ou d'ordre, d'indication, de possession, ou seulement une idée vague, générale, indéfinie : *ces* soldats, *trente* francs, le *dixième* siècle, *vos* cousins, *quelques* personnes. On compte quatre sortes d'adjectifs déterminatifs : les adjectifs *numéraux* (*cardinaux* et *ordinaux*) : les premiers ajoutant aux noms une idée de quantité : *trois*, *cinquante*, *mille* ; les seconds, ajoutant aux noms une idée d'ordre, de rang : le *septième* volume, le *troisième* monarque ; les adjectifs *démonstratifs*, qui ajoutent aux noms une idée d'indication, de désignation : *ce* général, *ces* champs, *cette* planète, *cet* historien : — les adjectifs *possessifs*, qui ajoutent aux noms une idée de possession : *mon* agenda, *sa* tabatière, *nos* ancêtres ; — et enfin, les adjectifs *indéfinis*, qui n'ajoutent guère aux substantifs qu'une idée vague, générale : *quelques* animaux, *tout* homme, *certaines* contrées.

IV

DU PRONOM.

Le PRONOM est un mot qui tient la place du nom, et qui permet d'en éviter la répétition. Le pronom, représentant les êtres ou les objets désignés par le nom, jouit de tous les priviléges, de toutes les propriétés de ce dernier ; il est, par conséquent, du même genre, du même nombre et de la même personne que le nom dont il rappelle l'idée : ajoutons qu'il remplit aussi les mêmes emplois, les mêmes fonctions.

Il y a cinq sortes de pronoms : les pronoms *personnels* ; les pronoms *démonstratifs* ; les pronoms *possessifs* ; les pronoms *relatifs* ; et les pronoms *indéfinis*.

Les pronoms *personnels* sont ceux qui marquent les personnes ou qui en représentent les noms. Ces pronoms représentent également les choses déjà nommées. Il y a dans le discours trois *personnes*, et il ne saurait y en avoir davantage : celle qui parle : c'est la *première* ; celle à qui l'on parle : c'est la *seconde* ; celle de qui l'on parle : c'est la *troisième* ; première personne : *Je*, *me*, *moi*, *nous* ; deuxième personne : *tu*, *te*, *toi*, *vous* ; troisième personne : *il*, *elle*, *ils*, *elles*, *lui*, *leur*, *eux*.

NOTA. Pour tous les *pronoms*, voir, dans les Exercices qui font suite à ces notions indispensables, tous les développements que comporte cette partie du discours.

Les pronoms *démonstratifs* sont ceux qui servent à montrer, à indiquer les êtres ou les objets dont on a déjà parlé : *celui-ci*, *celui-là*, *ce*, *ceci*, *cela*.

Les pronoms *possessifs* servent à marquer la possession de

l'objet dont on parle : *le mien*, *la mienne*, *le tien*, *la tienne*, *le sien*, *la sienne*, *le nôtre*, *la nôtre*. *le vôtre*, *la vôtre*, etc.

Les pronoms *relatifs* sont ainsi appelés parce qu'ils ont rapport à un nom ou à un autre pronom qui les précède, et qu'on appelle antécédent : *qui*, *que*, *dont*, *lequel*, *laquelle*, *lesquels*, *lesquelles*, *duquel*, *de laquelle*, *desquels*, *desquelles*, *auquel*, *à laquelle*, *auxquels*, *auxquelles*.

Les pronoms *indéfinis* sont ceux qui ne désignent, qui ne représentent les êtres ou les objets que d'une manière vague, générale, indéterminée : *On*, *quiconque*, *quelqu'un*, *personne*, *autrui*, *chacun*, *l'un*, *l'autre*, *les uns*, *les autres*.

Nota. Pour distinguer un pronom d'un adjectif du même nom, il faut tout simplement se pénétrer de ce principe : Un pronom est toujours et doit toujours être employé seul ; un adjectif, au contraire, doit toujours être suivi d'un nom.

V

DU VERBE.

Le VERBE est un mot qui affirme, soit une action faite ou reçue par le sujet, soit simplement l'état ou la qualité du sujet, et qui se conjugue par personnes, par nombres, par temps et par modes. Le verbe (du latin, *verbum*, parole) est le mot par excellence, puisque sans lui on ne peut énoncer une proposition, une pensée.

Le *sujet* du verbe, c'est l'être ou l'objet soumis à l'affirmation marquée par le verbe ; c'est l'être ou l'objet qui *est*, qui fait ou qui reçoit l'action exprimée par le verbe : nous *viendrons*, nous *sommes* vertueux, les chevaux *ont été* domptés.

Le *complément* ou *régime*, c'est l'être ou l'objet *recevant* directement ou indirectement l'affirmation, l'action. De là, deux sortes de compléments : le complément *direct* et le complément *indirect* : Le maître récompensera le *travail* ; il donnera une récompense aux *élèves* qui feront des *progrès*

Dans les verbes, le nombre annonce que l'affirmation est produite par une ou par plusieurs personnes : *Je* danse, *nous* discutons ; *il* traduit ; *elles* étudieront ; *tu* vas en classe ; *nous* allons à la chasse ; *vous* réussirez.

La personne indique que le *sujet* est de la première, de la seconde ou de la troisième personne. — Tous les noms ou substantifs sont de la troisième personne.

Le *temps* est la partie de la durée à laquelle correspond l'affirmation qu'exprime le verbe. — Le *temps* en grammaire, comme en tout autre cas, est ou *présent*, ou *passé*, ou *à venir* : au lieu de dire *à venir*, on dit, en grammaire, *futur*.

Le *présent* ne peut se diviser ; il entraîne avec lui une idée d'instantanéité, c'est-à-dire qu'il exprime l'affirmation au moment, à l'instant même où elle a eu lieu. En effet, supposez une action écoulée depuis un millionième de seconde, elle appartient au *passé* ; qu'elle *doive* s'accomplir dans un trillionième de minute, elle est *future*.

Le *passé* et le *futur* revêtent différentes formes, une action ou une affirmation pouvant être plus ou moins ancienne, ou pouvant avoir lieu dans un avenir plus ou moins éloigné. Le *passé* aura donc plusieurs formes : l'*imparfait*, le *passé défini*, le *passé indéfini*, le *passé antérieur*, le *plus-que-parfait* : le *futur* aura deux formes nécessaires : le futur *absolu*, exprimant qu'une affirmation aura lieu, et le futur *antérieur*, annonçant qu'une affirmation *aura eu lieu avant* une autre affirmation également *à venir*.

Les temps sont *simples*, s'ils expriment l'affirmation avec le verbe lui-même : nous *partirons*, nous *arrivâmes*, que nous *inventions*. — Les temps sont *composés*, s'ils ne peuvent exprimer l'affirmation qu'à l'aide de l'un des temps des verbes *avoir* ou *être* et du participe passé du verbe que l'on doit employer : Nous *avons combattu*, ils *sont morts*, nous *eussions* applaudi.

Les cinq temps *primitifs*, le présent de l'indicatif, le passé défini, le présent de l'infinitif, le participe présent, le participe passé, servent à former tous les autres temps, qu'on appelle temps *dérivés*, c'est-à-dire formés des autres.

MODES.

On appelle *modes* les différentes manières dont les verbes présentent l'affirmation.

Il y a cinq modes : l'*indicatif*, le *conditionnel*, l'*impératif*, le *subjonctif* et l'*infinitif*.

L'*indicatif* exprime l'affirmation d'une manière positive, certaine, absolue, que cette affirmation soit présente, passée ou future : *je viens*, *je vins*, *je viendrai*. — Le *conditionnel* présente l'affirmation sous l'idée d'une condition : *je voudrais*, *j'aurais voulu*. — L'*impératif* est le mode du désir, de la prière, de l'exhortation, du commandement : *travaillez*, *portez-vous bien*, *soyez heureux*, *ne sortez pas*. — Le *subjonctif* exprime l'affirmation d'une manière dépendante, subordonnée, soumise à une autre idée, à une autre affirmation : *je veux qu'il parle*, *je doute que vous fassiez cela*. — L'*infinitif* exprime l'existence, l'état ou l'action, d'une manière indéfinie, générale ; ce mode n'a ni nombre ni personne : *Courir*, *vendre*, *apercevoir*, *avoir couru*.

DES DIFFÉRENTES SORTES DE VERBES.

Il n'y a réellement qu'un verbe, et c'est le verbe *être*, qui seul exprime l'existence. On l'appelle, lorsqu'il est employé seul, *verbe substantif*, et lorsqu'il entre dans un temps composé d'un autre verbe, il prend le nom de *verbe auxiliaire* Le verbe *avoir*, employé seul, a un sens actif ; il marque une idée de possession ; d'où nous croyons qu'on pourrait fort bien le désigner sous le titre de verbe *possessif* ; dans les temps composés des autres verbes, il est, comme le verbe être, *auxiliaire*, c'est-à-dire qu'il aide, qu'il sert à conjuguer d'autres verbes dans leurs temps composés.

Il n'y a réellement qu'un verbe, avons-nous dit, le verbe *être* ; tous les autres verbes sont dits *attributifs*, parce qu'ils renferment en eux le verbe être et l'attribut : *je dors*, *je suis dormant*, *je pratique la vertu*, *je suis pratiquant la vertu*.

On distingue cinq sortes de verbes : les verbes *actifs* ou *transitifs*, qui expriment une action faite par le sujet et pouvant se transmettre directement à un autre être ou à un autre objet ; ce qui constitue ce que nous appelons en grammaire le *complément direct* : *j'ai tué un lièvre*, *les Lacédémoniens honoraient la vieillesse*. Dans les verbes *passifs*, le sujet souffre, reçoit l'action : *il a été blessé*, *nous serons estimés*. Les verbes *neutres* ou *intransitifs* expriment aussi une action faite par le sujet ; mais cette action ne peut pas se transmettre directement, ou si l'on aime mieux, ces verbes ne peuvent pas avoir de *complément direct* : *périr*, *dormir*, *succomber*, *végéter*, et par conséquent aussi, ne comportent pas la voix passive.

Les verbes *réfléchis* ou *pronominaux* expriment une action en même temps faite et reçue par le sujet ; *tu te vantes*, *tu vantes toi*, *Paul se nuit*, *Paul nuit à lui*. Les verbes *réfléchis* doivent donc se conjuguer avec deux pronoms de la même personne, ou avec un substantif suivi d'un pronom de la troisième personne

Les verbes *unipersonnels* sont ceux qui ne peuvent être employés qu'à la troisième personne du singulier : *il pleut*, *il importe*, *il grêle*.

On appelle verbes *irréguliers* ceux qui ne se *conjuguent* pas comme le verbe modèle. Les verbes *défectifs* sont ceux auxquels il manque des temps ou des personnes.

Conjuguer un verbe, c'est en réciter ou en écrire de suite les temps, les modes, les nombres, les personnes.

Il y a plus de quatre conjugaisons en français ; toutefois, ne voulant pas nous écarter des règles généralement reçues, nous dirons : tous les verbes de notre langue ont, au présent de l'infinitif, une des quatre terminaisons suivantes : en *er*, comme *aimer*; en *ir*, comme *finir*; en *oir*, comme *recevoir*; en *re*, comme *rendre*. — Après avoir conjugué les deux *auxiliaires avoir* et *être*, nous donnerons un tableau comparatif des quatre principales conjugaisons.

VERBE AUXILIAIRE *ÊTRE*.

MODE INDICATIF.

Temps simples	*Temps composés*
PRÉSENT	PASSÉ INDÉFINI.
Je suis.	J'ai été.
Tu es.	Tu as été.
Il est.	Il a été
Nous sommes.	Nous avons été.
Vous êtes.	Vous avez été.
Ils sont.	Ils ont été.
IMPARFAIT.	PLUS-QUE-PARFAIT.
J'étais.	J'avais été.
Tu étais.	Tu avais été.
Il était.	Il avait été.
Nous étions.	Nous avions été.
Vous étiez.	Vous aviez été.
Ils étaient.	Ils avaient été.
PASSÉ DÉFINI.	PASSÉ ANTÉRIEUR.
Je fus	J'eus été.
Tu fus.	Tu eus été.
Il fut.	Il eut été.
Nous fûmes.	Nous eûmes été.
Vous fûtes.	Vous eûtes été.
Ils furent.	Ils eurent été.
FUTUR ABSOLU.	FUTUR ANTÉRIEUR.
Je serai.	J'aurai été.
Tu seras.	Tu auras été.
Il sera.	Il aura été.
Nous serons.	Nous aurons été.
Vous serez.	Vous aurez été.
Ils seront.	Ils auront été.

MODE CONDITIONNEL.

Temps simples	*Temps composés*
PRÉSENT.	PASSÉ.
Je serais.	J'aurais été.
Tu serais.	Tu aurais été.
Il serait.	Il aurait été.
Nous serions.	Nous aurions été.
Vous seriez.	Vous auriez été.
Ils seraient.	Ils auraient été.

Seconde forme du passé du Conditionnel.

J'eusse été.	Nous eussions été.
Tu eusses été.	Vous eussiez été.
Il eût été.	Ils eussent été.

MODE IMPÉRATIF.

PRÉSENT.	PASSÉ.
Sois.	Aie été.
Soyons.	Ayons été.
Soyez.	Ayez été.

MODE SUBJONCTIF.

PRÉSENT.	PASSÉ.
Que je sois.	Que j'aie été.
Que tu sois.	Que tu aies été.
Qu'il soit.	Qu'il ait été.
Que nous soyons.	Que nous ayons été.
Que vous soyez.	Que vous ayez été.
Qu'ils soient.	Qu'ils aient été.
IMPARFAIT.	PLUS-QUE-PARFAIT.
Que je fusse.	Que j'eusse été.
Que tu fusses.	Que tu eusses été.
Qu'il fût.	Qu'il eût été.
Que nous fussions.	Que nous eussions été.
Que vous fussiez.	Que vous eussiez été.
Qu'ils fussent.	Qu'ils eussent été.

MODE INFINITIF.

PRÉSENT.	PASSÉ.
Être.	Avoir été.

PARTICIPES.

PRÉSENT.	PASSÉ.
Étant.	Été.
	PASSÉ COMPOSÉ.
	Ayant été.

VERBE AUXILIAIRE *AVOIR*.

MODE INDICATIF.

Temps simples

PRÉSENT.

J'ai.
Tu as.
Il a.
Nous avons.
Vous avez.
Ils ont.

IMPARFAIT.

J'avais.
Tu avais.
Il avait.
Nous avions.
Vous aviez.
Ils avaient.

PASSÉ DÉFINI.

J'eus.
Tu eus,
Il eut.
Nous eûmes.
Vous eûtes.
Ils eurent.

FUTUR ABSOLU.

J'aurai.
Tu auras.
Il aura.
Nous aurons.
Vous aurez.
Ils auront.

Temps composés

PASSÉ INDÉFINI.

J'ai eu.
Tu as eu.
Il a eu.
Nous avons eu.
Vous avez eu.
Ils ont eu.

PLUS-QUE-PARFAIT.

J'avais eu.
Tu avais eu.
Il avait eu.
Nous avions eu.
Vous aviez eu.
Ils avaient eu.

PASSÉ ANTÉRIEUR.

J'eus eu.
Tu eus eu.
Il eut eu.
Nous eûmes eu.
Vous eûtes eu.
Ils eurent eu.

FUTUR ANTÉRIEUR.

J'aurai eu.
Tu auras eu.
Il aura eu.
Nous aurons eu.
Vous aurez eu.
Ils auront eu.

MODE CONDITIONNEL.

PRÉSENT.

J'aurais.
Tu aurais,
Il aurait.
Nous aurions,
Vous auriez.
Ils auraient.

PASSÉ,

J'aurais eu.
Tu aurais eu.
Il aurait eu.
Nous aurions eu.
Vous auriez eu.
Ils auraient eu.

Seconde forme du passé du conditionnel.

J'eusse eu.
Tu eusses eu.
Il eût eu.
Nous eussions eu.
Vous eussiez eu.
Ils eussent eu.

MODE IMPÉRATIF.

Temps simples	*Temps composés*
PRÉSENT.	PASSÉ.
Aie.	Aie eu.
Ayons.	Ayons eu.
Ayez.	Ayez eu.

MODE SUBJONCTIF.

PRÉSENT.	PASSÉ.
Que j'aie.	Que j'aie eu.
Que tu aies.	Que tu aies eu.
Qu'il ait.	Qu'il ait eu.
Que nous ayons.	Que nous ayons eu.
Que vous ayez.	Que vous ayez eu.
Qu'ils aient.	Qu'ils aient eu.
IMPARFAIT.	PLUS-QUE-PARFAIT.
Que j'eusse.	Que j'eusse eu.
Que tu eusses.	Que tu eusses eu.
Qu'il eût.	Qu'il eût eu.
Que nous eussions.	Que nous eussions eu.
Que vous eussiez.	Que vous eussiez eu.
Qu'ils eussent.	Qu'ils eussent eu.

MODE INFINITIF.

PRÉSENT.	PASSÉ.
Avoir.	Avoir eu.

PARTICIPES.

PRÉSENT.	PASSÉ COMPOSÉ.
Ayant.	Ayant eu.
PASSÉ.	
Eu.	

NOTA. Excepté au mode impératif, mettez toujours un *s* à la seconde personne du singulier.

Tableau comparatif des quatre principales conjugaisons.

MODE INDICATIF.

Présent.

EN *ER*.	EN *IR*.	EN *OIR*.	EN *RE*.
J'aime.	Je finis.	Je reçois.	Je rends.
Tu aimes.	Tu finis.	Tu reçois.	Tu rends.
Il aime.	Il finit.	Il reçoit.	Il rend.
Nous aimons.	Nous finissons.	Nous recevons.	Nous rendons.
Vous aimez.	Vous finissez.	Vous recevez.	Vous rendez.
Ils aiment.	Ils finissent.	Ils reçoivent.	Ils rendent.

Imparfait.

J'aimais.	Je finissais.	Je recevais.	Je rendais.
Tu aimais.	Tu finissais.	Tu recevais.	Tu rendais.
Il aimait.	Il finissait.	Il recevait.	Il rendait.
Nous aimions.	Nous finissions.	Nous recevions.	Nous rendions.
Vous aimiez.	Vous finissiez.	Vous receviez.	Vous rendiez.
Ils aimaient.	Ils finissaient.	Ils recevaient.	Ils rendaient.

Passé défini.

J'aimai.	Je finis.	Je reçus.	Je rendis.
Tu aimas.	Tu finis.	Tu reçus.	Tu rendis.
Il aima.	Il finit.	Il reçut.	Il rendit

Nous aimâmes.	Nous finîmes.	Nous reçûmes.	Nous rendîmes.
Vous aimâtes.	Vous finîtes.	Vous reçûtes.	Vous rendîtes.
Ils aimèrent.	Ils finirent.	Ils reçurent.	Ils rendirent.

Passé indéfini.

J'ai aimé.	J'ai fini.	J'ai reçu.	J'ai rendu.
Tu as aimé.	Tu as fini.	Tu as reçu.	Tu as rendu.
Il a aimé.	Il a fini.	Il a reçu.	Il a rendu.
Nous avons aimé.	Nous avons fini.	Nous avons reçu.	Nous avons rendu.
Vous avez aimé.	Vous avez fini.	Vous avez reçu.	Vous avez rendu.
Ils ont aimé.	Ils ont fini.	Ils ont reçu.	Ils-ont rendu.

Passé antérieur.

J'eus aimé.	J'eus fini.	J'eus reçu.	J'eus rendu.
Tu eus aimé.	Tu eus fini.	Tu eus reçu.	Tu eus rendu.
Il eut aimé.	Il eut fini.	Il eut reçu.	Il eut rendu.
Nous eûmes aimé.	Nous eûmes fini.	Nous eûmes reçu.	Nous eûmes rendu.
Vous eûtes aimé.	Vous eûtes fini.	Vous eûtes reçu.	Vous eûtes rendu.
Ils eurent aimé	Ils eurent fini.	Ils eurent reçu.	Ils eurent rendu.

Plus-que-parfait.

J'avais aimé.	J'avais fini.	J'avais reçu.	J'avais rendu.
Tu avais aimé.	Tu avais fini.	Tu avais reçu.	Tu avais rendu.
Il avait aimé.	Il avait fini.	Il avait reçu.	Il avait rendu.
Nous avions aimé.	Nous avions fini.	Nous avions reçu.	Nous avions rendu.
Vous aviez aimé.	Vous aviez fini.	Vous aviez reçu.	Vous aviez rendu.
Ils avaient aimé.	Ils avaient fini.	Ils avaient reçu.	Ils avaient rendu.

Futur absolu.

J'aimerai.	Je finirai.	Je recevrai.	Je rendrai.
Tu aimeras.	Tu finiras.	Tu recevras.	Tu rendras.
Il aimera.	Il finira.	Il recevra.	Il rendra.
Nous aimerons.	Nous finirons.	Nous recevrons.	Nous rendrons.
Vous aimerez.	Vous finirez.	Vous recevrez.	Vous rendrez.
Ils aimeront.	Ils finiront.	Ils recevront.	Ils rendront.

Futur antérieur.

J'aurai aimé.	J'aurai fini.	J'aurai reçu.	J'aurai rendu.
Tu auras aimé.	Tu auras fini.	Tu auras reçu.	Tu auras rendu.
Il aura aimé.	Il aura fini.	Il aura reçu.	Il aura rendu.
Nous aurons aimé.	Nous aurons fini.	Nous aurons reçu.	Nous aurons rendu.
Vous aurez aimé.	Vous aurez fini.	Vous aurez reçu.	Vous aurez rendu.
Ils auront aimé.	Ils auront fini.	Ils auront reçu.	Ils auront rendu.

MODE CONDITIONNEL.

Présent.

J'aimerais.	Je finirais.	Je recevrais.	Je rendrais.
Tu aimerais.	Tu finirais.	Tu recevrais.	Tu rendrais.
Il aimerait.	Il finirait.	Il recevrait.	Il rendrait.
Nous aimerions.	Nous finirions.	Nous recevrions.	Nous rendrions.
Vous aimeriez.	Vous finiriez.	Vous recevriez.	Vous rendriez.
Ils aimeraient.	Ils finiraient.	Ils recevraient.	Ils rendraient.

Passé antérieur.

J'aurais aimé.	J'aurais fini.	J'aurais reçu.	J'aurais rendu,
Tu aurais aimé.	Tu aurais fini.	Tu aurais reçu.	Tu aurais rendu.
Il aurait aimé.	Il aurait fini.	Il aurait reçu.	Il aurait rendu.
Nous aurions aimé.	Nous aurions fini.	Nous aurions reçu.	Nous aurions rendu.
Vous auriez aimé.	Vous auriez fini.	Vous auriez reçu.	Vous auriez rendu.
Ils auraient aimé.	Ils auraient fini.	Ils auraient reçu.	Ils auraient rendu.

Seconde forme du passé antérieur du Conditionnel.

J'eusse aimé.	J'eusse fini.	J'eusse reçu.	J'eusse rendu.
Tu eusses aimé.	Tu eusses fini.	Tu eusses reçu.	Tu eusses rendu.
Il eût aimé.	Il eût fini.	Il eût reçu.	Il eût rendu.
Nous eussions aimé.	Nous eussions fini.	Nous eussions reçu.	Nous eussions rendu.
Vous eussiez aimé.	Vous eussiez fini.	Vous eussiez reçu.	Vous eussiez rendu.
Ils eussent aimé.	Ils eussent fini.	Ils eussent reçu.	Ils eussent rendu.

MODE IMPÉRATIF.

Présent.

Aime.	Finis.	Reçois.	Rends.
Aimons.	Finissons.	Recevons.	Rendons.
Aimez.	Finissez.	Recevez.	Rendez.

Passé.

Aie aimé.	Aie fini.	Aie reçu.	Aie rendu.
Ayons aimé.	Ayons fini.	Ayons reçu.	Ayons rendu.
Ayez aimé.	Ayez fini.	Ayez reçu.	Ayez rendu.

MODE SUBJONCTIF.

Présent.

Que j'aime.	Que je finisse.	Que je reçoive.	Que je rende.
Que tu aimes.	Que tu finisses.	Que tu reçoives.	Que tu rendes.
Qu'il aime.	Qu'il finisse.	Qu'il reçoive.	Qu'il rende.
Que nous aimions.	Que nous finissions.	Que nous recevions.	Que nous rendions.
Que vous aimiez.	Que vous finissiez.	Que vous receviez.	Que vous rendiez.
Qu'ils aiment.	Qu'ils finissent.	Qu'ils reçoivent.	Qu'ils rendent.

Imparfait.

Que j'aimasse.	Que je finisse.	Que je reçusse.	Que je rendisse.
Que tu aimasses.	Que tu finisses.	Que tu reçusses.	Que tu rendisses.
Qu'il aimât.	Qu'il finît.	Qu'il reçût.	Qu'il rendît.
Que nous aimassions.	Que nous finissions.	Que nous reçussions.	Que nous rendissions.
Que vous aimassiez.	Que vous finissiez.	Que vous reçussiez.	Que vous rendissiez.
Qu'ils aimassent.	Qu'ils finissent.	Qu'ils reçussent.	Qu'ils rendissent.

Passé.

Que j'aie aimé.	Que j'aie fini.	Que j'aie reçu.	Que j'aie rendu.
Que tu aies aimé.	Que tu aies fini.	Que tu aies reçu.	Que tu aies rendu.
Qu'il ait aimé.	Qu'il ait fini.	Qu'il ait reçu.	Qu'il ait rendu.
Que nous ayons aimé.	Que nous ayons fini.	Que nous ayons reçu.	Que nous ayons rendu.
Que vous ayez aimé.	Que vous ayez fini.	Que vous ayez reçu.	Que vous ayez rendu.
Qu'ils aient aimé.	Qu'ils aient fini.	Qu'ils aient reçu.	Qu'ils aient rendu.

Plus-que-parfait.

Que j'eusse aimé.	Que j'eusse fini.	Que j'eusse reçu.	Que j'eusse rendu.
Que tu eusses aimé.	Que tu eusses fini.	Que tu eusses reçu.	Que tu eusses rendu.
Qu'il eût aimé.	Qu'il eût fini.	Qu'il eût reçu.	Qu'il eût rendu.
Que nous eussions aimé.	Que nous eussions fini.	Que nous eussions reçu.	Que nous eussions rendu.
Que vous eussiez aimé.	Que vous eussiez fini.	Que vous eussiez reçu.	Que vous eussiez rendu.
Qu'ils eussent aimé.	Qu'ils eussent fini.	Qu'ils eussent reçu.	Qu'ils eussent rendu.

MODE INFINITIF.

Présent.

Aimer.	Finir.	Recevoir.	Rendre.

Passé.

Avoir aimé.	Avoir fini.	Avoir reçu.	Avoir rendu.

PARTICIPES.

Présent.

Aimant.	Finissant.	Recevant.	Rendant.

Passé composé.

Ayant aimé.	Ayant fini.	Ayant reçu.	Ayant rendu.

Passé.

Aimé, e.	Fini, e.	Reçu, e.	Rendu, e.

Gérondif.

En aimant.	En finissant.	En recevant.	En rendant.

Nota. A la première personne du présent de l'indicatif, les verbes en *er* rejettent la lettre *s*; cette consonne doit être conservée, à ce temps et à cette personne, dans les verbes en *ir*, en *oir*, en *re*. Dans les verbes en *oir* : *valoir*, *vouloir*, *pouvoir*, *prévaloir*, la consonne *s* est remplacée par la lettre *x*. *Je veux*, *je vaux*, *je peux*. Le *d* termine la troisième personne du singulier des verbes en *dre* seulement ; les verbes en *aindre*, *oindre*, *oire*, *ire*, etc., prennent un *t* : *il craint*, *il peint*, *il croit*, *il boit*. — Le passé défini de tous les verbes prend un accent circonflexe à la première et à la seconde personne du pluriel.

VERBES PASSIFS.

Il n'y a qu'une conjugaison pour les verbes passifs, ces verbes étant tous, sans aucune exception, formés avec le verbe *être* et le *participe passé* du verbe que l'on veut conjuguer *passivement*. Un verbe passif étant, sous le rapport du sujet, tout le contraire du verbe actif, c'est le complément direct de ce dernier verbe qui servira à former le sujet du verbe passif : *le maître récompensera l'élève*, *l'élève sera récompensé par le maître*. — Le participe passé des verbes passifs prend le genre et le nombre du sujet de ces verbes : Il est *aimé* ou elle est *aimée* ; le méchant et le menteur seront *punis* ; le lion et la lionne ont été *tués*.

MODE INDICATIF.

PRÉSENT.

Je suis aimé, *ou* aimée.
Tu es aimé, *ou* aimée.
Il est aimé, *ou* elle est aimée.
Nous sommes aimés, *ou* aimées.
Vous êtes aimés, *ou* aimées.
Ils sont aimés, *ou* elles sont aimées.

IMPARFAIT.

J'étais aimé, *ou* aimée.
Tu étais aimé, *ou* aimée.
Il était aimé, *ou* elle était aimée.
Nous étions aimés, *ou* aimées.
Vous étiez aimés, *ou* aimées.
Ils étaient aimés, *ou* elles étaient aimées.

PASSÉ DÉFINI.

Je fus aimé, *ou* aimée.
Tu fus aimé, *ou* aimée.
Il fut aimé, *ou* elle fut aimée.
Nous fûmes aimés, *ou* aimées.
Vous fûtes aimés, *ou* aimées.
Ils furent aimés *ou* elles furent aimées.

PASSÉ INDÉFINI.

J'ai été aimé, *ou* aimée.
Tu as été aimé, *ou* aimée.
Il a été aimé, *ou* elle a été aimée.
Nous avons été aimés, *ou* aimées.
Vous avez été aimés, *ou* aimées.
Ils ont été aimés, *ou* elles ont été aimées.

PASSÉ ANTÉRIEUR.

J'eus été aimé, *ou* aimée.
Tu eus été aimé, *ou* aimée.
Il eut été aimé, *ou* elle eut été aimée.
Nous eûmes été aimés *ou* aimées.
Vous eûtes été aimés *ou* aimées.
Ils eurent été aimés, *ou* elles eurent été aimées.

PLUS-QUE-PARFAIT.

J'avais été aimé, *ou* aimée.
Tu avais été aimé, *ou* aimée.
Il avait été aimé, *ou* elle avait été aimée.
Nous avions été aimés, *ou* aimées.
Vous aviez été aimés, *ou* aimées.
Ils avaient été aimés, *ou* elles avaient été aimées.

FUTUR.

Je serai aimé, *ou* aimée.
Tu seras aimé, *ou* aimée.
Il sera aimé, *ou* elle sera aimée.
Nous serons aimés, *ou* aimées.
Vous serez aimés, *ou* aimées.
Ils seront aimés, *ou* elles seront aimées.

FUTUR PASSÉ.

J'aurai été aimé, *ou* aimée.
Tu auras été aimé, *ou* aimée.
Il aura été aimé, *ou* elle aura été aimée.
Nous aurons été aimés, *ou* aimées.
Vous aurez été aimés, *ou* aimées.
Ils auront été aimés, *ou* elles auront été aimées.

MODE CONDITIONNEL.

PRÉSENT.

Je serais aimé, *ou* aimée.
Tu serais aimé, *ou* aimée.
Il serait aimé, *ou* elle serait aimée.
Nous serions aimés, *ou* aimées.
Vous seriez aimés, *ou* aimées.
Ils seraient aimés, *ou* elles seraient aimées.

PASSÉ ANTÉRIEUR.

J'aurais été aimé, *ou* aimée.
Tu aurais été aimé, *ou* aimée.
Il aurait été aimé, *ou* elle aurait été aimée.
Nous aurions été aimés, *ou* aimées.
Vous auriez été aimés, *ou* aimées.
Ils auraient été aimés, *ou* elles auraient été aimées.

Seconde forme du passé antérieur du Conditionnel.

J'eusse été aimé, ou *aimée*; *tu eusses été aimé*, ou *aimée*; *il eût été aimé*, ou *elle eût été aimée*; *nous eussions été aimés*, ou *aimées*; *vous eussiez été aimés*, ou *aimées*; *ils eussent été aimés*, ou *elles eussent été aimées*.

MODE IMPÉRATIF.

Point de première personne.

PRÉSENT.

Sois aimé, *ou* aimée.
Soyons aimés, *ou* aimées.
Soyez aimés, *ou* aimées.

PASSÉ.

Aie été aimé, *ou* aimée.
Ayons été aimés, *ou* aimées.
Ayez été aimés, *ou* aimées.

MODE SUBJONCTIF.

PRÉSENT OU FUTUR.

Que je sois aimé, *ou* aimée.
Que tu sois aimé, *ou* aimée.
Qu'il soit aimé, *ou* qu'elle soit aimée.
Que nous soyons aimés, *ou* aimées.
Que vous soyez aimés, *ou* aimées.
Qu'ils soient aimés, *ou* qu'elles soient aimées.

IMPARFAIT.

Que je fusse aimé, *ou* aimée.
Que tu fusses aimé, *ou* aimée.
Qu'il fût aimé, *ou* qu'elle fût aimée.
Que nous fussions aimés, *ou* aimées.
Que vous fussiez aimés, *ou* aimées.
Qu'ils fussent aimés, *ou* qu'elles fussent aimées.

PASSÉ.

Que j'aie été aimé, *ou* aimée.
Que tu aies été aimé, *ou* aimée.
Qu'il ait été aimé, *ou* qu'elle ait été aimée.
Que nous ayons été aimés, *ou* aimées.
Que vous ayez été aimés, *ou* aimées.
Qu'ils aient été aimés, *ou* qu'elles aient été aimées.

PLUS-QUE-PARFAIT.

Que j'eusse été aimé, *ou* aimée.
Que tu eusses été aimé, *ou* aimée.
Qu'il eût été aimé, *ou* qu'elle eût été aimée.
Que nous eussions été aimés, *ou* aimées.
Que vous eussiez été aimés, *ou* aimées.
Qu'ils eussent été aimés, *ou* qu'elles eussent été aimées.

MODE INFINITIF.

PRÉSENT.

Être aimé, *ou* aimée.

PASSÉ.

Avoir été aimé, *ou* aimée.

PARTICIPE PRÉSENT.

Étant aimé, *ou* aimée, étant aimés, *ou* aimées.

PARTICIPE PASSÉ.

Ayant été aimé, *ou* aimée, ayant été aimés, *ou* aimées.

PARTICIPE FUTUR.

Devant être aimé, *ou* aimée, devant être aimés, *ou* aimées.

VERBES NEUTRES.

AVEC *AVOIR.*

MODE INDICATIF.

PRÉSENT.

Je dors.
Tu dors.
Il dort.
Nous dormons.
Vous dormez.
Il dorment.

IMPARFAIT.

Je dormais.
Tu dormais.
Il dormait.
Nous dormions.
Vous dormiez.
Ils dormaient.

PASSÉ DÉFINI.

Je dormis.
Tu dormis.
Il dormit.
Nous dormimes.
Vous dormites.
Ils dormirent.

PASSÉ INDÉFINI.

J'ai dormi
Tu as dormi.
Il a dormi.
Nous avons dormi.
Vous avez dormi.
Ils ont dormi.

PASSÉ ANTÉRIEUR.

J'eus dormi.
Tu eus dormi.
Il eut dormi.
Nous eûmes dormi.
Vous eûtes dormi.
Ils eurent dormi.

AVEC *ÊTRE.*

MODE INDICATIF.

PRÉSENT.

Je pars.
Tu pars.
Il part.
Nous partons.
Vous partez.
Ils partent.

IMPARFAIT.

Je partais.
Tu partais.
Il partait.
Nous partions.
Vous partiez.
Ils partaient.

PASSÉ DÉFINI.

Je partis.
Tu partis.
Il partit.
Nous partimes.
Vous partites.
Ils partirent.

PASSÉ DÉFINI.

Je suis parti, *ou* partie.
Tu es parti, *ou* partie.
Il est parti. *ou* elle est partie.
Nous sommes partis *ou* parties.
Vous êtes partis, *ou* parties.
Ils sont partis, *ou* elles sont parties.

PASSÉ ANTÉRIEUR.

Je fus parti, *ou* partie.
Tu fus parti, *ou* partie.
Il fut parti, *ou* elle fut partie.
Nous fûmes partis, *ou* parties.
Vous fûtes partis, *ou* parties.
Ils furent partis, *ou* elles furent parties.

PLUS-QUE-PARFAIT.

J'avais dormi.
Tu avais dormi.
Il avait dormi.
Nous avions dormi.
Vous aviez dormi.
Ils avaient dormi.

FUTUR ABSOLU.

Je dormirai.
Tu dormiras.
Il dormira.
Nous dormirons.
Vous dormirez.
Il dormiront.

FUTUR ANTÉRIEUR.

J'aurai dormi.
Tu auras dormi.
Il aura dormi.
Nous aurons dormi.
Vous aurez dormi.
Ils auront dormi.

MODE CONDITIONNEL.

PRÉSENT.

Je dormirais.
Tu dormirais.
Il dormirait.
Nous dormirions.
Vous dormiriez.
Ils dormiraient.

PASSÉ.

J'aurais dormi.
Tu aurais dormi.
Il aurait dormi.
Nous aurions dormi.
Vous auriez dormi.
Ils auraient dormi.

PLUS-QUE-PARFAIT.

J'étais parti, *ou* partie.
Tu étais parti, *ou* partie.
Il était parti, *ou* elle était partie.
Nous étions partis, *ou* parties.
Vous étiez partis, *ou* parties.
Ils étaient partis, *ou* elles étaient parties.

FUTUR ABSOLU.

Je partirai.
Tu partiras.
Il partira.
Nous partirons.
Vous partirez.
Ils partiront.

FUTUR ANTÉRIEUR.

Je serai parti, *ou* partie.
Tu seras parti, *ou* partie.
Il sera parti, *ou* elle sera partie.
Nous serons partis, *ou* parties.
Vous serez partis, *ou* parties.
Ils seront partis, *ou* elles seront parties.

MODE CONDITIONNEL.

PRÉSENT.

Je partirais.
Tu partirais.
Il partirait.
Nous partirions.
Vous partiriez.
Ils partiraient.

PASSÉ.

Je serais parti, *ou* partie.
Tu serais parti, *ou* partie.
Il serait parti, *ou* elle serait partie.
Nous serions partis, *ou* parties.
Vous seriez partis, *ou* parties.
Ils seraient partis, *ou* elles seraient parties.

Seconde forme du passé du Conditionnel.

J'eusse dormi.
Tu eusses dormi.
Il eût dormi.
Nous eussions dormi.
Vous eussiez dormi.
Ils eussent dormi.

MODE IMPÉRATIF.

PRÉSENT.

Dors.
Dormons.
Dormez.

PASSÉ.

Aie dormi.
Ayons dormi.
Ayez dormi.

MODE SUBJONCTIF.

PRÉSENT.

Que je dorme.
Que tu dormes.
Qu'il dorme.
Que nous dormions.
Que vous dormiez.
Qu'ils dorment.

IMPARFAIT.

Que je dormisse.
Que tu dormisses.
Qu'il dormît.
Que nous dormissions.
Que vous dormissiez.
Qu'ils dormissent.

PASSÉ.

Que j'aie dormi.
Que tu aies dormi.
Qu'il ait dormi.
Que nous ayons dormi.
Que vous ayez dormi.
Qu'ils aient dormi.

Seconde forme du passé du Conditionnel.

Je fusse parti, *ou* partie.
Tu fusses parti, *ou* partie.
Il fût parti, *ou* elle fût partie.
Nous fussions partis *ou* parties.
Vous fussiez partis, *ou* parties.
Ils fussent partis, *ou* elles fussent parties.

MODE IMPÉRATIF.

PRÉSENT.

Pars.
Partons.
Partez.

PASSÉ.

Sois parti, *ou* partie.
Soyons partis, *ou* parties.
Soyez partis, *ou* parties.

MODE SUBJONCTIF.

PRÉSENT.

Que je parte.
Que tu partes.
Qu'il parte.
Que nous partions.
Que vous partiez.
Qu'ils partent.

IMPARFAIT.

Que je partisse.
Que tu partisses.
Qu'il partît.
Que nous partissions.
Que vous partissiez.
Qu'ils partissent.

PASSÉ.

Que je sois parti, *ou* partie.
Que tu sois parti, *ou* partie.
Qu'il soit parti, *ou* qu'elle soit partie.
Que nous soyons partis, *ou* parties.
Que vous soyez partis, *ou* parties.
Qu'ils soient partis, *ou* qu'elles soient parties.

PLUS-QUE-PARFAIT.

Que j'eusse dormi.
Que tu eusses dormi.
Qu'il eût dormi.
Que nous eussions dormi.
Que vous eussiez dormi.
Qu'ils eussent dormi.

MODE INFINITIF.

PRÉSENT.

Dormir.

PASSÉ.

Avoir dormi

PARTICIPE PRÉSENT.

Dormant.

PARTICIPE PASSÉ.

Ayant dormi.

GÉRONDIF.

En dormant.

PLUS-QUE-PARFAIT.

Que je fusse parti, *ou* partie.
Que tu fusses parti, *ou* partie.
Qu'il fût parti, *ou* qu'elle fût partie.
Que nous fussions partis, *ou* parties.
Que vous fussiez partis, *ou* parties.
Qu'ils fussent partis, *ou* qu'elles fussent parties.

MODE INFINITIF.

PRÉSENT.

Partir.

PASSÉ.

Etre parti, *ou* partie, être partis, *ou* parties.

PARTICIPE PRÉSENT.

Partant.

PARTICIPE PASSÉ.

Parti, partie, partis *ou* parties, étant parti *ou* partie, étant partis, *ou* parties.

GÉRONDIF.

En partant.

TEMPS COMPOSÉS.

1° Le passé indéfini emprunte à l'auxiliaire		le présent de l'indicatif.
2° Le passé antérieur	—	le passé défini.
3° Le plus-que-parfait	—	l'imparfait de l'indicatif.
4° Le futur antérieur	—	le futur.
5° Le conditionnel passé	—	le conditionnel présent.
6° Le 2e passé du conditionnel	—	l'imparfait du subjonctif.
7° Le passé de l'impératif	—	le présent de l'impératif.
8° Le passé du subjonctif	—	le présent du subjonctif.
9° Le plus-que-parfait	—	l'imparfait du subjonctif.
10° Le passé de l'infinitif	—	le présent de l'indicatif.

On appelle temps *surcomposés* ceux dans lesquels on emploie les temps composés de l'auxiliaire *avoir* : J'*ai eu* parlé ; j'*aurais eu* dit ; j'*eus eu* fini ; qu'il *ait eu* terminé ; j'*avais eu* achevé, etc.

VERBES RÉFLÉCHIS. — VERBES UNIPERSONNELS.

Les verbes *réfléchis*, non plus que les verbes *unipersonnels*, n'ont pas de conjugaison qui leur soit propre ; ces deux sortes de verbes suivent les règles et prennent les formes de la conjugaison à laquelle ils appartiennent régulièrement.

CONJUGAISON DES VERBES RÉFLÉCHIS.

MODE INDICATIF.

PRÉSENT.

Je m'instruis.
Tu t'instruis.
Il s'instruit.
Nous nous instruisons.
Vous vous instruisez.
Ils s'instruisent.

IMPARFAIT.

Je m'instruisais.
Tu t'instruisais.
Il s'instruisait.
Nous nous instruisions.
Vous vous instruisiez.
Ils s'instruisaient.

PASSÉ DÉFINI.

Je m'instruisis.
Tu t'instruisis.
Il s'instruisit.
Nous nous instruisîmes.
Vous vous instruisîtes.
Ils s'instruisirent.

PASSÉ INDÉFINI.

Je me suis instruit, *ou* instruite.
Tu t'es instruit, *ou* instruite.
Il s'est instruit, *ou* elle s'est instruite.
Nous nous sommes instruits, *ou* instruites.

Vous vous êtes instruits, *ou* instruites.
Ils se sont instruits, *ou* elles se sont instruites.

PASSÉ ANTÉRIEUR.

Je me fus instruit, *ou* instruite.
Tu te fus instruit, *ou* instruite.
Il se fut instruit, *ou* elle se fut instruite.
Nous nous fûmes instruits, *ou* instruites.
Vous vous fûtes instruits, *ou* instruites.
Ils se furent instruits, *ou* elles se furent instruites.

PLUS-QUE-PARFAIT.

Je m'étais instruit, *ou* instruite.
Tu t'étais instruit, *ou* instruite.
Il s'était instruit, *ou* elle s'était instruite.
Nous nous étions instruits, *ou* instruites.
Vous vous étiez instruits, *ou* instruites.
Ils s'étaient instruits, *ou* elles s'étaient instruites.

FUTUR ABSOLU.

Je m'instruirai.
Tu t'instruiras.
Il s'instruira.
Nous nous instruirons.
Vous vous instruirez.
Ils s'instruiront.

FUTUR ANTÉRIEUR.

Je me serai instruit, *ou* instruite.
Tu te seras instruit, *ou* instruite.
Il se sera instruit, *ou* elle se sera instruite.
Nous nous serons instruits, *ou* instruites.
Vous vous serez instruits, *ou* instruites.
Ils se seront instruits, *ou* elles se seront instruites.

MODE CONDITIONNEL.

PRÉSENT.

Je m'instruirais.
Tu t'instruirais.
Il s'instruirait.
Nous nous instruirions.
Vous vous instruiriez.
Ils s'instruiraient.

PASSÉ ANTÉRIEUR.

Je me serais instruit, *ou* instruite.
Tu te serais instruit, *ou* instruite.
Il se serait instruit, *ou* elle se serait instruite.
Nous nous serions instruits, *ou* instruites.
Vous vous seriez instruits, *ou* instruites.
Ils se seraient instruits, *ou* elles se seraient instruites.

Seconde forme du passé antérieur.

Je me fusse instruit, *ou* instruite.
Tu te fusses instruit, *ou* instruite.
Il se fût instruit, *ou* elle se fût instruite.
Nous nous fussions instruits, *ou* instruites.

Vous vous fussiez instruits, *ou* instruites.
Ils se fussent instruits, *ou* elles se fussent instruites.

MODE IMPÉRATIF.

PRÉSENT.

Instruis-toi.
Instruisons-nous.
Instruisez-vous.

MODE SUBJONCTIF.

PRÉSENT.

Que je m'instruise.
Que tu t'instruises.
Qu'il s'instruise.
Que nous nous instruisions.
Que vous vous instruisiez.
Qu'ils s'instruisent.

IMPARFAIT.

Que je m'instruisisse.
Que tu t'instruisisses.
Qu'il s'instruisît.
Que nous nous instruisissions.
Que vous vous instruisissiez.
Qu'ils s'instruisissent.

PASSÉ.

Que je me sois instruit, *ou* instruite.
Que tu te sois instruit, *ou* instruite.
Qu'il se soit, *ou* qu'elle se soit instruite.
Que nous nous soyons instruits, *ou* instruites.
Que vous vous soyez instruits, *ou* instruites.
Qu'ils se soient instruits, *ou* qu'elles se soient instruites.

PLUS-QUE-PARFAIT

Que je me fusse instruit, *ou* instruite.
Que tu te fusses instruit, *ou* instruite.
Qu'il se fût instruit, *ou* qu'elle se fût instruite.
Que nous nous fussions instruits, *ou* instruites.
Que vous vous fussiez instruits, *ou* instruites.
Qu'ils se fussent instruits, *ou* qu'elles se fussent instruites.

MODE INFINITIF.

PRÉSENT.

S'instruire.

PASSÉ.

S'être instruit, *ou* instruite, s'être instruits, *ou* instruites.

PARTICIPES.

PRÉSENT.

S'instruisant.

PASSÉ.

S'étant instruit, *ou* instruite, s'étant instruits, *ou* instruites.

GÉRONDIF.

En s'instruisant.

CONJUGAISON DES VERBES UNIPERSONNELS.

MODE INDICATIF.

PRÉSENT.

Il neige.

IMPARFAIT.

Il neigeait.

PASSÉ DÉFINI.

Il neigea.

PASSÉ INDÉFINI.

Il a neigé.

PASSÉ ANTÉRIEUR.

Il eut neigé.

PLUS-QUE-PARFAIT.

Il avait neigé.

FUTUR ABSOLU.

Il neigera.

FUTUR ANTÉRIEUR.

Il aura neigé.

MODE CONDITIONNEL.

PRÉSENT.

Il neigerait.

PASSÈ ANTÉRIEUR.

Il aurait neigé.

Seconde forme du Passé antérieur..

Il eût neigé.

MODE SUBJONCTIF.

PRÉSENT.

Qu'il neige.

IMPARFAIT.

Qu'il neigeât.

PASSÉ.

Qu'il ait neigé.

PLUS-QUE-PARFAIT.

Qu'il eût neigé.

MODE INFINITIF.

PRÉSENT.

Neiger.

PASSÉ.

Avoir neigé.

PARTICIPES.

PRÉSENT.

Neigeant.

PASSÉ.

Neigé.

NOTA. Nous donnons plus loin, sous la forme d'Exercices, la plupart des Verbes irréguliers et défectifs de la langue française.

FORMATION DES TEMPS.

Du *présent de l'infinitif* on forme deux temps :

1° Le *futur absolu*, en ajoutant *ai* après le *r* final : *parler, je parlerai ; polir, je polirai* ; *pourvoir je pourvoirai* ; et pour la quatrième conjugaison, en changeant *re* en *rai* : *vendre, je vendrai*. — La plupart des verbes en *oir* perdent cette syllabe : *devoir, je devrai, concevoir, je concevrai.*

2° Le *présent du conditionnel* par le *futur*, en ajoutant à ce dernier temps la consonne *s* : *je parlerais, je polirais, je pourvoirais. je vendrais.*

Du *participe présent* on forme trois temps :

1° Les trois personnes plurielles du *présent de l'indicatif* en changeant *ant* en *ons, ez, ent* : *parlant, nous parlons, vous parlez, ils parlent* ; *polissant, nous polissons*, etc.

2° L'*imparfait de l'indicatif* en changeant *ant* en *ais* : *parlant, je parlais. polissant, tu polissais*, etc.

3° Le *présent du subjonctif* en changeant *ant* en *e* muet : *parlant, que je parle, polissant, que je polisse*, etc.

Du *participe passé* on forme : tous les temps composés, au moyen des auxiliaires *avoir* ou *être* : *j'ai parlé, j'aurais poli, que je sois venu*, etc.

Du *présent de l'indicatif* on forme :

L'*impératif*, par la suppression des pronoms *je, nous, vous* : *parle, parlons, parlez*, etc. — Le présent de l'indicatif est donc à la fois temps *primitif* et temps *dérivé*.

Du *passé défini* on forme :

L'*imparfait du subjonctif*, par l'addition de la terminaison *se* à la seconde personne du singulier du *passé défini* : *tu parlas, que je parlasse, tu polis, que je polisse, tu reçus, que je reçusse, tu vendis, que je vendisse*.

VI

DU PARTICIPE.

Le PARTICIPE est ainsi nommé parce qu'il participe, c'est-à-dire parce qu'il tient du verbe et de l'adjectif. Il participe du verbe, parce qu'il est, nous le disons naïvement, un des temps du verbe, parce qu'il exprime aussi l'affirmation, l'action ; il est adjectif, parce que, outre l'idée d'affirmation, il exprime toujours un état, une qualité de l'être ou de l'objet auquel il se rapporte : Les élèves *sachant* leurs leçons ; les hommes de notre temps *oubliant* les bienfaits ; une maison *bâtie* ; les monuments *détruits*.

Il y a deux sortes de participes : le participe *présent* et le participe *passé*. Le participe présent exprime presque toujours l'idée d'une action faite par le substantif auquel il se rapporte ; de plus, on l'appelle *présent*, parce qu'il nous rend toujours présente l'affirmation qu'il énonce : Un enfant *travaillant* avec assiduité ; des chevaux *courant* avec vitesse Le participe présent est toujours invariable.

Le participe passé est ainsi nommé parce que, comme verbe, il exprime toujours une affirmation passée : Nous avons *chanté* ; elles ont *touché* du piano. Employé seul, le participe passé exprime toujours une idée passive : des auteurs *admirés* ; des leçons mal *sues ;* un vieillard *honoré.* Employé sans auxiliaire, le participe passé prend le genre et le nombre du substantif ou du pronom qu'il qualifie; combiné avec un auxiliaire, il est soumis à des règles que nous expliquerons dans un chapitre consacré à cette importante partie du discours.

VII

DE L'ADVERBE.

L'ADVERBE est un mot invariable qui sert à modifier ou un adjectif, ou un verbe, ou un autre adverbe. On le nomme ainsi parce qu'il accompagne le plus souvent un verbe.

On appelle *locution adverbiale* deux ou plusieurs mots équivalant à un adverbe : *avec courage, courageusement ; sans cesse, incessamment ; sans utilité, inutilement.*

Adverbes de manière : vivement, lentement, rarement, etc.

Adverbes de lieu : Ici, là, partout, ailleurs, derrière, dedans, dehors, dessus, dessous, etc.

Adverbes de temps : Hier, demain, aujourd'hui, jamais, toujours, bientôt, parfois, quelquefois, désormais, tôt, tard, aussitôt, autrefois, jadis, alors, d'abord, ensuite, etc.

Adverbes de quantité : assez, beaucoup, trop, moins, peu, fort, combien, très, si, tellement, tout, etc.

Adverbes de comparaison : mieux, plus, moins, autant, davantage, etc.

Adverbes d'affirmation : oui, certainement, assurément, certes, etc.

Adverbes de négation : non, ni, non pas, ne pas, ne point, nullement, aucunement, etc. — Peut-être, *adverbe dubitatif.*

Locutions adverbiales : à jamais, à l'envi, à présent, à regret, à la fois, d'accord, de même, de plus, çà et là, par hasard, tour-à-tour, etc.

VIII

DE LA PRÉPOSITION.

La PRÉPOSITION est un mot invariable qui sert à marquer les rapports, les liaisons qui existent entre les mots. — Préposition vient de deux mots latins qui signifient *placé devant.* — Les différents rapports marqués par la préposition sont les rapports de lieu, d'union, de séparation, d'ordre, d'opposition, de but, de cause, de moyen. La même préposition pouvant exprimer plusieurs rapports différents, nous ne croyons pas possible de leur assigner des catégories distinctes ; nous nous bornerons donc à celles qui expriment par elles-mêmes un rapport très-marqué. — Plusieurs mots équivalant à une préposition forment une *locution prépositive*.

Prépositions de lieu : Dans, en, chez, sur, vers, etc. ; *de temps* : avant, pendant, durant, depuis, après ; *d'union et de convenance* : avec, selon, suivant, touchant ou concernant ; *de séparation* : excepté, sans, sauf, hormis, outre ; *d'opposition* : malgré, contre, nonobstant, etc. ; *de désignation* : voici, voilà...

Locutions prépositives : A travers de, au-dessus de, jusqu'à, près de, à côté de, au delà de, au devant de, auprès de, en faveur de, en deçà de, par rapport à, loin de, quant à, vis-à-vis de, y compris, etc.

NOTA. *A*, préposition, prend un accent grave; *a*, troisième personne du singulier du présent de l'indicatif du verbe *avoir*, n'en prend point.

IX

DE LA CONJONCTION.

La CONJONCTION est un mot invariable qui sert à lier un mot à un autre mot, une proposition à une autre proposition.

Une *locution conjonctive* est la réunion de plusieurs mots faisant l'office d'une conjonction. — Le mot conjonction vient d'un verbe latin qui signifie *joindre, unir*.

Principales conjonctions : pourquoi, si, donc, or, mais, car, ni, puis, partant, sinon, que, quand, lorsque, puisque, et, quoique, ou, comme, etc.

Principales locutions conjonctives : au moins, du moins, au reste, du reste, par conséquent, ou bien, au surplus, ainsi que, parce que, au contraire, sans que, afin que, bien que, tandis que, etc.

X

DE L'INTERJECTION.

L'INTERJECTION est un mot invariable, qui sert à exprimer les sensations vives, les impressions subites de l'âme, comme la douleur, la crainte, la joie, l'admiration. Le mot interjection signifie *jeté entre* ; c'est, en effet, une exclamation qui se glisse pour ainsi dire, au milieu des phrases, souvent au commencement, toutes les fois que l'on éprouve ou que l'on veut peindre une émotion en quelque sorte irrésistible.

Tout mot ou toute réunion de mots faisant l'office d'une interjection forme une locution interjective : Grand Dieu ! au feu ! au secours !

Principales interjections : Hélas ! Oh ! Ho ! Ah ! Ha ! Eh ! Hé ! Eh bien ! Holà ! Eh ! Fi ! Bah ! Chut ! Ouais ! O ! Parbleu ! Hein ! Hum ! Sus ! Zest ! Diantre ! Vivat ! Hé bien !

Principales locutions interjectives : Ha ! Ha ! — Ho ! Ho ! — Fi donc ! Paix ! Silence ! Allons ! Tout beau ! — Hi ! Hi ! — Or ça ! Plaît-il ? etc.

DES SIGNES ORTHOGRAPHIQUES.

Les signes orthographiques sont : les *accents*, l'*apostrophe*, la *cédille*, le *tréma*, le *trait d'union* et la *parenthèse*.

Les accents sont des signes servant à distinguer les différentes sortes de voyelles

Il y a trois sortes d'accents : l'accent aigu (´), l'accent grave (`), et l'accent circonflexe (^).

On met l'accent aigu sur les *é* fermés : *santé*, *gaîté*, *société*. Les consonnes *r*, *z*, terminant un mot se prononcent comme s'ils finissaient par un *é* fermé : *berger*, *cocher*, *nez*, *rez-de-chaussée*, *vous parlez*, *vous jouez*.

L'accent grave se met sur les *è* ouverts : *procès*, *décès*, *système*, *problème*, *mystère*. On le met aussi sur *à* et *dès*, prépositions, sur *là*, *çà*, *où*, adverbes de lieu, sur *voilà*, *holà*, *déjà*.

L'accent circonflexe se place sur les voyelles *a*, *e*, *i*, *o*, *u*, toutes les fois que ces voyelles sont longues, ou qu'il y a eu, dans les mots dont elles font partie, la suppression d'une lettre : *Côte* (coste), *château* (chasteau), *âge* (aage), *chaîne* (chaisne), *arrêt* (arrest), dont la lettre *s* est conservée dans le dérivé *arrestation*.

La cédille (¸) est un signe mis par euphonie sous la consonne *c*, devant les voyelles *a*, *o*, *u*, afin d'éviter le son dur qu'a naturellement cette lettre, et de lui donner le son de *s* : *rançon*, *maçon*, *aperçu*, *façade*.

Le tréma (¨) est un double point que l'on met sur une voyelle pour la faire prononcer séparément de celle qui précède : *Isaïe*, *héroïque*, *Saül*, *naïf*, prononcez Isa-ie, héro-ique, Sa-ul, na-if. Prononcez l'*u* dans *aiguë*, *contiguë*, *exiguë*, *ambiguë*, *ciguë*.

L'apostrophe (') est un signe qui marque la suppression des voyelles *a*, *e*, *i*.

La voyelle *i* ne se supprime que dans la conjonction *si* devant *il*, *ils* : *s'il réussit*, *s'ils réussissent*. La voyelle *e* muet final de *presque* ne se retranche que dans le mot presqu'île ; dans *quelque* devant *un*, *autre* : quel*qu'un*, quel*qu'autre* ; dans *entre* lorsque ce mot forme un composé : s'*entr*'égorger, *entr*'ouvrir, s'*entr*'aimer, s'*entr*'aider, *entr*'acte, etc.

Le trait d'union (-) sert à joindre les différentes parties des mots composés : *chef-d'œuvre*, *tête-à-tête*, etc.

La parenthèse ( ) sert à renfermer certains mots qui ne font pas partie du sens général de la phrase : Il disait *(et je trouve qu'il avait raison)* que les intérêts moraux l'emportent sur les intérêts matériels.

DE L'EMPLOI DES MAJUSCULES ou LETTRES CAPITALES.

Commencez par une lettre majuscule :

1° Le premier mot d'un discours quelconque, d'un vers, d'une phrase, d'une proposition, enfin, venant après un point final ou un alinéa.

Il en est de même d'un discours direct que l'on cite, quoiqu'il soit précédé d'une ponctuation plus faible que le point, comme c'est l'ordinaire après l'annonce qu'on en fait :

> Je ne suis pas de ceux qui disent : Ce n'est rien,
> C'est une femme qui se noie.
>
> (La Fontaine.)

2° Les noms propres d'anges, d'hommes, de femmes, de fausses divinités, de royaumes, de provinces, de rivières, de montagnes, de villes, de villages, de hameaux, de lieux, de monuments, de constellations, de fleuves, de vaisseaux ; les prénoms, les surnoms ; tous les noms de peuples et ceux de sectes. Ecrivez donc : l'ange Gabriel, César, Clélie, Diane, l'Egypte, la Prusse, le Languedoc, la Loire, le Cantal, l'Allier, Lyon, les Champs-Elysées, la Mer Rouge, Port-Royal, le Panthéon, la frégate la Belle-Poule, Henri le Grand, Scipion l'Africain, Paul Véronèse, les Catholiques, les Juifs, la constellation du Bélier ; Sirius est une étoile de la constellation du grand Chien.

Prennent aussi une majuscule les noms des quatre points cardinaux, mais seulement lorsqu'ils servent à désigner un pays, une contrée, un département : L'Amérique du Nord et l'Amérique du Sud sont en guerre ; la mer du Nord ; le département du Nord ; l'Ouest de la France est moins fertile que le Midi ; l'Est est plus industrieux que le Centre.

3° Le nom Dieu et tous les mots servant à désigner la divinité : la Providence, l'Eternel, le Très-Haut, le Tout-Puissant, le Ciel, l'Être-Suprême, le Seigneur, le Roi des rois, etc. Mais on écrira par une minuscule : la providence de Dieu. — Dieu est éternel et tout-puissant. — Le ciel est le séjour des bienheureux. — Tous les hommes ont reconnu la nécessité d'un être suprême, maître et gouverneur de tout. — Il est inutile de faire remarquer que, dans le premier cas, ces mots sont des noms propres, et que, dans le second cas, ils redeviennent noms communs.

4° On fait usage d'une lettre *Initiale Majuscule* pour indiquer au lecteur tout nom abstrait ou moral personnifié : la Mollesse, la Paresse, le Plaisir, la Faim, la Vengeance, l'Envie, etc. ; mais dès que la personnification cesse, on doit commencer ces mots par une minuscule.

Nota. *Personnifier*, c'est attribuer à une chose la figure, les sentiments, le langage d'une personne.

5° Le mot *église* prend une majuscule quand il désigne la réunion, l'assemblée des chrétiens, une communion de personnes unies par une même foi chrétienne : l'Eglise catholique, les Eglises protestantes, l'Eglise grecque, l'Eglise luthérienne. Commencez par une minuscule le mot église désignant tout temple consacré à Dieu, ou le clergé en général : Ma mère est à l'église ; c'est un homme d'église.

6° En adressant la parole aux personnes, écrivez par une lettre majuscule les mots : Roi, Reine, Altesse, Excellence, Eminence, Majesté, Monseigneur, Sire, Monsieur, Madame, Mademoiselle, Messieurs, Mesdames, Mesdemoiselles.

7° Le mot *justice* s'écrira par une initiale majuscule lorsqu'il exprimera cette vertu morale qui fait que l'on rend à chacun ce qui lui appartient : La Justice est la première des vertus ; elle est due a tous les hommes sans distinction : ou bien encore lorsqu'on voudra parler des officiers ou magistrats qui rendent la justice : La Justice lève quelquefois son bandeau pour jeter des regards de pitié sur les misérables. La Justice s'est transportée sur le théâtre du crime. Mais le mot justice s'écrira par un *j* minuscule lorsqu'il signifiera bon droit, raison : Il ne faut pas se faire justice à soi-même.

8° Il convient de distinguer le titre d'un ouvrage ou d'une pièce quelconque par une initiale majuscule. Il en est de même orsqu'on le cite. On écrira donc : Fable des deux Pigeons. — Fable des deux Amis. — L'Art poétique. — Maximes de Larochefoucault. — Le Savant du Foyer. — Le Misanthrope. Voyages et Découvertes, etc.

Liste des mots qu'on a coutume de représenter en abrégé par des Majuscules.

A. P. — A protester.
A. S. P. — Accepté sous protêt.
A. S. P. C. Accepté sous protêt pour à-compte. (Termes de commerce.)
Bon. Baron.
Bonne. Baronne.
Cher. Chevalier.
Cte. Comte.
Ctesse. Comtesse.
D. O. M. Abréviation latine de ces mots : *Deo optimo Maximo*.
Dr. Docteur.
Dr. Mn. Docteur-Médecin.
E. Est.
J. C. Jésus-Christ.
LL. AA. II. Leurs Altesses Impériales.
LL. AA. RR. Leurs Altesses Royales.
LL. AA. SS. Leurs Altesses Sérénissimes.
LL. Em. Leurs Eminences.
LL. Exc. Leurs Excellences.
LL. HH. Leurs Hautesses.
LL. MM. Leurs Majestés.
LL. MM. II. Leurs Majestés Impériales.
LL. MM. RR. Leurs Majestés Royales.
M. ou Mr. Monsieur.
M. A. Maison assurée.
M. A. C. I. Maison assurée contre l'incendie.
A. M. Assurance mutuelle.
Md. Marchand.
Mde Marchande.
Melle. Mademoiselle.
Mgr. Monseigneur.
Mis. Marquis.
Mise. Marquise.
MM. Messieurs.
Mme. Madame.
Mst. Manuscrist.
N. Nord.
N. B. Notà benè.
N. D. Notre-Dame.
N. N. E. Nord-nord-est.
N. N. O. Nord-nord-ouest.
Nt. Négociant.
Nte Négociante.
No. Numéro.
N. O. Nord-ouest.
N. S. Notre-Seigneur.
N. S. J. C. Notre-Seigneur Jésus-Christ.
O. Ouest.
0/0. Pour cent.
O. N. Ouest-nord.
O. S. Ouest-sud.
P. S. Post-scriptum.
R. P. Révérend père.
S. Sud.
S. A. I. Son Altesse Impériale.
S. A. R. Son Altesse Royale.
S. A. S. Son Altesse Sérénissime.
S. E. Sud-Est.
S. Em. Son Eminence.
S. Exc. Son Excellence.
S. M. Sa Majesté.
S. M. B. Sa Majesté Britannique.
S. M. C. Sa Majesté Catholique.
S. M. I. Sa Majesté Impériale.
S. M. R. Sa Majesté Royale.

S. M. I. et R. Sa Majesté Impériale et Royale.
S. M. S. Sa Majesté Suédoise.
S. M. T. C. Sa Majesté Très-Chrétienne.
S. M. T. F. Sa Majesté Très-Fidèle.
S. O. Sud-Ouest.
S. P. Saint-Père.
SS. PP. Les Saints-Pères.
N. N. SS. Les Evêques. Nos Seigneurs les Evêques.
S. P. Q. R. Abréviation latine de ces mots : *Senatus populus que romanus.*
S. S Sa Sainteté.
S. S. E. Sud-sud-est.
S. S. O. Sud-sud-ouest.

CHAPITRE PREMIER

DU SUBSTANTIF

I

De la formation du pluriel dans les substantifs qui, dans notre langue, s'écartent de cette règle fondamentale en vertu de laquelle tout mot, quel que soit d'ailleurs son genre, doit prendre un S au pluriel.

SUBSTANTIFS EN *AU, EAU.*

Règle. Tous les substantifs terminés en *au, eau,* prennent un *x* au pluriel ; le mot *landau* seul fait exception et prend un *s* au pluriel : *des landaus.*

1. — Les unaux, quadrupèdes targigrades (ou paresseux) de l'Amérique, ont les doigts réunis jusqu'aux ongles ; c'est ce qui les oblige à marcher très-lentement : n'allez pas, mes amis, les prendre pour modèles.

2. — Habituez-vous aux haricots, aux lentilles ; on ne peut pas tous les jours vous servir des aloyaux.

3. — On appelle boyaudiers les ouvriers qui préparent et filent les boyaux à cordes dont vos violons et vos harpes sont garnis.

4. — Les oreilles des élèves sont, en général, des tuyaux où la voix d'un maître pénètre trop difficilement.

5. — Dans une foire, il y a toujours plus de charrettes et de tombereaux que d'élégants véhicules.

6. — Préparez vos gluaux, vos pipeaux ; les oiseaux vont venir

7. — Les enfants sages et studieux sont les joyaux de leurs familles.

8. — Les fabliaux, genre abandonné depuis longtemps étaient des contes mis en vers.

9. — Les noyaux de ces amandes sont amers.

10. — On appelle vin de cerneaux un vin rosé, bon à boire dans la saison des cerneaux.

11. — On avait convié à cette fête tous les hobereaux de la province.

12. — La vigne aime mieux les coteaux que les vallées.

13. — On nous servit en même temps trois godiveaux.

14. — Ce paysan a été sévèrement puni pour avoir coupé cinq baliveaux.

15. — Les bouleaux sont des arbres à bois blanc.

16. — Nous élèverons ces lapereaux.

17. — J'ai tué deux levrauts dans la matinée, mais j'ai manqué tous les perdreaux que j'ai tirés (1).

EXERCICE SUR LES SUBSTANTIFS EN *AU*, *EAU*.

Barbeau	Chapiteau
Blaireau	Flambeau
Couteau	Drapeau
Ciseau	Liteau
Râteau	Vermisseau
Château	Tonneau
Bateau	Fléau
Etau	Jambonneau
Jumeau	Copeau
Niveau	Etourneau
Taureau	Bedeau
Rideau	Chalumeau
Boisseau	Cadeau
Préau	Arbrisseau
Bordereau	Escabeau.
Jouvenceau	Réseau
Roseau	Esquimau
Chapeau	Peau
Radeau	Manteau
Marteau	Moineau

(1) Faire remarquer aux élèves la différence qu'il y a dans l'orthographe des deux substantifs *lapereau* et *levraut*.

Plateau
Hameau
Cerceau
Berceau
Pruneau

II

SUBSTANTIFS EN *EU*.

Règle. Tous les substantifs en *eu* forment le pluriel par l'addition de *x*, excepté bleu (couleur), ou bleu (soldat de la première république française), le seul substantif de cette catégorie qui prenne un *s* au pluriel.

1. — Les dieux du paganisme ont été presque tous des hommes plus ou moins remarquables.

2. — Les Hébreux ont été le peuple que Dieu a le plus favorisé.

3. — Les francs-alleux étaient des terres exemptes de droits féodaux.

4. — On appelle caïeux de petits ognons engendrés par une racine bulbeuse.

5. — Les jeux de Néron et de Domitien faisaient verser à Rome bien du sang et des larmes

6. — Que de neveux soupirent après la mort de l'oncle qui doit leur laisser une belle fortune !

7. — Les essieux de nos voitures ont été renouvelés trois fois.

8. — La pauvre Vendéenne devenue folle fuyait dès que les enfants lui criaient : voici les bleus !

9. — Le bleu-barbeau est de tous les bleus celui que je préfère.

10. — Les camaïeux sont des pierres fines de deux couleurs.

11. — Les soldats, pour donner le change à l'ennemi, allumèrent des feux de distance en distance.

12. — Les chars entraient jusqu'aux moyeux dans cette boue devenue presque liquide.

Donner des phrases détachées sur les substantifs suivants :

Cheveu	Enjeu	Vœu	Désaveu
Pieu	Lieu	Adieu	Milieu
Epieu	Alleu	Aveu	Fieu

III

SUBSTANTIFS EN *OU*

Règle — Les substantifs en *ou* forment le pluriel par l'addition de *S*. Doivent être exceptés les substantifs *bijou*, *pou*, *caillou*, *hibou*, *genou*, *chou*, *joujou* qui prennent *x*.

1. — Les enfants sont de vrais sapajous.

2. — Les manitous des sauvages se partagent le bien et le mal.

3. — Si vous aimez les mous de veau, nous pourrons vous en régaler.

4. — Les licous ordinaires seraient bientôt cassés par un cheval aussi impétueux que le vôtre.

5. — Longtemps encore on dira cinq sous, au lieu de vingt-cinq centimes.

6. — Cet homme a passé dix ans sous les verrous.

7. — Il y a des filous dans toutes les classes de la société.

8. — On prétend que dans certaines maladies, la présence des poux est un indice de guérison.

9. — Priam embrassait les genoux d'Achille qui venait de tuer son fils.

10. — Mes amis, vous trouverez souvent des cailloux sur le chemin de la vie.

11. — Les usuriers ne veulent pas de témoins de leurs honteuses opérations ; ils sont comme les hiboux ; le grand jour leur fait peur.

12. — Des livres instructifs valent mieux, à votre âge, que des joujoux fragiles.

13. — C'est surtout pendant la nuit que les matous font le plus de tapage.

EXERCICE.

Prennent au pluriel la lettre *S* les substantifs suivants :

Clou	Carcajou
Trou	Ecrou
Andalou	Fou
Caribou	Coucou
Acajou	Cou

IV

SUBSTANTIFS EN *AL* ET EN *AIL*.

On ne peut pas établir une règle précise, positive sur le pluriel des noms ayant l'une ou l'autre de ces terminaisons. Les uns prennent la lettre *S* au pluriel ; les autres changent, à ce nombre, la terminaison *al* ou *ail* en *aux*. Toutefois, dans les noms en *al*, la terminaison *aux* est, au pluriel, la plus commune.

SUBSTANTIFS EN *AL* PRENANT UN *S* AU PLURIEL

1. — Les pals ne sont autre chose que des pieux aiguisés par un bout. — En terme de blason, pal désigne le pieu perpendiculaire qui traverse l'écu, les armoiries d'une famille noble.

2. — Les chacals, animaux carnivores, tiennent du chien et du loup.

3. — Les religions, comme les sociétés, ont toutes des cérémonials différents.

4. — Les nopals n'ont pas de feuilles ; les plus beaux sont ceux qu'on trouve dans les climats chauds de l'Amérique.

5. — Dieu vous garde des dents et des griffes des caracals !

6. — Trois régals dans une journée ! Votre estomac n'y tiendra pas.

7. — Les cals ne poussent pas aux mains d'ouvriers paresseux comme vous.

8. — Les servals ressemblent beaucoup aux lynx.

9. — Les narvals, cétacés des mers du Nord, sont, pour la plupart, armés d'une longue dent semblable à une corne.

SUBSTANTIFS EN *AL* FORMANT LEUR PLURIEL PAR L'ADDITION DE *S* :

Bal	Carnaval
Sandal	Festival

SUBSTANTIFS EN *AL* TERMINÉS AU PLURIEL EN *AUX*.

10. — Les orignaux ont le mufle du chameau et les jambes du cerf.

11. — Ces piédestaux attendent leurs statues.

12. — Cette construction a coûté cinq mille réaux.

13. — Nous allions par monts et par vaux.

14. — Nos commensaux étaient d'insipides bavards.

15. — Les cordiaux les plus énergiques furent vainement employés.

16. — Les vaisseaux de l'escadre avaient allumé leurs fanaux.

17. — Les bouchers de province ont aujourd'hui des étaux qui peuvent rivaliser avec ceux de leurs confrères de Paris.

18. — Les sénéchaux rendaient la justice sur les terres seigneuriales.

19. — J'ai vérifié vos totaux ; ils sont exacts.

20. — Les arsenaux français sont amplement pourvus.

SUBSTANTIFS EN *AL* DONT LE PLURIEL EST EN *AUX* :

Cardinal	Principal
Métal	Animal

Rival
Confessionnal
Féal
Cheval
Hôpital
Maréchal
Municipal
Original
National
Radical
Minéral
Provincial
Canal
Amiral
Collatéral
Mémorial
Capital
Bocal
Local
Madrigal
Général
Caporal
Journal
Mal
Tribunal
Signal

SUBSTANTIFS EN *AIL* PRENANT UN *S* AU PLURIEL.

1. — Dans le Levant, les caravansérails offrent aux caravanes une hospitalité moins coûteuse que celle que fournissent aux voyageurs les hôtelleries européennes.

2. — Je vous raconterai cet événement dans tous ses détails.

3. — Les chanoines de ce diocèse ont des camails violets doublés de soie groseille.

4. — Préparez, pour les vacances, vos attirails de chasse et de pêche.

5. — Les mails, faute de joueurs, ont été convertis en promenades.

6. — Ce vaisseau a eu trois gouvernails brisés pendant la traversée.

EXERCICE :

Portail
Epouvantail
Poitrail
Sérail
Eventail

Remarque. — Bestiaux n'est pas, comme on l'a prétendu, le pluriel de *bétail ;* ce dernier mot n'est employé qu'au singulier, ainsi que *bercail* et *aiguail.*

SUBSTANTIFS EN *AIL* SE TERMINANT AU PLURIEL EN *AUX*.

1. — Tous les coraux ne sont pas rouges.

2. — Les Egyptiens ne se contentaient pas de manger les aulx ; ils leur rendaient un culte très-fervent.

3. — Cet antiquaire possède des émaux précieux.

4. — Les ventaux de ces portes ne tournent pas bien sur leurs gonds.

5. — En hiver, il est prudent de boucher les soupiraux des caves.

6. — Les vitraux gothiques n'ont pas trahi le secret de leur composition.

7. — Ces fermiers ont demandé que leurs baux fussent résiliés.

8. — Les écoles de droit et de médecine ne reprennent leurs travaux qu'au mois de novembre.

Remarque. — Dans deux acceptions bien différentes le mot travail prend un *S* au pluriel :

1. — Sans les travails, de combien d'accidents les maréchaux seraient victimes !

(Désignant une machine de bois à quatre piliers entre lesquels on attache un cheval vicieux pour le ferrer, travail prend un *s* au pluriel).

2. — Les ministres ont soumis au roi les travails qui leur avaient été demandés sur cette importante question. (Travails signifie dans ce cas les rapports, les comptes, présentés par un ministre à un chef d'Etat, par un subalterne à son chef.)

V

SUBSTANTIFS TERMINÉS AU SINGULIER PAR *S*, *X* ET *Z*.

Règle. — Les substantifs de notre langue ayant au singulier l'une de ces trois finales *s*, *x* et *z*, s'orthographient, sans exception aucune, au pluriel comme au singulier.

1. — Les peintres affectionnent particulièrement les nez grecs et les nez aquilins.

2. — Les discours les plus longs ne sont pas toujours les meilleurs.

3. — Jusqu'à ce jour, nous avons été très-heureux dans les divers choix que nous avons eus à faire.

4. — Les sphinx étaient des monstres fabuleux qui avaient le visage et les mamelles d'une femme, le corps d'un lion et les ailes d'un aigle.

5. — Les lynx sont une espèce de chats sauvages à la vue très-perçante.

6. — Les anciens avaient fait du lynx un animal fabuleux dont la vue, disaient-ils, était assez perçante pour pénétrer les corps les plus opaques.

EXERCICE :

Procès	Progrès	Haras
Décès	Succès	Toux

Accès	Abcès	Judas
Compas	Echalas	Printemps
Galetas	Galimatias	Gaz
Abatis	Amas	Noix
Avis	Anchois	Pois
Perdrix	Taillis	Poids
Cyprès	Vis	Tas
Enclos	Faix	Bois
Rhinocéros	Héros	Canevas
Treillis	Secours	Mets
Coloris	Châssis	Poix
Radis	Clos	Fois
Commis	Legs	Trépas
Crucifix	Foix	Paix
Débris	Bris	Temps

VI

SUBSTANTIFS EN *ANT*, *ENT*.

Avant d'exprimer notre pensée sur cette question, trois courts exemples :

1. Les *instants* les plus courts doivent être utilisés.
2. Les *agents* de la force publique avaient été maltraités.
3. Ne nous fâchons pas trop contre les charlatans assez délicats pour ne vendre que des *onguents*, des remèdes sans vice ni vertu.

Nous avouons ne pas comprendre la suppression du *t* au pluriel de ces noms, suppression qu'autorisent et que recommandent même plusieurs de nos autorités grammaticales. Ne voulant pas nous heurter contre de si puissantes influences, nous nous bornerons à dire à nos élèves qu'il leur est très-loisible de procéder par l'*addition* de la lettre *s* dans la formation du pluriel des substantifs en *ant* et en *ent*, ou simplement par la *substitution* de cette lettre à la finale *t* du singulier.

EXERCICE :

Enterrement	Ligament
Jument	Enfant
Onguent	Devant
Couvent	Ornement
Serment	Intrigant
Lieutenant	Fabricant
Battant	Trafiquant
Parent	Débitant

Serpent	Commerçant
Mordant	Sarment

Dent, *gant*, *goût* et *vent* doivent conserver la lettre *t* au pluriel.

DE LA FORMATION DU FÉMININ DANS LES SUBSTANTIFS LES PLUS USITÉS.

NOTA. Nous croyons ne devoir donner ici que le féminin des substantifs qui s'écartent des règles ordinaires.

1. Les paysannes de cette province se font remarquer par leur propreté et par la simplicité de leur mise.

2. Cette vieillotte nous effrayait avec ses contes de revenants.

3. Les veuves de Malabar se précipitaient vivantes dans les bûchers qui devaient consumer les restes de leurs époux.

4. Il y a, dites-vous, dans cette femme quelque chose de la Française et de l'Indienne. Ce n'est pas étonnant : c'est une métisse.

5. Votre mère ne s'est jamais montrée partisane des nouvelles doctrines. (Voltaire et plusieurs bons écrivains ont consacré la féminité de ce substantif).

EXERCICE :

Musulmane	Sultane
Artisane	Géante
Mahométane	Naine
Châtelaine	Babillarde
Intrigante	Auvergnate
Badaude	Marquise
Duchesse	Mécréante
Chambrière	Bambine
Cagote	Garante
Favorite,	

VII

SUBSTANTIFS TERMINÉS EN *E* MUET AU MASCULIN FORMANT LEUR FÉMININ EN *ESSE*.

1. — Les druidesses, anciennes prêtresses gauloises, n'avaient ni les goûts ni la sensibilité de leur sexe.

2. — Je n'ai pas à vous apprendre ce que fit en faveur des Juifs la prophétesse Débora.

3. — Les bonzesses, chez les Chinois et les Japonais, n'ont pas le droit de se marier ; il en était de même des Vestales romaines.

4. — Jules donna son déjeuner à la pauvresse (femme qui mendie).

5. — L'hôtesse fit un feu flambant qui sécha bien vite nos habits.

6. — La tigresse n'a pas pour ses petits la même affection que la lionne.

EXERCICE :

Princesse	Ogresse
Comtesse	Diablesse
Vicomtesse	Suissesse
Tigresse	Mulâtresse
Ivrognesse	Anesse
Drôlesse	Négresse
Larron fait Larronnesse	Doge fait dogesse
Borgnesse (par mépris)	et non dogaresse.
Traîtresse	

VIII

FORMATION DU FÉMININ DANS CERTAINS SUBSTANTIFS A TERMINAISONS DIFFÉRENTES AU MASCULIN.

1. — Nous eûmes pitié de cet enfant ; le pauvret nous assurait n'avoir rien mangé depuis deux jours.

2. — Notre petite chienne nous revint toute maigre, toute boiteuse ; aussi, pendant une semaine, comme la pauvrette fut choyée ! (*pauvret*, *pauvrette*, terme de pitié, de compassion.)

3. — Une mère doit être pour ses filles une compagne inséparable.

4. — Votre sœur est une indiscrète.

5. — Mademoiselle Emélie tranche de la princesse : elle prendrait volontiers ses jeunes amies pour ses sujettes.

6. — C'est pourtant à propos d'un chiffon, d'une vaine parure, que Caroline et Emma sont devenues deux ennemies irréconciliables.

7. — Ne vous fiez pas à ma chatte, c'est une friponne.

8. — Notre armée est la gardienne de l'honneur du pays.

9. — Ces deux jumelles ont une ressemblance telle qu'on ne peut distinguer l'une de l'autre.

10. — Sainte Geneviève, patronne de Paris, préserva cette ville des coups du cruel Attila.

Règle. — Les substantifs terminés par *eau* qui changent au féminin, prennent à ce genre la terminaison *elle* (sans exception).

Les substantifs terminés par *en*, *et*. *on*, redoublent la consonne finale et prennent un *e* muet au féminin, excepté les substantifs indiscret, compagnon. — Ce dernier fait compagne au féminin.

EXERCICE :

Citoyenne
Païenne
Parisienne
Vénitienne
Italienne
Magicienne
Tourterelle
Luronne
Jouvencelle
Mignonne
Comédienne
Tragédienne
Musicienne
Luthérienne
Vigneronne
Lionne
Bouffonne
Chienne
Patricienne
Cadette
Pouponne
Baronne
Bougonne
Européenne
Bohémienne
Minette
Proprette
Douillette.

IX

FORMATION DU FÉMININ DANS LES SUBSTANTIFS TERMINÉS PAR *EUR*.

SUBSTANTIFS EN *EUR* FORMANT LEUR FÉMIMIN EN *EUSE*.

1. — Les railleuses et les moqueuses ne méritent l'affection de personne.

2. — Les boudeuses passent de tristes jours dans les pensions de demoiselles.

3. — Cette priseuse mettrait dans une heure ma tabatière à sec.

4. — Votre sœur sait toujours mettre les rieuses de son côté.

5. — Les liseuses de romans font rarement de bonnes femmes de ménage.

6. — Les quêteuses avaient tout lieu d'être contentes de la pluie de gros sous qui tombait dans la bourse de chacune d'elles.

7. — Les visites des solliciteuses et des emprunteuses ne doivent pas se renouveler trop souvent.

8. — N'écoutez pas cette femme à langue de vipère : c'est une débiteuse de calomnies. (Qui débite, répand des nouvelles, etc.)

9. — Les louangeuses les plus exaltées sont ordinairement les plus fausses des femmes.

10. — Votre mère se fait la prôneuse de certaines de vos actions qui sont souvent répréhensibles.

EXERCICE :

Devineuse (qui devine, qui trouve le mot d'une énigme, d'une charade etc. Ce mot est familier.)
Fournisseuse
Revendeuse
Empoisonneuse
Brodeuse
Doreuse
Voleuse
Tapageuse
Enjoleuse
Ravaudeuse
Raccommodeuse
Laveuse
Blanchisseuse
Loueuse
Parleuse
Pêcheuse (qui va à la pêche, qui prend du poisson).
Chasseuse (dans le style familier et dans la conversation).
Grondeuse
Visiteuse
Bayeuse (qui regarde la bouche ouverte).
Demandeuse (qui fatigue de ses demandes, importune).
Diseuse
Joueuse
Entrepreneuse
Querelleuse
Dédaigneuse (féminin de dédaigneur)
Vendeuse (qui fait un commerce)
Moissonneuse
Bredouilleuse
Bâilleuse (qui bâille, qui respire fortement en ouvrant la bouche)
Acheteuse
Chanteuse (acception ordinaire), cantatrice se dit d'une personne habile dans l'art du chant ; femme qui en fait sa profession.
(Cantateur n'est pas français)
Rapporteuse
Barbouilleuse
Disputeuse
Rabâcheuse
Travailleuse
Recéleuse
Tricheuse.

Tous les substantifs en *eur* que l'on peut faire dériver directement d'un participe présent, font leur féminin en *euse* : *parleur*, *parleuse*, *prêteur*, *prêteuse*, etc.

SUBSTANTIFS EN *EUR* FORMANT LEUR FÉMININ EN *ERESSE*.

1. — La justice divine se constituera la vengeresse implacable des crimes qui auront échappé à la justice humaine.

2. — La venderesse s'est réservé pendant dix années, au profit de tous ses parents, le droit de chasse sur les terres que j'ai acquises (1).

(1) *Venderesse*, terme de pratique : celle qui a vendu un immeuble, un fonds de commerce, une propriété quelconque.

EXERCICE :

Bailleresse (qui fournit des fonds pour une entreprise).

Vengeresse.

Demanderesse (terme de pratique, qui présente une demande en justice).

Défenderesse (terme de pratique, qui soutient, qui défend en justice son droit ou ce qu'elle croit tel.)

Enchanteresse

Chasseresse (féminin de chasseur; ne s'emploie que dans le style poétique.)

Pécheresse (féminin de pécheur, qui commet des péchés)

Devineresse (au masculin devin, qui prétend connaître, prédire l'avenir.)

SUBSTANTIFS EN *EUR* FORMANT LEUR FÉMININ EN *RICE*

1. — Madame de la Sablière fut la protectrice, la bienfaitrice et l'amie du bon La Fontaine, qu'elle appelait son Fablier.

2. — La mémoire de notre généreuse donatrice sera toujours sacrée pour nous.

3. — Le noble usage que la donataire a su faire de cette brillante fortune, tous les pauvres de ce canton vous le diraient (1).

4. — Votre sœur sera la légataire universelle de son parrain (2).

5. — Les ambassadrices d'Angleterre et de Russie accompagnaient l'Impératrice des Français.

6. — La vertu est l'instigatrice des bonnes et grandes actions,

7. — A la chute des trônes, les reines et les princesses sont souvent abandonnées par celles-là mêmes qui, aux jours de la prospérité, s'étaient montrées leurs adulatrices les plus assidues et les plus ardentes.

8. — La mère sauf quelques cas prévus par la loi, est, en cas de décès du mari, la tutrice légale de ses enfants.

9. — La testatrice a désigné pour ses exécuteurs testamentaires le maire et le curé du village.

10. — Ce prédicateur a rencontré dans ce couvent des auditrices toutes disposées à l'entendre.

11. — La conscience est la rémunératrice la plus sûre.

(1) *Donateur, donatrice*, celui, celle qui fait une donation. *Donataire*, des deux genres, la personne en faveur de qui est faite une donation.

(2) *Légataire*, des deux genres, celui, celle à qui l'on fait un legs. *Légateur* n'est pas français.

EXERCICE :

Usurpatrice
Spectatrice
Corruptrice
Consolatrice
Actrice
Administratrice
Débitrice (qui doit)
Délatrice
Accusatrice
Dénonciatrice
Factrice
Directrice
Institutrice
Créatrice
Désolatrice
Ordonnatrice
Fondatrice
Exécutrice
Promotrice
Motrice
Restauratrice (qui restaure, qui répare).
Adoratrice
Dissipatrice.
Imitatrice
Observatrice
Génératrice
Spéculatrice
Spoliatrice
Productrice
Rémunératrice
Destructrice
Inventrice
Inspectrice
Lectrice
Dominatrice
Restaurateur, homme et femme tenant un restaurant ne change pas au féminin.

L'Académie, d'excellents grammairiens et quelques auteurs ont écrit et écrivent, Amatrice.

X

SUBSTANTIFS FORMANT LEUR FÉMININ PAR L'ADDITION D'UN *E* MUET :

1. — La supérieure de ce couvent était, de son vivant, vénérée comme une sainte.
2. — Les intérêts de vos cousines sont entre bonnes mains; leur tuteur administrera sagement les biens de ses mineures.

EXERCICE :

Majeure Inférieure.

Excepté gouverneur et serviteur, qui font gouvernante et servante.

XI

FÉMININ DES SUBSTANTIFS TERMINÉS PAR *EUX*.

Règle. — Tous les substantifs terminés au masculin par *eux* font leur féminin en *se* ; il ne faut en excepter que vieux dont le féminin est vieille.

1. — Les religieuses de l'ordre de saint Dominique suivent une règle moins austère que les Carmélites et les Visitandines.

2. — Les douleurs rhumatismales affectent à proportions presques égales les hommes et les femmes ; mais les goutteuses sont bien plus rares que les goutteux.

EXERCICE :

Présomptueuse
Lépreuse
Dartreuse
Fiévreuse
Pituiteuse
Cancéreuse
Catarrheuse
Morveuse
Hargneuse
Pointilleuse
Religieuse.

Epoux fait épouse ; jaloux fait jalouse.

QUELQUES PHRASES SUR LES SUBSTANTIFS *OEIL*, *CIEL*, *AIEUL*.

1. — Il est heureux pour certains hommes que les yeux de leur esprit soient plus clairvoyants que ceux de leur corps.

— Au propre comme au figuré, *œil* désignant l'organe de la vue, fait *yeux* au pluriel.

Voici l'orthographe de ce mot lorsqu'il sert à représenter des plantes, des pierres, etc.

2. — Les œils-de-chat ne sont pas les agates les plus estimées.

3. — Les œils-de-Christ appartiennent à l'espèce des asters.

4. — Les œils-de-bouc précèdent quelquefois les ouragans.

5. — Les œils-de-poisson sont des pierres assez rares.

Désignant des trous, des vides dans la mie du pain, dans certains fromages, dans le bouillon, *œil* fait *yeux*..

6. — Je cherche vainement des yeux dans cette soupe.

7. — Il ne faut pas juger de la bonne qualité du fromage aux yeux nombreux que ses tranches peuvent offrir.

Aïeuls désigne le grand-père paternel et maternel.

Aïeux représente nos ancêtres, ceux qui ont vécu avant nous.

Bisaïeul fait au pluriel *bisaïeuls* ; il suit la règle ordinaire.

8. — Si la vie humaine va toujours décroissant comme elle le fait depuis des siècles, peu d'enfants connaitront leurs aïeuls.

9. — Vos aïeux vous ont transmis le plus beau de tous les héritages : celui de l'honneur, de la probité, de la vertu.

Ciel, séjour de Dieu et des saints, voûte, espace qui entoure notre globe, où se meuvent les astres, fait *cieux* au pluriel.

Ciel (air représenté sur un tableau) fait au pluriel *ciels* ; il en est de même pour *ciel*, température propre à un pays, à une province, à une ville ; *ciel-de-lit*, *ciel* de tapisserie, *ciel* de décoration, suivent la même orthographe.

10. — Le savant, pour courir à des découvertes presque toujours incertaines, problématiques, affronte les *ciels* les plus glacials.

11. — Les *ciels* de ces tableaux sont trop sombres.

12. — Les mineurs appellent ciels-de-carrière les premières couches de terre au-dessus de leurs têtes.

13. — Cet ébéniste travaille à trois ciels-de-lit en chêne sculpté.

14. — La terre n'est qu'une hôtellerie ; la demeure vraie et stable de l'homme, ce sont les cieux.

EXERCICE :

Aïeuls maternels	Des yeux perçants, noirs, bleus
Les exemples de nos aïeux	Les yeux du bouillon
Des œils-de-perdrix	Gagner les cieux
Des œils-de-serpent	Des ciels de tapisserie
Des œils-de-bœuf (ouvertures, fenêtres rondes).	Des ciels trop chauds
	L'azur des cieux.

XII

DE QUELQUES SUBSTANTIFS DÉSIGNANT LES DEUX SEXES SOUS LA MÊME FORME ET SOUS LE MÊME GENRE.

1. — Mademoiselle Rosa Bonheur est, dans son genre, *le peintre* le plus habile, le plus naturel de notre époque.

2. — Rivale du grand Talma, Mademoiselle Rachel restera pendant plusieurs siècles peut-être *le* plus grand *artiste*, *l'interprète* le plus puissant des Corneille et des Racine.

3. — Au siége de Beauvais par Charles le-Téméraire, en mil quatre cent-soixante-douze, les femmes s'étaient faites *soldats* ; une femme aussi, la célèbre Jeanne Lainé, surnommée Jeanne Hachette, était leur *chef*.

4. — Jeanne d'Arc se montra dans plusieurs occasions *un capitaine* très-habile.

5. — Madame Amable Tastu est *un poète* agréable, élégant, instructif, et par-dessus tout, moral.

6. — Dans nos révolutions, il nous a été donné de voir des femmes *orateurs*.

7. — En seize cent-six, la ville de Cologne donna naissance à un prodige, à un phénomène de femme. Mademoiselle de Schurman, célébrité trop peu connue, était *philosophe*, *sculpteur*, *graveur*, *géomètre*, *peintre* : Je pourrais bien ajouter qu'elle passait pour très-bonne musicienne et pour théologienne consommée ; elle entendait et parlait neuf langues différentes : c'est beaucoup trop pour une femme.

NOTA. Mais on dit : Madame la maréchale, la générale, la préfète, la présidente.

EXERCICE :

Sculpteur	Défenseur
Auteur	Témoin
Professeur	Imprimeur
Compositeur	Libraire
Docteur	Traducteur
Ecrivain	Charlatan
Rédacteur	Détracteur
Vainqueur	Médecin
Censeur	Imposteur,
Assassin	

XIII

SUBSTANTIFS AYANT UNE FORME PARTICULIÈRE POUR CHAQUE SEXE.

NOTA. L'élève devra trouver les noms des mâles ; quant aux petits, il devra les classer dans l'espèce d'animaux à laquelle ils appartiennent.

1. — La biche timide frissonne au moindre bruit.

2. — Ces faons étaient si bien apprivoisés qu'ils venaient manger dans les mains des hôtes du château.

3. — Nous avons tué une laie et trois des marcassins qui la suivaient.

4. — J'avais tout au plus quatre ans lorsque je fus mordu par une guenon.

5. — La chevrette a dans les muscles et dans les nerfs une force que ne dénote pas sa frêle constitution.

6. — Cette hase était pleine ; si je l'avais su, je ne l'aurais pas tuée. Oh ! le sensible chasseur ! (Hase désigne également la femelle du lièvre et celle du lapin ; le féminin de ce dernier fait aussi lapine.)

7. — La truie sert à la reproduction de l'espèce porcine (vieille et grasse, la truie s'appelle vulgairement coche.)

8. — Ce verrat a été vendu cent vingt francs.

9. — On ne compte que deux jars dans cette basse-cour peuplée de plus de trois cents volatiles.

10. — Les bourdons sont loin d'être aussi industrieux que leurs femelles.

Remarque. — Plusieurs de nos gloires littéraires ayant employé le mot chamelle, nous ne comprenons pas que l'Académie et nos meilleurs lexicographes persistent à faire le substantif chameau des deux genres.

EXERCICE :

Cavale	Vache	Faisane
Jument	Génisse	Paone
Brebis	Pouliche	Faone
Chèvre	Haquenée	Serine
Poule	Abeille	Daine
Cane	Perruche	Biche.

Nota. Désignent sous la même forme les deux sexes, et doivent, en cas de distinction à établir, être accompagnés des mots mâle ou femelle, les substantifs suivants :

MASCULIN.

Eléphant, pigeon, sarigue, charençon, zèbre, colibri, serpent, vautour, hérisson, boa, hareng, turbot, requin, crapaud, lama, chamois, chardonneret, goujon, bison, chacal, bouvreuil, etc.

FÉMININ.

Carpe, loutre, panthère, fauvette, tanche, salamandre, vipère, tortue, mésange, pie, grue, gazelle, hyène, marmotte, martre, caille, etc.

XIV

SUBSTANTIFS COLLECTIFS LES PLUS USITÉS.

1. — Nous avons fait couper dans cette rangée de peupliers ceux qui pouvaient nous servir à faire des liteaux.

2. — L'assemblée des notables se retira sans avoir rien décidé.

3. — En l'an seize cent treize, une nuée de sauterelles infestèrent le midi de la France.

4. — Toute société, politique ou religieuse, commerciale ou littéraire, industrielle ou savante, a besoin de lois ou de règlements.

5. — Un bataillon du génie avait tout disposé pour le campement de nos troupes.

6. — La corporation des bouchers fournit à Jean-Sans-Peur de terribles, mais vils partisans. Qui ne sait les sauvages exploits des deux frères Caboche, maîtres alors des principaux abattoirs de Paris ?

7. — L'escadre française commandée par le contre-amiral Dumanoir, assura, par sa fuite, la victoire aux Anglais, à la bataille navale de Trafalgar, en mil huit cent-cinq.

8. — Notre compagnie de sapeurs-pompiers a éteint dans le cours de cette année vingt-deux incendies.

9. — Vous en avez tué trois, dites-vous? Pour ma part, j'en ai abattu quatre : Voilà une volée de canards quelque peu diminuée.

10. — Les orages et les pluies des mois de juin et de juillet ont détruit les premières couvées des cailles et des perdrix.

11. — La mort subite de ce brave soldat a rempli de tristesse toute la chambrée.

12. — Au lieu de bracelets qu'elle convoitait, Tarpéia reçut une grêle de traits.

EXERCICE :

Confrérie	Infinité
Amas	Quantité
Tas	Corps
Peuple	Foule
Armée	Essaim
Troupe	Congrégation
Escadron	La plupart
Flotte	Touffe
Troupeau	Groupe
Multitude	Cohorte
Réunion	Légion.
Collection	

SUBSTANTIFS LES PLUS USITÉS DONT LE GENRE EST VULGAIREMENT MAL APPLIQUÉ.

XV

Sont masculins les substantifs suivants :

1. — Un abîme profond était là béant, qui menaçait de nous engloutir.

2. — Dans l'expression familière des pensées, les grands mots ne sont que des accessoires pompeux, oiseux, et presque toujours ridicules.

3. — Ce vieux tronc d'arbre nous offrit un accotoir, sinon élégant, du moins commode.

4. — Les tables sont les accoudoirs les plus fréquents et les plus recherchés des élèves paresseux.

5. — Chez les différents peuples, que d'adages menteurs!

6. — L'acier indien, nommé aussi acier damassé, a, dit-on, été inventé à Damas ; dans l'Orient, on s'en sert pour la fabrication des sabres appelés damas.

7. — Un abreuvoir spacieux, et toujours plein d'une eau limpide, étanchait la soif des nombreux troupeaux de la tribu.

8. — Un épitome n'est autre chose que l'abrégé succinct, précis et exact d'un ouvrage, d'une histoire.

9. — Vaucanson s'est immortalisé par ses surprenants et prodigieux automates.

10. — Les anévrismes ne sont pas généreux, ils n'épargnent que rarement les malheureux qu'ils affligent.

11. — Nous fûmes introduits dans un bouge infect, où gisaient trois malades couchés sur de méchants grabats.

12. — L'amadou est, à notre avis, bien supérieur aux allumettes chimiques.

13. — Ne reculez jamais devant l'apposition d'emplâtres actifs, énergiques et pouvant contribuer à la guérison d'une tumeur ou d'une plaie.

14. — Les adeptes de ce chef de parti sont encore plus fous que leur maître.

15. — L'affinage de ces métaux a été fait avec tous les soins possibles.

16. — Cet autel a été peint et sculpté par des artistes habiles.

17. — L'hôtel du ministre fut pris, saccagé et brûlé par les émeutiers.

18. — L'échange que vous vous proposez de consentir, ne pourra que vous être avantageux.

19. — Que voulez-vous que l'on ait pour un centime ?

20. — Si ce jeune homme s'est perdu, il le doit à de faux amis : qui débuta jamais sous des auspices plus heureux, plus brillants?

21. — Les éloges des courtisans ne sont pas tous menteurs, mais ils sont tous intéressés.

22. — L'âge le plus avancé n'est pas toujours le plus riche en expérience.

23. — Les ouvrages les plus glorieux des hommes ne sont pas ceux qui contribuent le plus au bien-être de l'humanité.

24. — Les entresols sont moins sains que les premiers étages.

25. — Ce poème est rempli d'épisodes émouvants.

26. — Tous les amalgames ne s'opèrent pas par la combinaison des métaux avec le mercure ; amalgame signifie aussi fusion, union de choses différentes, disparates.

27. — L'ambre jaune est celui dans lequel a été découverte la propriété de l'électricité.

28. — Pour peu qu'il remonte le cours des âges, chaque siècle trouve dans son histoire des éphémérides désastreux. (Ephémérides, selon quelques-uns, est féminin.)

29. — Un auditoire nombreux et choisi arrivait, armé de billets de faveur, pour entendre le célèbre avocat.

30. — Plus les hospices sont nombreux dans un pays, plus on peut dire qu'il y a d'infortunes, et souvent, de vices.

31. — Je vous ferai l'historique le plus vrai, le plus fidèle, le plus impartial de ces différents événements.

32. — Les anciens hiéroglyphes lasseront longtemps la perspicacité de nos Champollions modernes.

33. — L'antre de ces brigands était grand et somptueux à l'intérieur.

34. — Les épis jaunissants se courbaient au souffle du vent d'orage.

35. — L'incendie rendu plus furieux encore jetait dans l'air de grosses gerbes de flammes.

36. — L'hypocrisie se présente toujours à vous avec les indices les plus innocents, les plus séducteurs, de la vertu et de la piété.

37. — Les apologues de La Fontaine sont et resteront les plus spirituels, les plus récréatifs, les plus philosophiques qui soient sortis et qui puissent sortir d'une plume humaine.

38. — Grands sont les obstacles, dites vous, jeunes gens? Que plus grands encore soient les efforts !

39. — Ne gardez jamais vos ongles trop longs.

40. — Dans l'inventaire scrupuleux, consciencieux, que nous avons dressé, nous n'avons pas omis un objet valant une seule obole.

41. — Les insectes les plus petits sont les plus empressés à pourvoir à leur subsistance pendant les rigoureux hivers.

42. — Votre banquier ressemble à ses confrères ; il aime mieux prendre des escomptes trop forts que trop faibles.

43. — L'are est cent fois plus grand que le mètre carré.

44. — L'angle aigu est plus petit que l'angle droit.

45. — Les arcs dont se servaient les Anglais à la bataille

d'Azincourt étaient aussi hauts que les guerriers qui les maniaient.

46. — L'auteur qui veut écrire des parallèles doit veiller à ce qu'ils soient toujours empreints de justice et d'impartialité; il ne doit avoir ni prévention ni préférence à l'égard d'aucun des personnages qu'il met en scène.

47. — L'émétique, quand il est appliqué à certaines doses, peut produire les plus heureux effets; c'est un des antidotes les plus efficaces, les plus puissants.

48. — Nous contemplions du haut d'un monticule le délicieux panorama qui se déroulait sous nos yeux.

49. — Un asthme, quelque suffoquant, quelque oppressif qu'il soit, est, au dire de certaines gens, un brevet de vieillesse.

50. — Que dans les troubles civils, vos ennemis trouvent toujours sans votre toit un asile sûr et loyal.

51. — Prenez la voie de mer, et votre itinéraire sera réduit de moitié.

52. — Les plus beaux obélisques égyptiens étaient à Thèbes et à Memphis.

53. — Les druidesses gauloises jugeaient de l'avenir à la manière dont coulait le sang des prisonniers; quant aux druides, ils brûlaient dans d'énormes statues d'osier, non seulement les ennemis tombés entre leurs mains, mais encore leurs superstitieux et aveugles compatriotes; longtemps après la venue de Jésus-Christ, ces holocaustes humains se continuèrent encore dans la Gaule, surtout dans l'abrupte et indomptable Bretagne.

54. — Les légumes secs offrent, pendant l'hiver, une ressource précieuse.

55. — Que vos parents vous laissent un nom sans tache : voilà le premier, le plus beau des héritages.

56. — Il arrive parfois que les ouvrages les mieux faits, les plus finis ne sortent pas des mains les plus habiles, mais de celles qui y apportent un soin tout particulier.

57. — Ne prenez pas un embonpoint excessif pour un signe de santé.

EXERCICE :

Intermède	Opprobre	Hémisphère
Atome	Fifre	Emblème
Ecrin	Epiderme	Article
Amadou	Ustensile	Mésentère
Observatoire	Périgée	Périhélie
Amidon	Ombrage	Intervalle

Hécatombe	Eclair	Aqueduc
Apogée	Isthme	Egout
Anchois	Attelage	Anniversaire
Egrugeoir	Aunage	Dialecte
Hymen	Goitre	Mollusque
Encrier	Monosyllabe	Giroffle
Eucologe	Opuscule	Ovaire
Outrage	Ulcère	Esclandre
Horoscope	Mânes (touj plur.)	Encombre
Olympe	Murmure	Granule
Trophée	Empyrée	Corpuscule
Lombes	Astrolabe	Pédicule
Acrostiche	Paraphe et parafe	Ellébore
Echaudé	Concombre	Axe
Entre-côtes	Infanticide	Hôpital
Exode	Exorde	Artifice
Octroi	Monopole	Pampre
Ovale	Organe	Pécule
Leurre	Péricarde	Péricrâne
Orage	Hécatombe	Pétale
Squelette	Renne	Stère
Tertre	Uniforme	OEsophage
Eventaire	Hémistiche	Odorat
Péage	Phare	Tubercule
Globule	Vestige	Erysipéle
Oubli	Litige	Interstice
Intervalle	Epilogue	Solstice
Equinoxe	Hydre	Risque
Omnibus	Simples (nom général des plantes médicinales)	
Obus		Antimoine
Evangile	Amadis	Acabit
Epithalame	Escalier	Eventail
Anathème	Alvéole	Ambe
Acte	Atre	Alvéole
Décombres (toujours plur.)		Idiome
Uniforme	Outil	Orteil
Horizon	Oracle	Hourvari
Lorbe	Orbe	Paroxysme
Animalcule	Pourpre (maladie, rouge foncé.)	
Module	Lange	Ventricule
Conciliabule	Relâche	Opercule
Cigare	Madrépore	Malaise
Prestige	Vivres (touj. pluriel)	Pleurs (touj. plur)

Equilibre	Péritoine	Erable
Furoncle	Retable	Fossile
Sarigue	Hanneton	Exil
Oratoire	Rouble	Orifice
Galbe	Hiver	Eté
Antipode	Balustre	Astérique
Air	Onguent	Armistice
Héliotrope (fleur)	Aphélie	Frais (dépense,
Dépens (touj. plur.)		dépens ; touj. plur.)

XVI

SUBSTANTIFS FÉMININS.

1. — Que d'hommes, sous une enveloppe grossière, cachent les vertus les plus sublimes, les qualités les plus exquises, les sentiments les plus délicats !

2. — La garance aime les terrains chauds.

3. — Demander de l'argent à un avare, c'est toucher en lui la fibre la plus désagréablement sensible.

4. — Cet élève se sert depuis trois ans de la même équerre.

5. — La pariétaire croît sur les murs.

6. — Une atmosphère chaude, embrasée, étouffante, oppressait nos poitrines.

7. — L'hyperbole est familière aux Orientaux.

8. — Votre camarade, en tombant, a eu l'omoplate droite cassée.

9. — Il est des entorses plus longues à guérir que certaines fractures.

10. — A l'homme qui travaille, les après-dînées paraissent courtes.

11. — La première horloge à roues qu'on ait vue en France, fut offerte à Charlemagne par le calife Haroun-al-Raschild.

12. — Ces oranges, à force d'être douces, répugnent, affadissent.

13. — La faine, fruit du hêtre, a quelque ressemblance avec la châtaigne.

14. — Parcourez un cimetière ; combien y trouvez-vous d'épitaphes menteuses !

15. — Les stoïciens ne s'offensaient pas des épithètes les plus outrageantes : le fameux Caton resta même, dit-on, impassible en recevant un soufflet.

16. — Hippocrate rejeta les offres brillantes que lui faisaient les ambassadeurs du roi des Perses.

17. — L'estime publique, quand elle est méritée, peut tenir lieu de toute autre récompense.

18. — Ne vous laissez jamais prendre aux annonces trompeuses des charlatans de toute espèce dont regorge la société.

19. — Les nèfles ne sont bonnes à manger que lorsqu'elles sont blettes.

20. — Les fresques de Michel-Ange sont encore sans rivales.

21. — Je n'aime l'escarole que lorsqu'elle est bien blanche.

22. — On nous servit au déjeuner une lamproie toute fraiche.

23. — Charles IX mourut au milieu des plus affreuses angoisses.

24. — L'ère chrétienne commence à l'avénement de Jésus-Christ, l'an quatre mille neuf cent-soixante-trois de la création du monde.

25. — L'aire de cette grange est toute raboteuse.

26. — C'est un tort commun à beaucoup d'agriculteurs de croire que les étables ne doivent jamais rester ouvertes pendant l'hiver ; il faut, au contraire, qu'elles soient fréquemment aérées.

27. — Un des oiseaux les plus gentils, c'est, pour moi, la mésange bleue.

28. — Les primevères sont les messagères des plus beaux jours de l'année.

29. — Une forte escorte conduisait les condamnés au lieu de l'exécution.

30. — Invectives véhémentes, menaces, mauvais traitements, rien ne fut épargné au juge incorruptible.

31. — Si les images de Metz et d'Epinal ne sont pas belles, on ne peut pas dire qu'elles soient chères.

32. — Dans les différentes escarmouches qui avaient précédé la bataille, les nôtres avaient toujours eu l'avantage.

33. — L'octave n'a pas été aussi pompeuse que le jour même de la fête.

34. — Vous avez des boutons d'une nacre fine, luisante et pure.

35. — Le chemin était coupé d'ornières profondes où la voiture éprouvait des cahots qui nous faisaient, à chaque instant, craindre de verser.

EXERCICE :

Antichambre	Patère	Idole
Arrhes	Ocre	Image

Féverole
Girafe
Bonace
Opale
Hermine
Ebène
Equivoque
Langouste
Amorce
Outre
Prémices
Escarcelle
Arène
Epigraphe
Liane
Mœurs (touj. plur.)
Artère
Orgie
Ormoie
Malencontre
Expertise
Oie
Epigramme
Antienne
Antithèse
Apostille
Huile
Incartade
Pédale
Etamine
Spatule
Salamandre
Hyène
Algarade
Calendes (touj. plur.)
Espingole
Orbite
Ampoule
Arbalète
Paroi (cloison, maçonnerie)
Oriflamme
Agrafe

Jarre
Dinde
Etuvée
Pléthore
Levée
Imposte
Insulte
Glaire
Ecaille
Jauge
Epizootie
Impasse
Argile
Herse
Optique
Vertèbre
Immondices
Loche
Ides (touj, plur.)
Ouïe
Extase
Estampe
Réglisse (2 genres)
Echappatoire
Epacte
Estrapade
Etuve
Laideron
Sandaraque
Avaloire
Thériaque
Hypothèque
Idylle
Eclipse
Eglogue
Patenôtre
Escapade
Prolonge
Formule
Parois (membranes, surfaces internes d'un vase)
Filoselle
Enigme

Obsèques (touj. plur.)
Jujube (2 genr.)
Ebauche
Attache
Auréole
Ode
Alcôve
Once
Immatricule
Escabelle
Gare
Ténèbres (touj. plur.)
Ortie
Hémorrhagie
Absinthe
Ophthalmie
Hydrocèle
Esquisse
Hernie
Hypothénuse
Amnistie
Apothéose
Enchère
Escrime
Hôtellerie
Outarde
Sentinelle
Bulbe
Estampe
Epée
Agate
Echarde
Offrande
Poulpe
Disparate
Epice
Onglée
Après-soupée
Hysope

Issue	Ecritoire	Moire
Orfraie	Echappée	Avant-scène
Décrottoire	Armoire	Allonge
Enclume	Lardoire	Panacée
Oublie (patisserie légère)		Héliotrope (pierre précieuse)
Rotule	Pellicule	
Fécule	Molécule	Vésicule
Lenticule	Cellule	Particule
Canicule	Pilule	Auricule
Formule	Cédule	Glandule
Radicule	Canule	Capsule.

XVII

DE QUELQUES SUBSTANTIFS QUI CHANGENT D'ACCEPTION EN CHANGEANT DE GENRE.

Genre Féminin.	*Genre Masculin.*
La fourbe et la friponnerie sont sœurs.	Le fourbe se pare toujours des dehors de la probité.
Les Juifs célébraient la Paque, debout, en tenue de voyage, un bâton à la main.	Pâques une fois passé, l'année scolaire arrive vite à sa fin.
La serpentaire est une plante. qui entre dans la composition des vulnéraires.	Si vous voulez trouver la constellation du serpentaire, cherchez-la dans l'hémisphère boréal.
La vulnéraire a perdu beaucoup de son ancienne renommée ; on ne l'emploie plus autant pour la guérison des plaies et des blessures récentes.	La serpentaire, la pervenche, l'arnia, le camphre, servent à composer les vulnéraires les plus actifs.
Toute parallèle a deux de ses points également distants d'une autre ligne.	Un parallèle est une comparaison où l'on examine les rapports, les différences existant entre deux êtres ou entre deux objets.
Lés pendules de luxe sont aujourd'hui très-communes, peu chères ; nous ne pouvons pas dire qu'elles soient toutes bonnes.	Le pendule de l'Eternité a dit le père Bridaine, ne fait entendre aux damnés que ces deux mots désespérants : *Toujours ! jamais !*

Les temps sont passés où la solde, les vêtements, les souliers manquaient à nos valeureuses armées.

Cette office est petite, mais elle est bien garnie.

Le solde de notre compte s'élève à deux cent-soixante-trois francs.

Vos bons offices ne m'ont jamais fait défaut. — Le Saint-Office sévissait rigoureusement contre les hérétiques.

Ne me refusez pas votre aide ; elle seule peut me soutenir au milieu des difficultés qui surgissent de tous côtés sous mes pas.

Les bonnes œuvres, la prière, les consolations à donner aux affligés, sont les plus doux passe-temps des âmes pieuses et charitables.

Lamartine consacre les heures d'une vieillesse malheureuse et tourmentée à retoucher, à revoir ses œuvres complètes, auxquelles il trouve encore le temps d'ajouter quelques belles pages, fruits d'un génie infatigable.

Pour tous les hommes l'aide le plus sûr, le plus fidèle, c'est le travail. — Charles est un bon aide de cuisine. — Julie est une bonne aide de cuisine.

Parce qu'on ne croit plus à la transmutation des métaux en or, il ne faut pas s'imaginer que le grand œuvre n'ait plus d'adeptes : Voyez plutôt la Bourse et certaines industries que je ne veux pas qualifier.

Le plus bel œuvre d'Horace Vernet est sa prise de la Smala.

La garde des frontières fut confiée au patriotisme des milices nationales.

Les gardes-forestiers ont des droits plus étendus que les gardes-champêtres.

La forêt du Mans fut le théâtre d'un événement qui devait exercer une bien fâcheuse influence sur les destinées de notre patrie.

J'ai cassé le foret que vous m'aviez prêté ; je vous en offre un tout neuf en échange.

La réglisse est moins recherchée des enfants depuis que tant de sucreries coûtent si peu.

On trouve du réglisse sur les montagnes de la Haute-Auvergne.

Les bardes que vous avez mises sur cette volaille ne sont pas assez cuites.

Le barde, chez les Gaulois, était après le druide, l'homme le plus vénéré.

La plane, outil tranchant à

Le plane ou platane, est le

deux poignées, sert à unir, égaliser, polir.

plus bel arbre de la famille des *amentacées*, qui compte le bouleau, le peuplier, le saule, l'orme, le chêne et l'aune.

Féminin

Quelle puissance compta jamais plus d'esclaves que la mode ?

On trouve des héliotropes assez grandes pour couvrir des tombeaux.

La greffe est aujourd'hui généralement apprise aux élèves qui reçoivent l'instruction non-seulement agricole, mais même professionnelle.

La différence entre les espaces et les interlignes est que, dans l'imprimerie, les premières servent à espacer les mots et à justifier les lignes, tandis que les secondes fixent la distance qui doit exister entre les lignes.

La période lunaire s'opère dans l'espace de vingt-neuf jours.

La guerre de cent ans peut se diviser en quatre périodes : dans les deux premières : revers, échecs, défaites, guerres civiles, anarchie ; les deux autres périodes sont marquées

Masculin.

Le mode dans lequel ce morceau de musique est composé n'avait été saisi que par quelques exécutants.

Achetez des biens-fonds ; c'est le mode le plus sage de placer son argent.

L'héliotrope est ainsi appelé parce qu'il tourne son disque du côté du soleil.

Le greffe est le lieu où l'on garde et où l'on expédie les actes judiciaires.

Un court espace de trente ans nous sépare d'événements qui semblent remonter à plus d'un siècle, tant les faits se succèdent rapidement dans notre histoire contemporaine !

Quel est le calligraphe dont tous les intealignes sont réguliers et également éloignés les uns des autres.

Dans la plupart des campagnes, on va chercher le médecin quand la maladie est à son dernier période (*degré*.)

Bien des questions auront leur dénouement dans un période qui, nous le croyons, ne sera pas aussi long qu'on le pense généralement. (Ici pé-

par d'éclatantes victoires, par la délivrance du royaume et par l'expulsion des Anglais.

La période carrée est une phrase à quatre membres.

Je préférerais une maladie chronique à certaines fièvres, à des maux, des douleurs, dont les périodes (*retours*) fixes, précises, ne vous permettent que des haltes plus ou moins longues dans l'état de santé.

La mémoire est la dernière de nos facultés morales. Que peut-elle de grand, de sérieux, sans l'intelligence et le jugement?

La mémoire des hommes vertueux est comme un parfum qui survit longtemps à la plante qui l'a produit.

riode signifie espace de temps indéterminé.)

La gloire de notre belle France n'est pas a son dernier période. (A son plus haut degré.)

Dans son acception ordinaire, dans son emploi général, le mot sentinelle est féminin ; et vous ferez bien mes amis, de lui conserver ce genre. Quand vous serez des auteurs comme Delille ou Fontanes, ou autres, vous pourrez, si vous le jugez convenable, profiter de la licence dont vos devanciers vous auront donné l'exemple.

Les mémoires de madame de Motteville sont intéressants et curieux ; ils pèchent, comme tous ceux de cette époque, par un peu de partialité.

Mon avocat vous remettra un mémoire sur cette grave affaire

EXERCICE :

Genre féminin.

SATIRE, prose ou vers où l'on censure, où l'on ridiculise les vices.

MANOEUVRE, évolutions, mouvements exécutés par des troupes, par un navire etc. Au figuré, Intrigue.

SOMME, charge, fardeau, quantité d'argent, total, rivière de Picardie.

RÉGALE, droit perçu par le roi sur les gros bénéfices

Genre masculin.

SATYRE, demi-dieu du paganisme moitié homme, moitié bouc.

MANOEUVRE, celui qui travaille des mains, qui sert les maçons, les couvreurs.

SOMME, sommeil, repos dans le sommeil.

RÉGAL, un des jeux de

vacants; acide qui dissout l'or.

RELACHE, endroit où les navires peuvent relâcher.

PERCHE, poisson ; ancienne mesure ; taille toute d'une venue.

OMBRE, obscurité; au figuré apparence, prétexte, protection : à l'ombre de votre bras puissant; il n'y a pas l'ombre du doute, etc.

CARTOUCHE, charge d'un fusil, d'un canon.

AUNE, ancienne mesure.

AIDES, impôts ; tout ce dont on se sert pour bien manier un cheval; aide, assistance, secours ; femme qui aide.

BARBE, poil qui recouvre les joues et le menton ; fanons de baleine; pointe des épis; amas de poil sur certaines plantes.

EXEMPLE, modèle d'écriture, copie de dessin.

CRÊPE, pâte tres-mince qu'on fait frire à la poêle.

GUIDE et GUIDES, une ou plusieurs lanières servant à conduire un cheval ou des chevaux attelés à une voiture.

ENSEIGNE, marque, étendard, tableau placé au dessus des magasins. (Au figuré : A telles enseignes que... c'est-à-dire la preuve en est que.

HÉPATITE, inflammation du foie. Dans le langage médical, la terminaison *ite* dé-

l'orgue; festin, fête, grand plaisir.

RELACHE, suspension, interruption, cessation de travail, repos.

PERCHE, ancienne province de France comprise entre les départements de l'Orne et d'Eure-et-Loir.

OMBRE et HOMBRE, sorte de jeu de cartes.

CARTOUCHE, ornement de sculpture.

AUNE et AULNE, arbre.

AIDE, tout homme qui aide, qui seconde, qui soulage dans une fonction.

BARBE, cheval de Barbarie.

EXEMPLE, action, conduite, procédé qu'il faut imiter ou fuir.

CRÊPE, étoffe légère et claire ; signe de deuil.

GUIDE, conducteur. Au figuré : Personne qui dirige, qui donne des conseils ; modèle.

ENSEIGNE, officier de marine, porte-étendard.

L'HÉPATITE, pierre précieuse, est ainsi nommé parce qu'il a la couleur et la figure

signe toujours une inflammation : gastrite, entérite, bronchite ; la terminaison *ie* désigne toujours une douleur : gastralgie, céphalalgie, odontalgie.

du foie. C'est une pierre ollaire, c'est-à-dire tendre et facile à tailler.

LYS, rivière de Belgique.

LIS, fleur, plante; armoiries. Au figuré : Blancheur.

LAQUE, gomme-résine, gomme-laque; elle est produite par un insecte qui accumule cette résine sur certains arbres de l'Inde.

LAQUE, beau vernis de Chine ; il est rouge ou noir. On donne le nom de laque à tout meuble revêtu de ce vernis.

TROMPETTE, instrument de musique. (Au figuré.) Déloger sans tambour ni trompette, sans bruit.

TROMPETTE, cavalier qui, dans un régiment, sonne de la trompette. Au figuré : Celui qui va publiant tout ce qu'il fait, tout ce qu'il sait ou dit savoir.

JUJUBE et RÉGLISSE adoptent, selon nous, les deux genres. S'il ne s'agit que du fruit ou de la racine, ces substantifs doivent, croyons-nous, être féminins.

JUJUBE et RÉGLISSE désignant, le premier, l'arbre, le second, la plante, sont masculins. On dit aussi jujubier pour désigner l'arbre qui produit des jujubes.

VOILE, plusieurs lés de toile cousus ensemble et attachés aux vergues et au mât d'un navire pour recevoir le vent. Au figuré : navire, vaisseau.

VOILE, pièce d'étoffe à l'aide de laquelle une femme cache son visage, rideau. Au figuré : Prétexte, moyen, apparence spécieuse, dehors : le voile de la probité, de la charité du dévouement.

POURPRE, teinture précieuse que le hasard fit découvrir aux Phéniciens, et que l'on fait aujourd'hui avec la cochenille. Au figuré. Revêtir la pourpre, devenir empereur, roi, cardinal.

POURPRE, maladie ; rouge foncé; petit poisson, coquillage, testacé univalve.

CRITIQUE, examen, appréciation d'un ouvrage d'esprit. Censure amère, maligne, méchante, de ses semblables ou de leurs actes.

CRITIQUE, celui qui examine, qui apprécie, qui juge les ouvrages d'esprit ou les produits de l'art.

CHAPITRE II.

DE L'ARTICLE.

ARTICLE SIMPLE.

— Le soleil est à peu près un million et demi plus gros que la terre.

— La méridienne est la ligne d'intersection du méridien avec l'horizon.

— A Rome, les nourrices devenaient, pour ainsi dire, membres de la famille ; elles y passaient le reste de leur vie, et devenaient les suivantes, les gouvernantes des jeunes personnes qu'elles avaient allaitées.

— Le soleil est le centre de notre grand sytème planétaire ; les satellites du soleil sont les planètes.

ELISION ET CONTRACTION.

— La terre est au périhélie quand elle est dans sa plus grande proximité du soleil ; elle est à l'aphélie quand elle est le plus éloignée de cet astre.

— L'excès du jour sidéral sur le jour solaire ou vrai, varie dans des proportions que nous n'avons pas à mentionner ici. Qu'il nous suffise de dire que le jour sidéral est un peu moins long que le jour solaire.

— L'année sidérale est le temps que met la terre, dans sa révolution, pour revenir d'une étoile à la même étoile, par son mouvement annuel.

— Le jour civil diffère du jour astronomique en ce que le premier, de vingt-quatre heures comme le second, se compte d'un minuit à l'autre ; le jour astronomique, au contraire, se compte d'un midi à l'autre.

— La durée de l'année solaire, année commune, est fixée par la révolution annuelle de la terre autour du soleil.

— On attribue aux Phéniciens l'invention de l'écriture phonétique.

— Les prêtres égyptiens conservèrent l'usage des caractères hiéroglyphiques longtemps après l'invention de l'écriture démotique ; et cela, on le comprend, pour ne pas mettre le peuple au courant de leurs secrets.

— La haine d'un sot doit être implacable, par cela même qu'elle n'est pas raisonnée.

— L'histoire est l'écho du passé.

OBSERVATIONS.

1° L'élision ne s'opère qu'au singulier, et devant les noms, masculins ou féminins, commençant par une voyelle ou un *h* muet.

2° La présence de la voyelle *a* dans l'article contracté *au*, *aux*, révèle, dans cet article, l'existence de la préposition *à*; la présence de la consonne *d* dans *du*, *des*, indique la préposition *de*.

3° *La contraction* ne peut avoir lieu que devant un nom masculin singulier commençant par une consonne ou un *h* aspiré.

EXERCICE.

L'apogée	Aux erreurs
Le périgée	Du travail
Le Zénith	Des récompenses
Le nadir	Au génie
Le hameau	Aux exploits
Les héros	Au mérite
Les exemples	Du bonheur
L'ambition	Aux honneurs.

CHAPITRE III.

DE L'ADJECTIF.

FORMATION DU FÉMININ DANS LES ADJECTIFS.

ADJECTIFS TERMINÉS EN *E* MUET.

Règle. — Les adjectifs terminés au masculin par un *e* muet conservent tous, sans exception, cette voyelle finale au féminin. Le genre de ces adjectifs n'ayant aucune lettre, aucune désinence caractéristique, il est indispensable, pour le déterminer, de bien savoir à quel genre appartient le substantif qualifié. Aussi, dans le court exercice qui va suivre, emploierons-nous indistinctement des substantifs des deux genres.

1. De jour en jour, la vertu devient bien plus rare que la fortune.

2. L'or est si ductile qu'on peut, avec environ trente-deux grammes de ce métal, tirer un fil de quinze milles de longueur.

3. La plupart des métaux sont malléables.

4. Si les belles-lettres sont généralement regardées comme plus faciles que les sciences, c'est, croyons-nous, parce que les premières flattent davantage notre imagination.

5. Lors même que le soleil serait mobile, et non la terre, l'alternative du jour et de la nuit n'en aurait pas moins lieu.

6. Un des traits les plus héroïques de l'histoire romaine est celui du consul Décius se vouant à une mort certaine pour ranimer le courage chancelant des Romains, et leur assurant ainsi la victoire de Véséris (340 av. J.-C.)

7. Les légions romaines, affirment plusieurs historiens, ne prirent aucune part à la célèbre bataille livrée dans les champs catalauniens contre les hordes sauvages d'Attila, l'an quatre cent-cinquante et un de notre ère.

8. L'homme est la seule créature raisonnable que Dieu ait placée sur la terre.

9. Les principales matières textiles sont le coton, le chanvre, le lin et la soie.

10. La couronne civique, en feuilles de chêne, était décernée au Romain qui avait sauvé un de ses concitoyens.

EXERCICE :

Nuisible	Civique
Docile	Incessible
Accessible	Insaisissable
Compréhensible	Crédule
Répréhensible	Sapide
Futile	Insipide
Sublime	Agraire
Amovible	Solaire
Réductible	Caniculaire
Mercenaire	Morbide
Loisible	Livide
Sociable	Lucide
Indélébile	Temporaire
Malpropre	Honorifique
Illisible	Colérique
Féroce	Sudorifique
Frivole	Diurétique
Exécrable	Fatidique
Tragique	Famélique

Honnête	Horrible
Impassible	Inamovible
Imbécile	Intelligible
Plausible	Ostensible
Insociable	Malhonnête
Inlisible	Atroce
Impossible	Infirme
Détestable	Déshonnête
Débile	Fragile.
Hétéroclite	

Exception : Traître, qui fait au féminin traîtresse, et maître dont le féminin est maîtresse.

FORMATION DU FÉMININ DANS LES ADJECTIFS TERMINÉS AU MASCULIN EN *E* FERMÉ.

Règle. — Tous ces adjectifs forment invariablement leur féminin par l'addition de la voyelle *e* muet à la terminaison du masculin.

1. L'ibis, oiseau voyageur, de l'ordre des échassiers, était en Egypte, l'objet d'une sorte de culte. Cette vénération imméritée lui venait de la fausse croyance dans laquelle étaient les Egyptiens que l'ibis dévorait les serpents.
2. Les prêtres d'Hermopolis regardaient comme sacrée l'eau dans laquelle avait bu un ibis, et la réservaient pour leurs cérémonies religieuses.
3. Il y a un sage milieu à prendre entre une conscience trop large et une conscience timorée.
4. Pour mieux assurer leur domination dans les Gaules, les Romains communiquèrent aux Gaulois leurs sciences et leurs arts ; mais ils leur léguèrent en même temps leurs jeux, leurs scandaleuses débauches et leurs mœurs déréglées.
5. Des manières empruntées dénotent souvent un homme sorti de sa sphère.
6. L'homme discret et prudent ne publie jamais une nouvelle qu'il ne la sache bien avérée.
7. Les revers qui marquèrent les dernières années de son règne furent d'autant plus pénibles à Napoléon, que c'étaient pour lui, de la part de la fortune, des rigueurs inaccoutumées.

EXERCICE :

Violacé — ée	Dénué — ée
Désordonné — ée	Doué — ée

Herbacé — ée	Accidenté — ée
Insensé — ée	Inespéré — ée
Dépravé — ée	Décontenancé — ée
Fortuné — ée	Ehonté — ée
Enchanté — ée	Velouté — ée
Débauché — ée	Acéré — ée
Modéré — ée	Guindé — ée
Couperosé — ée	Effronté — ée
Accidenté — ée	Empourpré — ée
Dégingandé — ée	Domicilié — ée.

NOTA. — Tous les participes passés des verbes de la première conjugaison, lorsqu'ils sont employés seuls, n'étant plus considérés que comme de simples adjectifs, doivent nécessairement subir la même règle. — Nous n'avons pas a parler ici de ces cas de variabilité ou d'invariabilité des participes, lorsqu'ils sont conjugués avec un auxiliaire, par conséquent lorsqu'ils entrent dans la formation des temps composés des verbes.

FÉMININ DES ADJECTIFS TERMINÉS AU MASCULIN SINGULIER EN *I* ET EN *U*.

Règle. — Les adjectifs terminés par *i* ou par *u* prennent un *e* muet au féminin.

— Les peintres modernes ont banni de leurs toiles ces petites figures joufflues et bouffies que l'on décorait du nom de petits, de gracieux amours.

— C'était au fond des forêts les plus touffues, les plus sombres, que les druides célébraient leurs mystères : les bois, les sites les plus sauvages, voilà, selon eux, les seuls temples dignes de leurs divinités.

— Il est plus sage à un élève de se taire que de faire des réponses saugrenues.

— La mine naturellement si bourrue de Louis XI prenait une expression de joie maligne et sournoise quand il trouvait l'occasion ou le moyen de se débarrasser d'un ennemi.

— Les avoines, cette année-ci, étaient moins grenues que l'an passé.

— L'âme de l'enfant est une cire molle que l'on façonne à volonté ; c'est ce qui fait qu'il y a toujours dans notre existence, aussi longue, aussi agitée qu'elle soit, un souvenir, une empreinte des principes dont notre jeunesse a été imbue.

— Les premiers chefs francs, cette race chevelue, ainsi qu'on l'a nommée; les Clodion, les Mérovée, les Clovis, ébauchèrent la carte de France.

— Accordez à l'hypocrite, au fourbe, autant de confiance que vous en inspirerait une planche que vous sauriez vermoulue, si vous aviez à franchir un abîme.

— Le Tintoret peignant sa fille morte, c'est, à mon sens, une douleur sans nom, une torture inouïe ; c'est la lutte de l'amour paternel et du génie contre la nature, comme un duel entre l'artiste et le père.

— La bataille de Crécy (1346) et celle de Poitiers (1356) furent perdues par l'ardeur téméraire, étourdie, de la chevalerie française.

— Bien lotie est la famille d'artisans qui ne compte que des membres laborieux et vertueux.

— A cause de son expérience, une tête chenue est souvent préférable à celle d'un jeune savant.

EXERCICE :

Dru — e	Cornu — e
Continu — e	Ecru — e
Ingénu — e	Nu — e
Chenu — e	Feu — e
Ténu — e	Superflu — e
Pointu — e	Dodu — e
Crochu — e	Velu — e
Chevelu — e	Menu — e
Charnu — e	Trapu — e
Ardu — e	Cru — e (non cuit)
Têtu — e	Gai — e
Cramoisi — e	Joli — e
Ami — e	Poli — e
Ennemi — e	Infini — e
Etourdi — e	Indéfini — e
Hardi — e	Demi — e.

Nota. Tous les participes des verbes de la 2me et de la 3me conjugaison, *fini*, *reçu*, et ceux de la 4me terminés en *u*, *rendu*, forment leur féminin de la même manière.

Remarque. De tous les adjectifs terminés au masculin par *i*, deux seuls font exception : c'est *favori* dont le féminin est favorite et *coi* qui fait *coite* au même genre.

— Trouvez-moi une femme bossue qui, au beau milieu d'une fête consente à se promener nu-taille ?

— Notre voisin a deux enfants qui le forcent à faire des économies : ils sont en toute saison, tête nue, pieds nus, ou nu-bras.

Nota. — Nu ne se place que devant les substantifs désignant les parties du corps qui doivent être ordinairement couvertes. Ainsi on ne dira pas nu-mains, mais bien les mains nues ; nu-figure, mais bien la figure nue.

Règle. — Placé devant un substantif, l'adjectif *nu* est invariable et se joint à ce substantif par un trait d'union : nu-taille, nu-bras. Il est alors locution adverbiale : se promener nu-taille, c'est-à-dire la taille à nu, etc. Mis après un substantif, il en prend le genre et le nombre : tête nue, pieds nus.

Exception unique. — Nu précédant le substantif propriété, est variable et ne se joint pas par le trait d'union : Vous ne serez maître de cette terre qu'à la mort de votre tante, son mari lui en ayant laissé la nue propriété (la jouissance).

SUR L'ADJECTIF *DEMI*.

L'adjectif *demi* suit la même règle que l'adjectif *nu* ; seulement, comme ce dernier, il ne peut revêtir la forme du pluriel et s'accorde uniquement en genre, *demi*, lorsqu'il est adjectif, excluant toute idée de pluralité, parce qu'il ne peut, en quelque sorte, modifier que la moitié d'une unité.

— Dieu n'aime pas les demi-conversions (les conversions opérées à demi, à moitié. A demi, à moitié, sont des locutions adverbiales ; partant des expressions invariables).

— J'ai acheté quarante mètres et demi de toile (quarante mètres et un demi mètre ; on voit que dans ce cas, demi modifie un substantif singulier sous entendu, et devant lequel il devrait être mis, si l'on répétait ce substantif). Il serait oiseux d'essayer de prouver que cette analyse ne pourrait avoir lieu si *demi* venait après un substantif féminin ; ou bien alors il faudrait dire que *demi* doit toujours être invariable.

— Nous avons mis, pour faire ce voyage, quatre journées et *demie*. Quatre journées et (une journée *demie*).

— Nous avouons que cette analyse ne nous satisfait pas. Qu'on nous permette une observation. Ne pourrait-on pas dire que venant après un substantif féminin, le mot *demie* est lui-même un substantif employé sans l'article *la*, ou sans l'adjectif *une* : essayons de le prouver par l'exemple ci-dessus :

— Nous avons mis quatre journées et *demie* (quatre journées et une *demie*, une moitié de journée). *Demie*, si on le prend dans le sens de moitié, est substantif féminin, et par conséquent soumis à la loi du nombre : Avec assez de demies (de moitiés), on fait facilement des entiers.

SUR L'ADJECTIF *FEU*.

FEU, (du latin *fuit*, qui a été, qui fut, qui a vécu) est invariable s'il n'est précédé de l'article ou d'un adjectif déterminatif; précédé de l'article ou d'un déterminatif, et placé par conséquent entre l'un de ces deux mots et le substantif, il prend le genre et le nombre de ce dernier.

Premier cas.

Feu vos aïeuls étaient plus riches que vous avec beaucoup moins de fortune .

Feu ma cousine se préparait il y a près d'un an à ce voyage en Italie, où elle devait mourir.

Deuxième cas.

Nos feus oncles étaient d'infatigables chasseurs.

Le feue mère de Jules l'aurait bien empêché de commettre cette faute.

EXERCICE :

Feu mes neveux
Feu ta sœur
Feu ses filles
Demi-instruction
Les feus cousins
Vos feues tantes

Demi-lune
Demi-science
Trois heures et demie
Cinq grammes et demi
La feue grand'mère.

SUR LES ADJECTIFS *AMBIGU*, *CONTIGU*, *EXIGU*, *AIGU*.

Ces adjectifs forment leur féminin par l'addition d'un *e* muet, dont le son devient nul par la présence du tréma dont il faut le surmonter.

— Quelque exiguës que soient ses ressources, le sage sait les préférer à une fortune acquise au prix de sa dignité.

— Votre oncle n'a pas de plus proche voisin que moi : nos deux maisons sont contiguës

EXERCICE :

Une douleur aiguë. Des paroles ambiguës

ADJECTIFS TERMINÉS AU MASCULIN PAR LA CONSONNE *F*.

Règle. — Tous ces adjectifs forment leur féminin en changeant *f* en *ve*.

— Les mesures préventives ne sont à déplorer que lorsqu'elles frappent un innocent.

— Le miel et la guimauve ont des propriétés lénitives.

— Pour la même maladie, la plupart des médecins ont des méthodes curatives différentes.

— La vie contemplative exige le silence et la retraite.

— L'action destructive du temps est plus lente, mais elle est tout aussi difficile à réparer que le vandalisme des hommes.

— La confiance excessive de François Ier dans sa bravoure, dans celle de sa noblesse et de ses gens d'armes, causa la perte de la bataille de Pavie (1525.)

— La paresse est à nos facultés morales ce que sont à notre corps les substances les plus corrosives.

— Une vigilance active, incessante, est la première condition d'une bonne discipline.

— La vraie charité n'est pas exclusive.

— En laissant tomber sous la hache du bourreau la tête du maréchal de Biron, Henri IV dérogeait à sa clémence habituelle, native.

— La Grèce primitive était habitée par des hommes qui vivaient de glands, de racines et de plantes.

— La justice des sultans était expéditive, lorsqu'il s'agissait surtout de leurs griefs personnels.

EXERCICE :

Captif — ive
Facultatif — ive
Craintif — ive
Diminutif — ive
Détersif — ive
Révulsif — ive
Palliatif — ive
Modificatif — ive
Inventif — ive
Expansif — ive
Persuasif — ive
Tardif — ive
Plaintif — ive

Sauf — ve
Abusif — ive
Répulsif — ive
Passif — ive
Instructif — ive
Laxatif — ive
Récréatif — ive
Inactif — ive
Communicatif — ive
Naïf — ive
Expressif — ive
Bref — brève
Dépuratif — ive

Prohibitif — ive	Veuf — veuve
Neuf — neuve	Augmentatif — ive
Rébarbatif — ive	Vindicatif — ive
Rétif — ive	Excessif — ive
Convulsif — ive	Législatif — ive
Constitutif — ive	Délibératif — ive.
Offensif — ive	Inoffensif — ive
Attentif — ive	Incisif — ive
Distinctif — ive	Suspensif — ive
Oisif — ive	Chétif — ive.

ADJECTIFS TERMINÉS AU MASCULIN SINGULIER PAR LA CONSONNE *C*.

Règle. — Parmi ces adjectifs, les uns forment le féminin en changeant *c* en *que*.

— Chez les Spartiates, l'éducation était publique ; elle devenait obligatoire pour tous les enfants qui avaient atteint leur septième année.

— Les mœurs, les lois et l'administration turques auraient besoin d'un autre sultan Mahmoud.

— De même que les individus, lès nations dégénèrent et deviennent caduques par le luxe, la mollesse et l'abus des plaisirs.

— De toutes les provinces grecques, la Béotie était la moins policée, celle dont les habitants avaient l'oreille la plus rebelle, l'âme la plus insensible aux charmes de la musique et de la poésie. (De tous les adjectifs terminés par *c*, grec est le seul qui conserve cette consonne devant la terminaison *que* du féminin.)

ADJECTIFS TERMINÉS PAR *C* FORMANT LEUR FÉMININ EN *CHE* ;

FÉMININ DES ADJECTIFS *LONG* ET *OBLONG*, DANS LESQUELS LA LETTRE *E* MUET DOIT ÊTRE PRÉCÉDÉ DE LA VOYELLE *U*.

— La cryptie, ou maraude autorisée, encouragée par les lois spartiates, et punie seulement dans le cas de flagrant délit, pouvait donner aux enfants du courage et de l'adresse, mais c'était un triste moyen pour en faire des natures franches, droites et loyales.

— Une douleur est sèche et muette lorsqu'elle ne peut s'amollir par des larmes ni se consoler dans les épanchements de l'amitié.

— Le fameux Prince Noir, au dire de certains historiens, n'aurait adopté l'armure qui lui a valu son surnom, que pour faire mieux ressortir une peau merveilleusement blanche.

Remarque — Franc, désignant le peuple dont nous descendons, fait au féminin Franque : les tribus, les familles franques.

— La guerre la plus longue dont l'histoire fasse mention, est la guerre de cent ans, connue aussi sous le titre de Rivalité de la France et de l'Angleterre

— J'ai dans mon salon une table oblongue, recouverte d'un tapis vert à franges noires.

ADJECTIFS EN *AIS* ET EN *OIS*.

Règle. — Ces adjectifs forment leur féminin par l'addition de la lettre *e* muet.

— Les chevaliers, dans les tournois et les carrousels, se battaient à armes courtoises.

— Brutus amusait les enfants de Tarquin avec sa figure qu'il rendait niaise devant eux, avec son imbécilité que presque tous croyaient réelle. Mais une fois délivré de leur présence, que faisait-il? Il préparait la ruine du persécuteur de sa famille, du tyran de Rome.

— La nation gauloise n'était pas aussi barbare que plusieurs historiens ont voulu le dire : nous en avons pour preuve la facilité avec laquelle elle se mit bientôt au niveau de la civilisation romaine.

EXERCICE :

Mauvais — e	Iroquois — e
Souriquois — se	Narquois — e
Grivois — e	Sournois — e.

Exception. Epais, qui redouble au féminin la consonne *s*; une fumée épaisse. — Frais, fait fraîche : de l'eau fraîche.

ADJECTIFS TERMINÉS EN *OS*, *AS*, *ÈS*.

Règle. Ces adjectifs forment leur féminin par la réduplication de la consonne *s* après laquelle on met un *e* muet.

— L'âme basse et haineuse de Séjan lui rendait chères et agréables les cruautés de Tibère, les coups que frappait l'empereur assouvissant parfois les vengeances du ministre.

— Lasse et dégoûtée, mais non satisfaite, l'ambition de Charles-Quint alla s'emprisonner au couvent de Saint-Just.

— La baleine ne nous paraît pas bien grosse, si nous la comparons. par la pensée, à certains animaux fossiles dont nous parle Cuvier.

— La caille est plus grasse que la perdrix.

— Votre tante passa dix ans dans ce monastère avant de devenir sœur professe.

— Les défenses les plus expresses aiguisent souvent notre curiosité, et font chanceler, sinon succomber, notre obéissance.

Exception. Ras, au féminin rase : en rase campagne, table rase.

ADJECTIFS EN *ER*.

Règle. Le féminin de ces adjectifs se forme régulièrement ; il faut seulement surmonter d'un accent grave l'*e* muet qui précède la lettre *r*. L'omission de ce signe orthographique amènerait, pour les adjectifs de cette catégorie, à la prononciation la plus vicieuse, nous allions dire ridicule : Une plante potagère; retranchons l'accent, et nous aurons *pota-ge-re; première;* l'accent étant supprimé, le son de l'*e* muet devient nul dans ce cas, (*vie*, *fantaisie*) et nous devons prononcer *premi-re*.

— Les principales plantes fourragères sont : le foin, qui croît dans les prairies naturelles; et dans les prairies artificielles : la luzerne, le trèfle incarnat ou farouch, le sainfoin, le ray-grass, la lupuline, le chou cavalier et le chou branchu.

— Les traités d'alliance conclus par David et Salomon avec Hiram, roi de Tyr, rendirent la navigation familière au peuple juif; et lui inspirèrent ce goût du commerce que ses descendants sont loin d'avoir perdu.

— L'humeur altière de Louis XIV ne fut pas blessée de la hardiesse que montra à son égard un solliciteur gentilhomme. M. de Valbelle, officier aussi loyal que brave, demandait avec les plus vives instances le grade de lieutenant-général. — J'y penserai, dit Louis XIV. — Que Votre Majesté se dépêche, répartit M. de Valbelle avec sa brusque franchise de soldat; et en même temps il ôtait à demi sa perruque : « Ces cheveux blancs, sire, continua-t-il, vous disent assez que je n'ai pas le temps d'attendre. » M. de Valbelle fut fait immédiatement lieutenant-général.

— La conquête étrangère et la captivité de Babylone, tel fut le double châtiment dont Dieu punit les crimes et l'impiété du royaume de Juda.

EXERCICE.

Moutonnier — ère
Fier — ère
Amer — ère
Printanier — ère
Premier — ère
Potager — ère
Régulier — ère
Coutumier — ère
Hospitalier — ère
Guerrier — ère
Léger — ère
Financier — ère

Cavalier — ère
Cher — ère
Entier — ère
Singulier — ère
Dernier — ère
Ménager — ère
Irrégulier — ère
Princier — ère
Inhospitalier — ère
Mensonger — ère
Passager — ère.

ADJECTIFS TERMINÉS EN *ET* ET EN *OT*.

Il n'y a, selon nous, aucune règle fixe qui puisse préciser la formation du féminin dans ces adjectifs : les uns redoublent la consonne finale; d'autres, surtout parmi ceux qui sont terminés au masculin en *et*, ne prennent qu'un *t* devant l'*e* muet du féminin. Alors, la voyelle *e* qui précède le *t* doit être surmontée d'un accent grave.

Quant à ceux qui sont terminés en *ot*, nous croyons, avec la plupart des grammairiens et avec les auteurs les plus corrects, qu'ils ne doivent redoubler la consonne *t* que dans les adjectifs : *sot*, *vieillot*, *bellot*, *pâlot*.

— L'absence de principes religieux est la chose la plus déplorable : ne nous moquons donc pas trop des personnes cagotes; mieux vaut mal comprendre une religion que de n'en pas avoir.

— Ne pouvant éclipser les autres par leur mérite, les sottes gens espèrent les dominer par leur suffisance et leur orgueil.

— Appliquez-vous à soulager les misères secrètes : les pauvres honteux souffrent des tortures inconnues aux indigents ordinaires.

— Les écritures illisibles ont fait leur temps : formez-vous donc une écriture au moins très-propre et très-nette.

— Les personnes sujettes aux accès de violence, aux funestes égarements de la colère, ne sont pas les dernières à blâmer ce vice chez les autres; mais le spectacle des fureurs d'autrui ne les corrige guère : c'est que ce spectacle n'a pas l'efficacité du procédé spartiate à l'égard de l'ivrognerie.

EXERCICE :

Redoublent la consonne *t* les adjectifs :	Ne redoublent pas la consonne *t* les adjectifs :
Grandelet, tte	Dévot, e
Rondelet, tte	Cagot, e
Propret, tte	Idiot, e
Pâlot, tte	Concret, ète
Vieillot, tte	Discret, ète
Sot, tte	Complet, ète
Bellot, tte	Bigot, e
Net, tte	Secret, ète
Sujet, tte	Replet, ète
Fluet, tte	Inquiet, ète
Aigrelet, tte	Indiscret, ète
Aigret, tte	Incomplet, ète
Violet, tte	Quiet, ète.
Cadet, tte	

ADJECTIFS EN *EL* ET EN *EIL.*

Règle. Les adjectifs en *el* et en *eil* redoublent la consonne *l* avant de prendre au féminin la voyelle *e* muet.

— Les grandes actions, les hauts faits, les exploits forment aux grands hommes une postérité qui ne dégénère pas, qui ne peut pas déshonorer leur mémoire. Epaminondas laissait à son pays deux filles immortelles : Leuctres et Mantinée. Une pareille succession n'est pas à répudier !

— Le projet, ou mieux le rêve de Paix perpétuelle de l'abbé de Saint-Pierre, de même que de nos jours les congrès de la Paix, avait pour but d'épargner aux nations les horreurs de la guerre. Mais où trouver, entre tant de puissances si diversement intéressées, un tribunal d'arbitres dégagés de toute partialité et doués de toute justice ?

— L'abolition des punitions corporelles, du fouet surtout, est pour vous, mes amis, un des bénéfices de notre civilisation moderne.

— Il faut à l'homme de travail une nourriture substantielle.

— L'imagination, le jugement et la mémoire sont les plus importantes des facultés intellectuelles.

— La paix de Brétigny (1360) fut due à une circonstance tout accidentelle, à une cause toute physique. Edouard, roi d'Angleterre, effrayé d'un orage violent qui éclata dans les environs de

Chartres, fit vœu, s'il en échappait, de retourner en Angleterre; et quelque temps après était signée la paix dont nous parlons plus haut.

— Trois membranes superposées forment chacune de nos artères : la première qui est externe, est nommée fibro-celluleuse; la deuxième, désignée sous la dénomination de tunique artérielle, est moyenne; c'est la membrane propre des artères; la troisième, dite interne, ne fait que prolonger celle qui tapisse les ventricules du cœur.

EXERCICE :

Perpétuel — le	Providentiel — le
Préjudiciel — le	Conditionnel — le
Conventionnel — le	Sacramentel — le
Eventuel — le	Pestilentiel — le
Sensuel — le	Artériel — le
Intellectuel — le	Professionnel — le
Paternel — le	Immortel — le
Fraternel — le	Mortel — le
Maternel — le	Eternel — le
Spirituel — le	Occasionnel — le
Sempiternel — le	Circonstanciel — le
Rationnel — le	Solennel — le
Irrationnel — le	Vermeil — le
Mensuel — le	Nonpareil — le (vieux style)
Matériel — le	Casuel — le
Manuel — le	Accidentel — le
Substantiel — le	Universel — le
Originel — le	Corporel — le
Torrentiel — le	Confidentiel — le
Essentiel — le	Exceptionnel — le
Industriel — le	Différentiel — le
Traditionnel — le	Cruel — le.

Nota. — *Nul* et *gentil* redoublent aussi la consonne *l* devant l'*e* muet : *nulle*, *gentille*. *Civil* fait *civile*, et *subtil* fait *subtile*. De même pour *puéril*, *puérile*, *viril*, *virile*.

ADJECTIFS EN *EN* ET EN *ON*.

Règle. Ces adjectifs exigent, avant l'addition de l'*e* muet, la réduplication de la consonne *n*.

— Alexandre-le-Grand n'avait que quelque trente-cinq mille

hommes quand il commença ses conquêtes ; mais qu'étaient les soldats qu'il allait combattre, comparés à sa phalange macédonienne !

— Les constructions cyclopéennes sont attribuées par les historiens aux Pélasges ; la Fable en fait honneur aux cyclopes.

— Marseille fut fondée vers six cents avant Jésus-Christ par une colonie phocéenne.

— La ligue Achéenne eut pour chefs illustres Aratus et Philopémen : celui-ci a été surnommé le dernier des grecs.

— Les régions hyperboréennes ne sourient guère aux tempéraments frileux.

— La morale stoïcienne n'était faite que pour des caractères énergiques, pour des natures fortement trempées.

— Charlemagne avait des formes, des proportions herculéennes.

— Sous le règne du Pharaon Néchao, la marine phénicienne opéra, autour de l'Afrique, un voyage maritime resté célèbre dans l'histoire.

— Les mines californiennes, les placers, ont fait un heureux sur des milliers de victimes.

EXERCICE :

Mitoyen — ne	Egyptien — ne
Moyen — ne	Phénicien — ne
Ancien — ne	Béotien — ne
Patricien — ne	Européen — ne
Plébéien — ne	Cicéronien — ne
Athénien — ne	Païen — ne
Austrasien — ne	Aérien — ne
Neustrien — ne	Australien — ne
Lacédémonien — ne	Arménien — ne
Bon — ne	Bourguignon — ne
Mignon — ne	Fripon — ne
Phrygien — ne	Stoïcien — ne
Herculéen — ne	Achéen — ne
Grison — ne	Cyclopéen — ne
Saxon — ne	Breton — ne
Péruvien — ne	Hyperboréen — ne
Galiléen — ne	Quotidien — ne.

ADJECTIFS EN *AL*.

Règle. Ces adjectifs forment régulièrement leur féminin par la simple addition de la lettre *e* muet.

— Une couronne en gazon, dite couronne murale, était la récompense du Romain qui montait le premier sur les remparts d'une place assiégée.

— Bocchoris, roi d'Egypte, porta une loi dont s'accommoderait fort peu la piété filiale des prodigues de nos jours : d'après cette loi, un fils ne pouvait emprunter que sur le cadavre de son père.

— Les aurores boréales ont longtemps effrayé les esprits faibles et superstitieux. Pour prouver que les aurores boréales ne sont que de simples phénomènes magnétiques, il nous suffira de dire que partout où elles se manifestent, et à de très-grandes distances même du lieu de leur apparition, il y a des perturbations très-sensibles dans l'inclinaison et la déclinaison de l'aiguille aimantée.

— Chez les Romains, comme plus tard chez les autres peuples, l'autorité dictatoriale n'était que temporaire.

— Les écoles régionales, qui ont déjà si puissamment contribué au perfectionnement de la culture, sont appelées à déraciner, à extirper dans peu d'années les préjugés et l'entêtement si préjudiciable de la routine agricole.

— Les principales denrées coloniales importées en France sont : le café, le coton, le riz, le cacao, le poivre, l'indigo, le sucre de canne, le roucou, la casse, la mélasse et le gingembre.

— Chacun des trois règnes de la nature fournit des substances tinctoriales : le safran, la garance, le sumac, l'indigo, le quercitron, le curcuma, la noix de galle, la gaude, les bois de Campêche et de Brésil, donnent les couleurs végétales; on doit au règne animal la cochenille et le kermès; l'orpiment, les sels de cuivre (couleur bleue), de fer (couleur verte), de zinc (couleur blanche), et le chromate de plomb (couleur jaune) produisent les couleurs minérales.

EXERCICE :

Natal - e	Fédéral - e
Monumental - e	Cérébral - e
Equinoxial - e	Sacerdotal - e
Régional - e	Bestial - e
Fatal - e	Mural - e
Filial - e	Architectural - e
Légal - e	Paradoxal - e
Phénoménal - e	Primordial - e
Pyramidal - e	Equatorial - e

Zodiacal - e	Sénatorial - e
Théâtral - e	Social - e
Magistral - e	Idéal - e
Sépulcral - e	Pastoral - e
Colossal - e	Conjugal - e
Vital - e	Frugal - e
Diagonal - e	Dictatorial - e
Oriental - e	Intégral - e
Septentrional - e	Préfectoral - e
Austral - e	Infernal - e
Colonial - e	Ducal - e
Guttural - e	Numéral - e
Frontal - e	Horizontal - e
Canonial - e	Boréal - e
Latéral - e	Tropical - e
Collatéral - e	Seigneurial - e
Lacrymal - e	Labial - e
Annal - e	Dental - e
Biennal - e	Occipital - e
Triennal - e	Méridional - e
Quinquennal - e	Occidental - e
Décennal - e	Tinctorial - e.

ADJECTIFS EN *AN*.

Règle. Excepté paysan qui redouble la consonne *n*, ces adjectifs forment leur féminin par la simple addition de la voyelle *e* muet.

— La langue romane composée de latin, de celte et de franc, fut la langue vulgaire de la France, du septième au onzième siècle.

— Il manquait à la puissance ottomane une capitale belle, riche et heureusement située : la prise de Constantinople (1453) combla ce vide.

— Le souverain de la nation persane porte le nom de Schah.

EXERCICE :

Roman	—	e	Musulman	—	e
Océan	—	e (mer)	Mahométan	—	e
Toscan	—	e	Persan	—	e
Anglican	—	e	Gallican	—	e

Paysan — ne (nom et adjectif).

Vélin et Artisan n'ont pas de féminin : il en est de même de partisan, quoique ce mot, comme nous l'avons dit ailleurs, ait été employé au féminin par Voltaire et par plusieurs autres auteurs ; *artisan*, selon nous doit être aussi féminisé.

SUR LES ADJECTIFS *BEAU*, *NOUVEAU*, *FOU*, *MOU*, *VIEUX*.

Règle. Ces adjectifs ont deux formes pour le masculin singulier, seulement : beau, bel, nouveau, nouvel, fou, fol, mou, mol, vieux, vieil. De la seconde forme que l'on emploie devant les mots commençant par une voyelle ou un *h* muet, dérive le féminin de ces qualificatifs : comme dans les cas précédents, on redouble la consonne finale avant d'ajouter l'*e* muet.

MASCULIN.

Ce fut un beau spectacle que celui des trois cent-six Fabius quittant Rome, pour laquelle ils devaient tous mourir !

« Arrête, voyageur, tu foules un héros. » Voilà l'épitaphe gravée sur la tombe du général Merci, tué à Norlingue (1645). Bel hommage, glorieuse inscription, qui grandit du même coup deux hommes, le vaincu et le vainqueur !

Vieil habit et vieil ami se ressemblent : l'un a pris les plis de notre corps ; l'autre, ceux de notre caractère.

Ne faites jamais fi de ce vieil adage : Bonne renommée vaut mieux que ceinture dorée.

Un vieux cheval mort à trente ans, laissait son nom a une ville : il est vrai que c'était

FÉMININ.

Jean Sobieski, chassant les Turcs de Vienne, burinait de sa glorieuse épée une des plus belles pages de l'histoire de Pologne. Mais l'Autriche, comment a-t-elle reconnu cet immense service ?

Les plus belles maximes ne valent pas une belle action.

Quand son génie enfantait une des plus belles, une des plus sublimes découvertes, Volta pensait-il que sa pile servirait un jour à la dorure galvanique, à la galvanoplastie, et surtout à la télégraphie électrique ?

C'est d'après leurs vieux usages, leurs vieilles coutumes qu'on peut bien connaître le caractère primitif des habitants d'une contrée.

La calomnie serait moins fréquente de nos jours, si l'on inscrivait dans nos codes cette vieille loi égyptienne : Le calomniateur doit subir la même

le cheval du fameux Alexandre. (Bucéphale, d'où Bucéphalie.)

Nul Romain n'osa dire à Caligula qu'il était fou, alors qu'il parlait de faire de son cheval un consul.

Etait-ce un fol espoir, une ambition aveugle, un rêve, que ce projet d'Alexandre de réunir sous son sceptre presque toutes les nations connues? Nous en savons d'autres qui, après ce héros de l'antiquité, ont bercé, nourri cette chimère de domination universelle.

Que d'intelligences se sont étiolées en dormant trop longtemps sur le mol oreiller de la paresse.

On appelle mou le poumon du bœuf, de l'agneau et du veau, parce que, chez ces animaux, cet organe est très-mou.

Chaque entreprise guerrière fut pour Xerxès le signal d'un nouveau désastre.

On trouve plus facilement un nouvel habit qu'une nouvelle position : c'est vous dire, mes amis, de ne jamais vous risquer à perdre celle que vous aurez un jour.

peine que subirait l'accusé si le crime était véritable.

Les folles et criminelles prétentions de Babœuf, ses machinations, ses complots et sa mort n'ont pas mis ce moderne Gracchus à la hauteur des deux frères romains ses modèles.

Le poumon, chez l'homme, est d'une structure molle, spongieuse et dilatable.

Rome eût peut-être éprouvé le sort que subit plus tard Carthage, si Annibal n'eût pas laissé son armée s'énerver dans les molles délices de Capoue.

La science procure à ceux qui la cultivent des jouissances toujours nouvelles.

L'homme qui, après de longues années d'exil touche enfin le sol de sa patrie, semble naître à une vie nouvelle.

FORMATION DU FÉMININ DANS LES ADJECTIFS TERMINÉS EN *EUX*.

Règle. Ces adjectifs forment leur féminin en changeant la consonne *x* en *se*.

— On désigne sous le nom de plantes tuberculeuses : la patate, l'igname, la pomme de terre et le topinambour.

— L'oignon, l'ail, la jacinthe, le safran, le glaïeul, sont des plantes bulbeuses.

— Notre corps est une machine osseuse, charnue et musculeuse : c'est par les muscles que se produisent tous les mouvements exécutés par tout être animé : on ne compte pas moins de quatre cents muscles chez l'homme.

— Les affections phlegmoneuses dérivent le plus souvent de coups, de piqûres, de chutes. Le phlegmon n'est autre chose qu'une inflammation du tissu cellulaire.

— Les terres siliceuses sont d'un travail plus facile que les terres argileuses ou calcaires.

— Pour avoir des imitateurs, les méchants trouvent toujours des raisons captieuses.

EXERCICE :

Quinteux	—	se	Pernicieux	—	se
Orageux	—	se	Orgueilleux	—	se
Furieux	—	se	Miraculeux	—	se
Glorieux	—	se	Prodigieux	—	se
Avantageux	—	se	Filandreux	—	se
Désastreux	—	se	Chancreux	—	se
Calamiteux	—	se	Crasseux	—	se
Nécessiteux	—	se	Osseux	—	se
Besoigneux	—	se	Nerveux	—	se
Pompeux	—	se	Copieux	—	se
Fructueux	—	se	Nébuleux	—	se
Onctueux	—	se	Prétentieux	—	se
Précieux	—	se	Frileux	—	se
Peureux	—	se	Honteux	—	se
Périlleux	—	se	Dédaigneux	—	se
Hargneux	—	se	Facétieux	—	se
Bulbeux	—	se	Hasardeux	—	se
Tuberculeux	—	se	Soucieux	—	se
Farineux	—	se	Sinueux	—	se
Gélatineux	—	se	Visqueux	—	se
Noueux	—	se	Bilieux	—	se
Tortueux	—	se	Moëlleux	—	se
Heureux	—	se	Musculeux	—	se
Malheureux	—	se	Monstrueux	—	se
Honteux	—	se	Contagieux	—	se
Dispendieux	—	se	Injurieux	—	se
Volumineux	—	se	Affectueux	—	se
Creux	—	se	Membraneux	—	se
Caverneux	—	se	Pointilleux	—	se
Harmonieux	—	se	Oléagineux.	—	se
Fibreux	—	se	Séreux	—	se

Soyeux	—	se	Vitreux	—	se
Cotonneux	—	se	Résineux	—	se
Galeux	—	se	Bitumineux	—	se
Morveux	—	se	Irrévérencieux	—	se
Mucilagineux	—	se	Irréligieux	—	se
Délicieux	—	se	Siliceux	—	se
Défectueux	—	se	Argileux	—	se
Nuageux	—	se	Spécieux	—	se
Insidieux	—	se	Phlegmoneux	—	se
Industrieux	—	se	Séditieux	—	se
Spacieux	—	se	Sentencieux	—	se
Dartreux	—	se	Oublieux	—	se
Caméreux	—	se	Difficultueux	—	se
Captieux	—	se	Spongieux	—	se
Vénéneux	—	se	Venimeux	—	se.

ADJECTIFS TERMINÉS EN *X* QUI FORMENT IRRÉGULIÈREMENT LEUR FÉMININ.

— La lune rousse est ainsi nommée parce que, suivant les cultivateurs et les jardiniers, elle roussit ou gèle les jeunes pousses, les fleurs et les bourgeons qui peuvent se trouver exposés à sa lumière. Cette lune commence en avril, et finit à la fin de ce mois, ou dans le courant de mai. Qu'on ne s'en prenne pas à cette planète secondaire, le satellite de la terre! La lune n'est pas cause si, alors qu'elle est brillante, et le ciel serein, un rayonnement trop prompt, sans doute, gèle ou roussit les végétaux.

— Nos lois ont raison de punir les fabricateurs de fausses nouvelles, gens qui rient souvent sous cape des alarmes qu'ils ont répandues.

— Jalouses l'une de l'autre, les deux républiques d'Athènes et de Sparte se firent la guerre dans des circonstances où leurs intérêts communs leur faisaient un devoir de rester unies.

EXERCICE :

Doux	—	Douce	Faux	—	Fausse
Roux	—	Rousse	Préfix	—	Préfixe.
Jaloux	—	se			

AUTRES ADJECTIFS DONT LE FÉMININ S'ÉCARTE DES RÈGLES ORDINAIRES

— On désigne aujourd'hui sous le nom de fièvre typhoïde la fièvre appelée jadis maligne ou putride, et autres maladies dont la nomenclature serait ici déplacée.

— La rose muscade, qu'on ne rencontre guère en France que dans les jardins botaniques, est ainsi nommée à cause de son odeur particulière.

— Les fièvres intermittentes peuvent être rangées en trois catégories principales. L'accès se reproduit-t-il tous les jours à peu près à la même heure, on dit que c'est une fièvre quotidienne ; si elle revient tous les deux jours, elle est tierce ; on l'appelle quarte si elle ne se manifeste que tous les trois jours. Ces fièvres sont dites endémiques, c'est-à-dire qu'elles sont comme inhérentes à certaines localités : terrains humides, marécageux, lieux où l'air est vicié.

EXERCICE :

Muscat,	— Muscade	Tiers,	— Tierce
Malin,	— Maligne	Bénin,	— Bénigne.

Remarque. Témoin, dispos, châtain, hébreu, fat et grognon n'ont pas de féminin.

ADJECTIFS EN *EUR*.

Il est impossible, selon nous, de poser des règles précises sur la formation du féminin de ces adjectifs. Bornons-nous à quelques exemples, en priant nos lecteurs de vouloir bien se reporter à ce que nous avons dit à propos des substantifs terminés aussi en *eur* et en *teur*.

Pour épargner aux maîtres et aux élèves des recherches ennuyeuses, nous les engageons également à consulter, en ce qui concerne les mots exprimant des états, des professions, des qualités applicables aux deux sexes, les développements que nous avons donnés au chapitre du substantif.

ADJECTIFS EN *EUR* FORMANT LEUR FÉMININ PAR L'ADDITION D'UN *E* MUET.

— De ce que dans presque toutes les boussoles, le nord est désigné par une fleur de lis, quelques historiens ont voulu faire hommage de cette découverte à la France et au douzième siècle. Dès 1180 il en est question sous les noms de marinière ou amarinière. Cette invention est bien antérieure à cette époque, s'il faut en croire les historiens qui affirment que les Chinois connaissaient cet instrument plus de mille ans avant Jésus-Christ.

— Supposez dans un état, dans une contrée, deux provinces, deux portions de territoire portant le même nom ; la partie en deçà, de votre côté, prendra la dénomination de citérieure ; la partie placée au-delà, du côté opposé, s'appellera ultérieure. Voilà pourquoi l'on dit en Italie : Abruzze citérieure, Calabre ultérieure.

— On désigne sous le nom de sinciput ou vertex, la partie supérieure de la tête ; c'est la partie comprise entre les deux oreilles ; l'occiput en est la partie postérieure inférieure ; il commence au milieu du sinciput.

EXERCICE :

Meilleur	—	e	Extérieur	—	e
Antérieur	—	e	Intérieur	—	e
Citérieur	—	e	Ultérieur	—	e.
Postérieur	—	e			

ADJECTIFS EN *EUR* CHANGEANT *R* EN *SE*.

Tissapherne fit lâchement égorger les généraux grecs qui avaient si vaillamment combattu à Cunaxa pour la cause de Cyrus-le-Jeune. Dupes de la trompeuse et perfide générosité d'Artaxercès, les chefs des Dix-Mille s'étaient réunis dans une conférence présidée par Tissapherne, que le roi des Perses avait désigné pour reconduire les Grecs dans leur patrie. On sait que le célèbre Xénophon, historien, philosophe et général, ramena en Grèce les huit mille six cents hommes qui avaient survécu aux périls et aux fatigues de cette fameuse retraite.

— Les prodigues sont très-souvent égoïstes; ils aiment beaucoup à dépenser, mais pour eux seuls : ne les prenez donc pas pour des personnes donneuses.

— La cupidité et le sensualisme sont les deux plaies rongeuses de notre époque.

EXERCICE :

Trompeur	—	se	Rongeur	—	se
Moqueur	—	se	Parleur	—	se
Donneur	—	se	Rêveur	—	se
Pleureur	—	se	Frondeur	—	se
Boudeur	—	se	Raisonneur	—	se
			Prêteur	—	se.

ADJECTIFS EN *EUR* CHANGEANT CETTE TERMINAISON EN *ERESSE*.

Vengeur, vengeresse, etc.

NOTA. Voir au chapitre du substantif, § 9.

§

ADJECTIFS CHANGEANT *EUR* EN *RICE*.

— Sans une puissance révélatrice, où en serait l'homme pour tout ce qui concerne les saintes et éternelles vérités de la morale et de la religion ?

— Rome suivait une ligne de conduite toute traditionnelle en agissant si souvent en puissance déprédatrice. Elle se souvenait de ses premiers ancêtres. Bon chien chasse de race !

— Toutes les nations ont envié à la France son action civilisatrice, son influence morale sur tous les peuples indistinctement.

— Les peuples barbares qui envahirent l'Europe au commencement du moyen-âge, ne pouvaient se dépouiller de leurs mœurs farouches et de leurs coutumes sanglantes qu'en allant puiser à la source régénératrice du christianisme.

— Nos facultés locomotrices sont mises en jeu par les muscles et leurs annexes ; les os et leurs dépendances ne jouent qu'un rôle passif.

EXERCICE :

Réparateur — trice
Médiateur — trice
Calomniateur — trice
Générateur — trice
Séducteur — trice
Législateur — trice
Libérateur — trice
Tentateur — trice
Scrutateur — trice
Révélateur — trice
Investigateur — trice
Régénérateur — trice
Indicateur — trice
Administrateur — trice
Dominateur — trice
Producteur — trice
Régulateur — trice
Déprédateur — trice
Dévastateur — trice
Inspirateur — trice
Profanateur — trice
Locomoteur — trice
Accélérateur — trice
Civilisateur — trice.

FORMATION DU PLURIEL DANS LES ADJECTIFS.

RÈGLE GÉNÉRALE

Les adjectifs, comme les substantifs, forment leur pluriel par l'addition de la consonne *S* : Un élève sage, des élèves sages ; un monarque puissant, des monarques puissants ; un jardin fleuri, des jardins fleuris.

EXCEPTIONS :

Tous les adjectifs terminés par *S* ou *X* au masculin singulier ne changent pas au pluriel de ce genre : un enfant curieux, des enfants curieux ; un homme narquois, des hommes narquois.

Les adjectifs en *au* prennent tous la lettre *x* au masculin pluriel : Un fruit nouveau, des fruits nouveaux ; un beau spectacle, de beaux spectacles.

Les adjectifs *feu*, *bleu*, *mou*, *fou* prennent un *s* au masculin pluriel : mes feus cousins, des contes bleus, des hommes fous, des fromages mous. *Tout* perd au pluriel la consonne *t*, et la remplace par un *s* : tous les hommes.

Qu'un adjectif forme régulièrement ou irrégulièrement son féminin, la lettre *e* muet est toujours la lettre caractéristique de ce genre; il n'y aura donc qu'à ajouter un *s* à cette voyelle pour avoir le féminin pluriel de tous les adjectifs : Une vieille coutume, les vieilles coutumes ; une jeune fille peureuse, des jeunes filles peureuses.

Parmi les adjectifs en *al*, les uns font leur pluriel en *aux*, d'autres en *als* ; quelques uns ne sont pas employés à ce nombre.

PLURIEL EN *AUX* :

Les sels arsenicaux exigent, dans leur emploi, les plus grandes précautions.

On appelle héritiers collatéraux les parents hors de la ligne directe, qui sont ou peuvent être intéressés dans une succession.

Rome dévoua aux dieux infernaux tout citoyen qui tenterait de replacer les Tarquins sur le trône.

Les états généraux furent convoqués pour la première fois par Philippe IV, dit le Bel (1302).

On désigne sous le nom de biens paraphernaux les biens dont la femme conserve l'administration et la jouissance, et que son mari ne peut ni

PLURIEL EN *ALS* :

De tous les codes pénals, le plus doux est le code pénal français.

Les cierges pascals sont, dans plusieurs pays, un don, un hommage de la piété des fidèles.

Aboukir et Trafalgar furent pour la marine française deux désastres navals où s'accomplirent des actes d'un courage sublime.

L'esprit est plus dispos après les repas frugals qu'après les repas bachiques.

vendre ni aliéner sans son consentement.

Les nerfs cérébraux ou crâniens sont au nombre de douze. Voici les principaux : l'auditif, l'olfactif, l'optique, le facial, le moteur oculaire commun, le moteur oculaire externe.

EXERCICE :

FORMENT LEUR PLURIEL EN *AUX* :

Moral, Moraux
Immoral, immoraux
Social, sociaux
Paraphernal, paraphernaux
Brutal, brutaux
Egal, égaux
Commercial, commerciaux
Seigneurial, seigneuriaux
Original, originaux
Trivial, triviaux
Pyramidal, pyramidaux
Numéral, numéraux
Préfectoral, préfectoraux
Impartial, impartiaux
Principal, principaux
Général, généraux
Loyal, loyaux
Déloyal, déloyaux
Banal, banaux
Cérébral, cérébraux
Claustral, claustraux
Episcopal, épiscopaux
Pastoral, pastoraux
Cervical, cervicaux
Occidental, occidentaux
Méridional, méridionaux
Septentrional, septentrionaux
Oriental, orientaux
Dotal, dotaux
Royal, royaux
Impérial, impériaux

FORMENT LEUR PLURIEL EN *ALS* :

Nous pensons avec nos meilleurs grammairiens, qu'on peut pluraliser sous cette forme les adjectifs suivants :

Frugal, des repas frugals
Nasal, des sons nasals
Amical, des procédés, des avis amicals
Glacial, des climats glacials
Bancal, des hommes bancals
Final, des refrains finals
Austral, des pays australs
Fatal, des événements fatals
Filial, des soins filials
Théâtral, des effets théâtrals
Naval, des désastres navals
Matinal, des enfants matinals
Pascal et pénal formeront aussi leur pluriel par l'addition d'un *s*.

En terme d'anatomie, on dit : un os nasal, des os nasaux. Plusieurs de nos sommités médicales ont écrit, écrivent et prononcent : muscle labial, *les nerfs labiaux*. Labial et dental, termes de grammaire, ne sont guère employés qu'au masculin singulier et au féminin des deux nombres. Quelques auteurs et des gram-

Equinoxial, équinoxiaux
Sénatorial, sénatoriaux
Légal, légaux
Illégal, illégaux
Fiscal, fiscaux
Pectoral, pectoraux
Vital, vitaux
Libéral, libéraux
Machinal, machinaux
Spécial, spéciaux
Arsenical, arsenicaux
Brachial, brachiaux
Spiral, spiraux
Vénal, vénaux
Capital, capitaux
Rénal, rénaux
Cardinal, cardinaux
Féodal, féodaux
Crural, cruraux
Fondamental, fondamentaux
Synodal, synodaux
Pronominal, pronominaux
Pontifical, pontificaux
Infernal, infernaux
Domanial, domaniaux
Triennal, triennaux
Baptismal, baptismaux
Collatéral, collatéraux
Latéral, latéraux
Allodial, allodiaux
Lacrymal, lacrymaux
Décennal, décennaux
Local, locaux
Municipal, municipaux
Martial, martiaux
National, nationaux
Pénitentiaux (Psaumes)
Rural, ruraux
Patrimonial, patrimoniaux
Vertical, verticaux
Sacramental, sacramentaux
Nuptial, nuptiaux
Quinquennal, quinquennaux

mairiens ont pourtant écrit des sons labials. L'Académie ne donne pas à cet adjectif de pluriel masculin.

Ne sont pas employés au masculin pluriel les adjectifs :

Mental, mentale (oraison mentale).
Vocal, vocale (musique vocale).
Expérimental, expérimentale (Physique expérimentale.)

Ne sont pas employés au masculin pluriel les adjectifs :

Médicinal, médicinale (eaux, plantes médicinales)
Diagonal, diagonale (ligne diagonale)
Zodiacal, zodiacale (lumière zodiacale)
Virginal, virginale (pudeur virginale)
Colossal, colossale (des statues colossales)
Instrumental, — e (musique instrumentale)
Natal, natale (terre natale)
Labial, — e dental, — e (terme de grammaire) lettres labiales, lettres dentales.
Patronal, — e (fête patronale)
Collégial, — e (église collégiale)

Sépulcral, sépulcraux
Prévôtal, prévôtaux
Sacerdotal, sacerdotaux
Ordinal, ordinaux
Biennal, biennaux
Guttural, gutturaux
Féal, féaux
Décimal, décimaux
Equilatéral, équilatéraux
Grammatical, grammaticaux
Doctrinal, doctrinaux
Primordial, primordiaux
Radical, radicaux
Verbal, verbaux
Horizontal, horizontaux
Paradoxal, paradoxaux.

ADJECTIFS CHANGEANT DE SIGNIFICATION SUIVANT QU'ILS SONT MIS AVANT OU APRÈS LE SUBSTANTIF

Un homme grand est un homme d'une haute taille.	Un grand homme est un homme qui s'élève fort au-dessus des autres par son génie, ses talents ou ses actions.
Un petit homme est un homme de petite taille.	Un homme petit est un homme qui s'avilit, qui se dégrade, qui déroge à sa dignité.
Un homme vilain est un homme avare.	Un vilain homme est un homme laid, sale, déshonnête, vicieux.
Un homme brave est un homme courageux.	Un brave homme est un homme probe, sur qui l'on peut compter.
Un bon homme signifie le plus souvent un homme faible, crédule, simple, qui se laisse mener.	Un homme bon est un homme charitable, compatissant, affectueux.
Un homme cruel est un homme barbare, féroce.	Un cruel homme est un homme ennuyeux, incommode, fâcheux.
Un homme pauvre est un homme sans fortune : auteur pauvre, peintre pauvre, famille pauvre.	Un pauvre homme est un homme sans industrie, sans esprit, sans cœur pour ses affaires : Pauvre sire, homme

sans mérite, sans considération. Pauvre diable, homme dans la misère.

Employé par mépris, pauvre mis devant un substantif, signifie mauvais, chétif, de peu de valeur : un pauvre ouvrage, un pauvre poète.

Un plaisant homme est un homme singulier, ridicule.

Un homme plaisant est un homme gai, qui fait rire.

Un honnête homme est un homme qui a de la probité, de l'honneur.

Un homme honnête est un homme civil, poli.

Un malhonnête homme est un homme sans probité, sans honneur.

Un homme malhonnête est un homme impoli, qui blesse la civilité, la bienséance.

L'air grand est une physionomie noble, distinguée.

De grands airs indiquent les manières d'un grand seigneur.

L'air mauvais est un extérieur dur, redoutable.

Le mauvais air est un extérieur sans noblesse, bas, ignoble : un maintien gauche ; une odeur, des exhalaisons malsaines, méphitiques : Ce jeune homme a un mauvais air ; chasser le mauvais air.

Du bois mort, du bois séché sur pied.

Du mort-bois, du bois de peu de valeur, surtout pour les ouvrages.

Certaines personnes, certaines choses, personnes ou choses qu'on ne peut pas ou qu'on ne veut pas nommer. Sens vague, indéterminé.

Personnes certaines, personnes assurées, ayant la certitude. Dans ce cas, ne se dit pas des choses.

La commune voix, l'opinion générale. Une voix commune, une voix ordinaire, vulgaire.

D'une commune voix, à l'unanimité.

Une fausse porte, porte dérobée par laquelle on passe pour éviter les importuns ; quelquefois issue par laquelle on ne passe pas ordinairement. En terme de guerre, porte peu apparente ménagée

Porte fausse, imitation de porte, très-souvent en peinture, pour faire symétrie.

pour faire des sorties, pour introduire des secours, etc.

Une clef fausse, qui ne va pas à la serrure pour laquelle on veut s'en servir.

Une fausse corde est une corde qui n'est pas montée au ton voulu.

Un faux jour, lumière qui éclaire mal les objets, de manière à les faire voir autrement qu'ils ne sont.

Une femme sage est une femme vertueuse.

Une femme grosse est une femme enceinte.

Un habit nouveau est un habit neuf, ou d'une nouvelle mode.

Du vin nouveau, du vin nouvellement fait.

De nouveaux livres, des livres autres que ceux que l'on avait, ou que l'on a.

Une langue pauvre, une langue qui n'a pas les éléments nécessaires à l'expression de la pensée.

Un plaisant personnage est un impertinent méprisable.

Un plaisant conte, un mensonge, un récit sans vérité ni vraisemblance.

On est méchant homme par les actions.

Une méchante épigramme est une épigramme sans sel, sans esprit.

Un furieux mal de tête est un grand mal de tête.

Une fausse clef est une clef qu'on garde furtivement pour en faire un mauvais usage.

Une corde fausse est une corde qui n'est jamais d'accord avec une autre.

Un jour faux, en terme de peinture, se dit de la partie d'un tableau qui est éclairée, alors qu'elle devrait être dans l'ombre.

Une sage-femme est une accoucheuse.

Une grosse femme est une femme qui a beaucoup d'embonpoint.

Un nouvel habit, un habit autre que celui qu'on vient de quitter.

Du nouveau vin, du vin nouvellement en perce.

Des livres nouveaux, des livres parus depuis peu.

Une pauvre langue, une langue qui, outre la disette des termes, n'a ni douceur, ni énergie, ni beauté.

Un personnage plaisant, celui dont le rôle divertit par ses reparties.

Un conte plaisant est un récit agréable et amusant.

On est homme méchant par les pensées et les discours.

Une épigramme méchante est maligne et piquante.

Un homme furieux est un homme transporté de fureur.

Le riche Delorme, Delorme qui est riche, qui a de la fortune.

Trente mortelles heures de prison; trente heures rendues plus longues en quelque sorte par l'ennui que l'on a éprouvé. — Mortel, devant le substantif, signifie grand, excessif.

Delorme le riche : il y en a d'autres, et l'on distingue celui-là par sa fortune.

Toute créature est mortelle, est sujette à la mort.

CHAPITRE IV.

DES PRONOMS ET DES ADJECTIFS DÉTERMINATIFS DE MÊME NOM.

Des pronoms personnels.

Règle. — Les pronoms personnels *je*, *tu*, *il*, *ils*, ne peuvent être employés que comme sujets.

1re personne *singulier et pluriel* : *je*, *me*, *moi*, *nous*.
2e personne id. *tu*, *te*, *toi*, *vous*.
3e personne id. *il*, *elle*, *ils*, *elles*, *lui*, *eux*, *leur*, *se*, *soi*, *en*, *y*.
Pronoms masculins : *il*, *ils*, *eux*.
Pronoms féminins : *elle*, *elles*.
Pronoms des deux genres : *je*, *me*, *moi*, *nous*, *tu*, *te*, *toi*, *vous*, *lui*, *leur*, *se*, *soi*, *en*, *y*.

1. Je pense, donc je suis, a dit Descartes.

2. Tu n'arriveras à Rome qu'en passant sur le cadavre de ta mère, dit Véturie à son fils Coriolan.

3. L'usage des armoiries et des livrées remonte à la première croisade. Il fut établi par les seigneurs, jaloux de reconnaître, et surtout de faire reconnaître à l'aide d'un signe distinctif les vassaux qui les avaient accompagnés en Palestine.

4. Les Notables étaient choisis par le roi; quant aux Etats-Généraux, ils étaient élus par la noblesse, le clergé et le tiers-état.

Le pronom *moi* peut être sujet, complément direct, et complément indirect. — *Moi* employé comme sujet est plus énergique que *je*. *Moi* et *toi*, compléments, se mettent toujours après le verbe.

MOI, SUJET :

5. Moi votre mère, moi qui vous ai conservé la couronne, vous conseille et vous supplie de ne pas aller en Palestine, disait Blanche de Castille à Louis IX.

6. Jules est aussi savant que moi. (Aussi savant que moi suis savant). Inutile de faire observer que dans cette phrase, *je* ne pourrait pas remplacer *moi*.

MOI, COMPLÉMENT DIRECT :

7. Cultive-moi, orne-moi ! Que chacun de vous, mes amis, écoute cet appel qui lui est adressé à la fois par l'esprit, par le cœur.

8. « Si j'avance, suivez-moi ; si je recule, tuez-moi ; si je meurs, vengez-moi ! » Belles et nobles paroles, mais qui forcément réveillent en nous le souvenir toujours lugubre de nos guerres civiles. Avons-nous besoin de dire que cette courte et énergique harangue fut adressée à ses soldats par Henri de Larochejacquelein, un des héros de la Vendée.

MOI, COMPLÉMENT INDIRECT :

9. Prête-moi ta grammaire ; j'ai oublié la mienne.
10. Confiez-moi le secret qui vous pèse, je n'en abuserai pas.
11. Accordez-moi la grâce de mon frère.

Moi, venant après une préposition, est toujours complément indirect d'un adjectif ou d'un verbe.

12. Votre père a eu pour moi toutes les délicates attentions dont peut être l'objet un enfant souffreteux, un pauvre petit orphelin comme moi.

13. Chaque fois que ce maître bienveillant et dévoué s'adressait à moi, je tremblais... mais de peur, mille fois non ! Seulement, je craignais de lui donner à croire, par de mauvaises réponses, que je n'étais pas assez attentif à ses bonnes leçons.

NOTA. Les questions mécaniques à l'aide desquelles on parvient si facilement à trouver le sujet et les compléments, étant connues de tout le monde, nous avons cru ne pas devoir procéder par les interrogations : *Qui? Quoi? A qui? A quoi?* etc.

EXERCICE :

Moi, SUJET :

Il le sait mieux que moi (le sais.)
Moi seul commande ici.
Il en possède plus que moi (n'en possède.)
Nul n'est moins peureux que moi.

Moi, COMPLÉMENT DIRECT :
Avertis-moi.
Laisse-moi travailler.
Encourage-moi.
Préviens-moi.

Moi, COMPLÉMENT INDIRECT :
Révèle-moi ce grand secret.
Rends-moi un service.
Abandonne-moi ta part.
Pense à moi.
Soyez bienveillant envers moi, qui vous implore.
Que feraient mes enfants sans moi ?

Le pronom *nous* joue dans le discours les mêmes rôles que le pronom *moi*.

NOUS, SUJET :

14. Avant cinq jours nous souperons au Capitole, s'écriaient les soldats d'Annibal après la bataille de Cannes.

15. Nous sommes venus ici pour manier des armes et non pour porter des lettres, répondirent à Léonidas les deux valeureux Spartiates, ses parents, qu'il voulait dérober à une mort certaine.

Nous, complément direct ou indirect, se met devant le verbe, à moins qu'il ne complète un impératif employé sans négation : *amusons-nous, ne nous disputons pas. Réjouissons-nous, les vacances approchent.*

16. Nos parents nous envoient tout jeunes dans les écoles et les pensions, pour que nous soyons un jour des membres utiles à nos familles. et aussi, pour que nous fassions de bons et honnêtes citoyens.

17. La science nous dédommagera des labeurs de notre jeunesse.

NOUS, COMPLÉMENT INDIRECT :

18. La récréation a été fructueusement employée aujourd'hui. Julien, qui a toujours le nez fourré dans l'histoire contemporaine,

nous a raconté la bataille de Wagram, livrée le trois juillet dix-huit cent-neuf.

19. Tu ne voulais pas me croire, tu te moquais de moi, quand je te disais : La torpille, mon cher, c'est une machine électrique qui vit dans l'eau. T'en rapporteras-tu à l'explication que nous a donnée à ce sujet notre précepteur.

NOUS, COMPLÉMENT INDIRECT MARQUÉ PAR UNE PRÉPOSITION :

20. Nous avons vu souvent se tourner contre nous des peuples que nous avions secourus, que nous avions traités en frères.

21. Nous resterons chez nous, si nous apprenons qu'il y a risque pour nous de rencontrer de petits mauvais sujets à cette fête.

EXERCICE :

Nous, SUJET :

Nous viendrons.
Partirons-nous bientôt ?
Nous sommes prêts.

COMPLÉMENT DIRECT :	COMPLÉMENT INDIRECT :
La cloche nous appelle.	Léon nous a chanté un air.
Exerçons-nous à ce jeu	Nos parens nous ont adressé des reproches.
Le maître nous regarde.	Les Egyptiens nous ont déplu avec leurs superstitions.
	Il ne sortira qu'avec nous.
	Emile veut passer avant nous.

Le pronom *toi* peut être également sujet, complément direct, et complément indirect.

TOI, SUJET :

22. Que tes frères aillent en Egypte, il le faut; *toi* seul, mon Benjamin, mais toi, du moins, resteras près de ton père !

23. N'accuse personne de tes malheurs, car *toi* surtout, mon ami, t'es montré plus sourd que tout autre à la voix de la raison et aux conseils sages et désintéressés de tes proches.

TOI, COMPLÉMENT DIRECT, VIENT APRÈS LE VERBE :

24. Exerce-toi aux études qui forment le jugement.

25. Je ne cherchais que toi, ô mon père, au milieu de cette foule accourue pour me fêter.

26. Nous ne désirions que toi, Jérusalem, au milieu des merveilles de Babylone!

TOI, COMPLÉMENT INDIRECT, VIENT ÉGALEMENT APRÈS LE VERBE :

27. Ouvrier, réserve-toi, sur le salaire de chaque jour, quelques centimes pour les jours de chômage et de maladie.

28. Dans quelque condition que Dieu te place, impose-toi l'obligation de défendre et de soulager ceux qui seront plus faibles ou plus malheureux que toi.

EXERCICE :

Toi, SUJET :

Toi seul l'aurais obtenu.
Je le veux comme toi (le veux.)
Qui le mérite mieux que toi (le mérites?)

COMPLÉMENT DIRECT :

Pends-toi, brave Crillon.
Hâte-toi de frapper la terre, Pompée! César vient, il approche.

COMPLÉMENT INDIRECT :

Interdis-toi les jeux violents.
Conserve-toi une poire pour la soif.
Ne souffre en toi aucune souillure.
Veille incessamment sur toi.

Le pronom *vous* est tantôt sujet, tantôt complément direct, ou complément indirect.

VOUS, SUJET :

29. Vous étalez avec orgueil sous mes yeux vos bijoux, vos pierreries; voici les miens, dit Cornélie, en montrant ses deux fils, les Gracques, à qui était réservée une funeste célébrité.

30. Vous avez bien rattrapé le temps perdu, sire, répondait le général Rapp à Napoléon Ier, qui se plaignait à Lauriston des obstacles qu'on avait opposés à son avancement, alors que le grand homme n'était que simple officier d'artillerie.

Vous complément direct, ou complément indirect, se place devant le verbe, à moins qu'il ne soit complément d'un impératif employé sans négation : *ne vous relâchez pas; ne vous permettez pas cela;* et : *retirez-vous, corrigez-vous.*

31. Sous le règne de Louis XIV, un officier au régiment de Champagne demandait douze hommes de bonne volonté pour un

coup de main. Tous les soldats étaient muets. Trois fois la demande fut faite, trois fois ce fut le même silence obstiné. « Vous ne m'entendez donc point? s'écria l'officier. — On vous entend très-bien, répliqua un soldat; mais comme nous sommes tous hommes de bonne volonté, nous vous prions de désigner vous-même les hommes qui devront vous accompagner.

VOUS, COMPLÉMENT INDIRECT :

32. Je vous ai dit : J'apporte ici la paix ou la guerre, sénateurs de l'opulente Carthage; laquelle préférez-vous? — Choisissez-vous même, m'avez-vous répondu? — Eh bien! dit Fabius, je vous donne la guerre; et en prononçant ces derniers mots, l'ambassadeur romain secoua majestueusement sa toge.

VOUS, APRÈS UNE PRÉPOSITION :

33. Pourrais-je me fier à vous après tous les mensonges, tous les parjures dont vous vous êtes rendu coupable?

34. Quand j'aurai besoin de vous, je vous ferai appeler.

Remarque. *Nous* et *vous* sont souvent employés dans notre langue pour *je*, *me*, *moi*, *tu*, *te*, *toi* : ce sont questions que nous n'avons pas à traiter dans un cours purement élémentaire. Toutefois nous croyons devoir dire que *vous*, toujours pluriel par la forme, est quelquefois singulier dans l'idée, et que cela arrive lorsque, par politesse, il est employé pour *tu*, *te*, *toi*. Un souverain parlant au nom de tout un peuple dit *nous;* un auteur emploie ce mot par modestie, pour faire disparaître, en quelque sorte, son individualité. Le pronom *nous* est employé dans les formules légales, judiciaires et administratives. Mis pour *je* et *toi*, *nous* et *vous* veulent leurs correspondants au singulier.

EXERCICE :

Vous, SUJET :

Vous m'êtes cher.
Vous avez été avertis, messieurs.
Espérez-vous réussir ?

COMPLÉMENT DIRECT :	COMPLÉMENT INDIRECT :
Je vous conjure, Athéniens, de rester sourds aux promesses de Philippe.	Vous êtes-vous fait mal ?
Je vous estime.	Il vous dira le fin mot de l'affaire.
Récréez-vous	Il ne veut parler qu'à vous.
Ne vous fâchez pas.	Je traiterai avec vous cette importante question.

Lui, *eux*, *elle*, *elles*, ont aussi le triple privilége d'être employés comme sujets, compléments directs ou compléments indirects.

LUI, *EUX*, *ELLE*, *ELLES*, SUJETS :

Lui sert à représenter un substantif singulier des deux genres; *eux* se met à la place d'un substantif masculin pluriel ; *elle* remplace un nom féminin singulier; *elles* est pour le féminin pluriel.

35. J'ai autant d'intelligence que lui (que lui en a.)

36. Le roi de Perse faisait offrir à Hippocrate les plus riches présents ; mais lui, sachant qu'il devait avant tout ses soins à ses concitoyens, repoussa fièrement les offres et les promesses qui lui étaient adressées de la part du grand roi.

37. Lui seul est cause de tous les maux qui affligent sa famille.

38. Nous sommes des ouvriers aussi adroits que les frères Gineste ; nous ferons ce travail aussi bien qu'eux (aussi bien qu'eux le feraient.)

39. Nous ne pouvons plus continuer avec vos frères une entreprise où nous avons toute la peine, où nous courons tous les risques ; nous avançons les sommes nécessaires, eux en sont encore à débourser un centime ; nous supportons tout le poids de la besogne, eux travaillent tout au plus quelques heures par semaine.

40. L'invention de la poudre à canon remonte au treizième siècle ; il ne paraît pas cependant qu'elle ait été employée avant le milieu du siècle suivant.

41. Le quatorzième siècle vit s'établir en France les premières manufactures de papier ; elles supplantèrent le parchemin et le papyrus d'Egypte.

Lui, *eux*, *elle*, *elles*, compléments directs, se placent après le verbe, hors les cas où il y a inversion ou répétition d'un pronom personnel de la troisième personne : *Lui*, mais je le chéris plus que tout autre!

42. Votre frère est toujours par monts et par vaux ; on ne voit que lui sur les routes ou à travers champs.

43. J'avais une petite sœur que le bon Dieu m'a ôtée ; jusqu'à ce jour, excepté mon père et ma mère, je n'avais chéri qu'elle ; toute affection, comme toute peine, hors de ma famille, m'était inconnue.

Lui, complément indirect, se place devant le verbe ; si c'est un impératif employé sans négation, *lui* se place après : Pardonnez-*lui ;* ne *lui* en parlez pas.

44. Miltiade avait sauvé Athènes à Marathon ; Athènes lui témoigna sa reconnaissance en le laissant mourir dans un cachot où ses ennemis étaient parvenus à le faire jeter.

45. Menez cet enfant au grand air ; dans l'état où il est, la température trop élevée de cet appartement lui est contraire.

Nota. Dans ces deux phrases et dans tous les cas semblables, la préposition *à* est comme renfermée dans le pronom *lui.*

Exemple : *Témoigna*... à qui? à lui (Miltiade) ; *est contraire*... à qui ? à lui (cet enfant.)

Lui, venant après une préposition, est aussi complément indirect, et ne peut être que tel.

46. Nous aurions bien terminé cette affaire sans lui.

47. Pompée voguait plein de confiance vers l'Egypte ; il croyait y trouver pour lui et pour les siens un asile sûr, une noble et généreuse hospitalité.

EXERCICE :

Exprimez-lui mes sentiments affectueux.

Washington est un héros, un type à part ; je ne sais, dans aucun siècle, quel homme lui comparer.

La vallée de l'Ossa, qu'a visitée ce voyageur, lui a paru aussi sombre et aussi majestueuse qu'elle devait l'être à l'époque de la guerre fabuleuse des Dieux et des Titans.

Les pronoms *eux*, *elle*, *elles*, ne peuvent être compléments indirects qu'autant qu'ils sont précédés d'une préposition, et sauf les cas où il y a inversion ou répétition du pronom, se mettent après le verbe.

48. La science est la clef de toutes les positions, de toutes les carrières libérales ; que d'hommes, de nos jours surtout, élevés par elle, et grâce à elle, aux plus hautes dignités !

49. Ces deux jeunes gens ont eu tort de se montrer blessés des quelques mots piquants que j'ai été obligé de prononcer : ma petite mercuriale ne s'adressait pas à eux.

50. L'autorité, aussi douce qu'elle soit, soulève toujours contre elle des mécontentements et des haines.

51. Je vous réserve, à vous et à vos frères, ce que vous avez bien gagné ; je vous donnerai, à vous, des objets récréatifs ; à eux, je ne leur donnerai que quelque chose d'utile.

EXERCICE :

Les Phéniciens, jusqu'au règne d'Hiram, avaient gardé pour eux seuls les secrets du commerce et des expéditions maritimes. Ce prince qui devint l'allié de David et de Salomon, initia les Juifs au trafic et à la navigation.

Les Huns ne laissaient après eux que la désolation, la solitude, la mort.

Le pronom *y* et le pronom *leur* ne peuvent être que compléments indirects. Quant à la place, même règle que pour *lui*.

— Vos cousins me demandaient depuis longtemps les *Voyages* de Dumont d'Urville, je les leur ai prêtés.

— Que vos étrennes consistent surtout en ouvrages moraux et instructifs ; beaucoup d'enfants les aimeront moins que des joujoux, mais ils leur seront plus utiles.

— La langue anglaise devant m'être un jour indispensable, je vais en commencer l'étude dès demain ; vous verrez, mes amis, si je m'y appliquerai bien ! (En parlant de choses, on ne peut pas dire *à lui*, *à elle*.)

Remarque. Pour *leur* et *y*, même analyse que pour *lui*, complément indirect. — *Y* signifie quelquefois *à cela* : J'aurais contrarié ma bonne mère en allant me promener avec des enfants qu'elle n'aime pas; aussi *y* ai-je renoncé de bon cœur. (J'ai renoncé *à cela*, à aller me promener.)

— J'ai été couronné, je ne m'*y* attendais pas. (Je ne m'attendais pas *à cela*, — à être couronné.)

EXERCICE :

Puisque vos ordres sont tels, je m'y soumets dès aujourd'hui, et m'y conformerai toujours.

La vallée de Campan est justement admirée ; je ne lui connais en France aucune rivale, et ne puis y songer sans qu'il me prenne fantaisie d'aller de nouveau la visiter.

Les flatteurs sont capables de tout, rien ne leur paraît difficile, surtout dans leurs accès de courtisanerie. Dinocrate ne proposait-il pas de donner au mont Athos les traits et la figure d'Alexandre-le-Grand ?

Le pronom *le*, *la*, *les*, est toujours complément direct ; il précède toujours le verbe, à moins toutefois que le verbe ne soit employé à l'impératif ; il se met toutefois devant l'impératif lorsqu'il y a une négation : *Ne le* maltraitez pas. — L'article, au contraire, ne peut être employé que devant le substantif.

— Henri IV rencontra les ligueurs à Arques et les battit.

— L'homme s'agite, et Dieu le mène, a écrit et prêché Fénelon.

— Mon père me laissera ses conquêtes, me dites-vous : que m'importe ! je ne les ai pas faites ! Alexandre-le-Grand n'était qu'un marmot quand il fit entendre ces paroles.

Le a aussi quelquefois la signification de *cela* : Me promettez-vous d'être studieux ? Nous vous le promettons (nous vous promettons *cela*, d'être studieux.) Vos frères sont-ils sages ? Ils l'ont été. (Ils ont été *cela*, c'est-à-dire sages.) — Le dernier exemple me conduit à une courte observation. Si le pronom *le* est appelé à représenter des personnes, des êtres, ou des objets, il varie. Quelques exemples :

— On nous a pris pour les maraudeurs qui ont saccagé le verger de M. Guillaume : *Nous ne les sommes pas.* (Nous ne sommes pas eux, les maraudeurs.)

— Vous me saluez du nom de mademoiselle Lepeintre ; revenez de votre méprise ; *je ne la suis pas.* (Je ne suis pas elle, mademoiselle Lepeintre.)

— Je croyais avoir reconnu nos chevaux ? *Ce les sont* en effet. (Ce sont eux, nos chevaux.)

S'il est appelé à représenter une qualité, un état, le pronom *le* reste invariable.

— Vos fils sont-ils contents de l'accueil qui leur a été fait ? *Ils le sont.* (Ils sont contents.)

— Pourriez-vous me dire, messieurs, si vous êtes avocats depuis plusieurs années ? *Nous le sommes depuis cinq ans.* (Nous sommes avocats.)

— Votre mère est-elle toujours fâchée contre votre camarade Amédée ? *Elle ne le sera pas longtemps, puisque mon jeune ami va être désormais bien sage.* (Elle ne sera pas longtemps fâchée.)

EXERCICE :

J'admire les Romains, je ne les aime pas.

Nabopolassar attaqua Ninive et la détruisit de fond en comble, ainsi que l'avaient annoncé les prophètes Juifs.

Le supplice de la croix fut appliqué aux criminels jusqu'au règne de Constantin. Ce prince le proscrivit par respect pour la mort de Notre Seigneur.

L'eau est-elle plus dense que l'air ? Elle l'est.

Les requins sont-ils redoutables ? Ils le sont.

Les cygnes sont-ils des oiseaux aquatiques? Ils le sont.

Cette fabrique a-t-elle été réparée? Elle le sera.

Cherchez ailleurs les auteurs de ce vol; nous ne les sommes pas.

Je le répète avec orgueil : la mère de cet enfant, oui, je la suis!

Voudriez-vous être ingrats, mes amis? Nous ne le serons jamais.

ME, *TE*, *SE*, (DES DEUX GENRES;) *me*, *te*, TOUJOURS SINGULIER; *se* DES DEUX NOMBRES.

Ces pronoms se mettent toujours devant le verbe.

Les pronoms *me*, *te*, *se*, sont tantôt compléments directs, tantôt compléments indirects.

ME, *TE*, *SE*, COMPLÉMENTS DIRECTS :

— « Mon cousin Mayenne est un grand capitaine, mais je me lève plus matin que lui. » Encore une plaisanterie du Béarnais faisant allusion à la diligence, à l'intelligente promptitude avec laquelle il quitta la Roche-Guyon, où Mayenne croyait le surprendre.

— Bien des savants se distrayent de leurs occupations en les variant.

— Serviteur déloyal, indiscret, infidèle, je te préviens pour la dernière fois.

ME, *TE*, *SE*, COMPLÉMENTS INDIRECTS :

— Je te conseille, mon filleul, de bien étudier ta grammaire; on oublie trop qu'elle est la base, le commencement de toute science.

— Je n'ai à me reprocher aucune injustice à l'égard de ceux dont l'éducation et l'instruction m'ont été confiées.

— Plus les hommes sont riches, plus, ordinairement, ils se créent de besoins.

EXERCICE :

COMPLÉMENT DIRECT :

Il s'est tiré d'affaire en fabriquant un mensonge.

Sparte se montra cruelle envers les Ilotes.

Je me souviens que la riva-

COMPLÉMENT INDIRECT :

Louis IX, le saint roi, se créa gloire et profit par les victoires de Taillebourg et de Saintes.

Le traité de Bordeaux réunit cette ville à la couronne, ainsi

lité entre la France et l'Angleterre amena des guerres qui durèrent pendant cinq règnes de nos rois.

qu'une portion assez considérable de la Saintonge.

Je te dis pour la dernière fois que le phosphore s'extrait des substances animales, qu'il brûle dans l'air, et qu'il faut, si tu veux en conserver, que tu le tiennes plongé dans l'eau.

SUR LE PRONOM *SOI*.

Ce pronom ne s'emploie qu'avec les expressions vagues, indéterminées, *on*, *chacun*, *tel*, *quiconque*, *nul*, *personne*, etc. Ce pronom est toujours singulier et des deux genres.

Le pronom *soi* ne peut être sujet que lorsque, dans la phrase dont il fait partie, il y a une comparaison dont le premier terme est déjà exprimé.

SOI, SUJET.

Chacun trouve ici-bas plus malheureux que soi, *(que soit n'est malheureux.)*

On trouve toujours aussi fort que soi, (*que soi est fort.*)

SOI, complément direct ou complément indirect, se place toujours après le verbe.

— N'admirer que soi dans le monde, est le propre d'un fat.

— Quiconque ne satisfait que soi, court grand risque d'avoir en échange la désapprobation, l'indifférence et l'oubli des autres.

Le pronom *soi*, pour être complément indirect d'un verbe ou d'un adjectif, doit être précédé d'une préposition.

— Quand on est père de famille, on n'amasse pas pour soi, mais bien pour ses enfants.

— Que chacun veille sur soi : n'est-ce pas le meilleur moyen de débarrasser de leur pénible tâche tous ces censeurs publics, trop occupés des autres, et pas assez d'eux-mêmes.

EXERCICE :

SUJET :

Chacun trouve plus rusé que soi (*plus rusé que soi n'est rusé.*)

Personne ne trouve les autres aussi généreux que soi (*que soi est généreux.*)

COMPLÉMENT DIRECT :	COMPLÉMENT INDIRECT :
Ne voir que soi.	Ne songer qu'à soi.
N'aimer que soi.	Ne tenir qu'à soi.
Ne soigner que soi.	Ne plaire qu'à soi.
Nul n'estime les autres autant que soi.	Agir exclusivement pour soi.
	Etre en garde contre soi.
	Faire quelque chose malgré soi.

PRONOM *EN*.

En, pronom personnel des deux genres et des deux nombres, se dit des personnes et des choses ; mais le plus souvent des choses, ces dernières ne pouvant être, sauf par licence, représentées par *de lui*, *d'elle*, *d'eux*, *d'elles*. Ce pronom est toujours complément indirect ; il s'emploie pour *de cela*, *de lui*, *d'elle*, etc. Il se place devant le verbe, à moins que le verbe ne soit à l'impératif et employé sans négation.

— Si vous cueillez beaucoup de noisettes, vous m'en donnerez (*vous me donnerez de cela*, *des noisettes*.)

— Vous aimez les cailles, je le sais ; j'en ai tué ce matin, et suis heureux de vous en offrir (*de vous offrir de cela*, *des cailles*.)

— Plus on te donne de bonbons, plus tu en demandes (*plus tu demandes de cela*, *de bonbons*.)

— On m'a donné trois pommes ; mon frère en a eu autant que moi (*mon frère a eu autant de cela*, *de pommes*.)

— Avez-vous lieu de vous plaindre de cet élève ? Bien au contraire, j'en suis très-content (*je suis très-content de lui*, *de cet élève*.)

— Votre frère a eu des succès ; qu'il sache en profiter (*qu'il sache profiter de cela*, *de ses succès*.)

— Je ne puis te prêter mon canif ; je m'en sers (*je me sers de lui*, *de mon canif*.)

— Si, au lieu de partir à pied, tu prends ta voiture, j'en profiterai et partirai avec toi (*je profiterai d'elle*, *de ta voiture*.)

— Mon fils est, dites-vous, sans le sou ? J'en recevrai bientôt une lettre (*je recevrai de lui*, *de mon fils*.)

— Vous n'avez pas voulu m'obliger, je m'en souviendrai (*je me souviendrai de cela*, *de ce que vous n'avez pas voulu m'obliger*).

— J'ai depuis trop longtemps l'habitude de lire, je ne pourrais m'en passer (*me passer de cela*, *de lire*.)

— On a récompensé Philippe ; il en est tout content (*il est tout content de cela*, *d'avoir été récompensé*.)

EN PRONOM ET *EN* PRÉPOSITION.

En, pronom personnel, tient la place d'un substantif et se place devant le verbe ou après l'impératif, ainsi que nous l'avons dit. *En* préposition, marque un rapport et se met devant un substantif, un pronom ou un adjectif. — Je me rends en Suisse; se battre en brave; je suis en grâce, en colère; j'ai confiance en vous; je suis en bonne santé; cet homme est en grande réputation; ou devant un participe présent, et forme alors avec ce participe présent un temps qu'on appelle gérondif; *en sautant*, *en parlant*, etc. Devant un participe présent, il est pronom, si l'on peut le tourner par *de lui*, etc. J'acceptai un bonbon, mais lui, en prenant une poignée, les croqua à belles dents, *(prenant une poignée de cela, d'eux, de bonbons.)*

Si le mot *en* est répété devant un participe présent, le premier *en* est préposition, et le second est pronom : Il est bon d'aimer les fraises, mais sachez qu'on se rend malade en en mangeant trop (*en mangeant trop d'elles, de fraises.*)

En préposition, entre dans la construction de plusieurs locutions : *en vain*, *en outre*, *en vertu de*, *en conséquence*, etc.

DES PRONOMS RELATIFS.

QUI, FAISANT LES FONCTIONS DE SUJET.

Le pronom relatif *qui*, des deux genres et des deux nombres, peut représenter, lorsqu'il remplit le rôle de sujet, les personnes et les choses. Il est mis pour *lequel*, *laquelle*, *lesquels*, *lesquelles*.

— La ville de Saint-Jean d'Acre, qui n'est autre que l'ancienne Ptolémaïs, a eu à supporter, de la part des Français, deux siéges mémorables : le premier eu lieu sous le règne de Philippe-Auguste; le second sous le Directoire.

— Il y a des aimants artificiels et des aimants naturels. Les aimants artificiels sont ceux qui s'obtiennent avec des morceaux d'acier qu'on soumet à l'action de l'électricité.

Qui est pronom absolu, lorsqu'il est employé seul, c'est-à-dire lorsqu'il n'est en relation avec aucun antécédent, soit nom ou pronom déjà énoncé. Il se présente deux cas : expliquons-les par des exemples :

— Qui provoque, mérite d'être battu.

— Qui est obéissante et respectueuse envers ses parents, aura droit un jour à l'obéissance et au respect. C'est comme si l'on disait : *Celui qui provoque ; celle qui est obéissante et respec-*

tueuse. Dans ce cas *qui* est des deux genres, mais il ne peut jamais être que singulier. Dans les phrases interrogatives au contraire, il prend les deux genres et les deux nombres, sans toutefois changer de forme : *Qui êtes-vous? Qui sont-ils? Qui parle? Qui vous chérit? Qui sont-elles?*

Qui interrogatif peut être sujet, complément direct ou indirect : il ne se dit que des personnes. *Qui viendra vous voir?* (Qui est-ce qui viendra ?) *A qui parlez-vous?* (A quelle personne ?) *Qui accusez-vous?* (Quelle personne accusez-vous ?)

EXERCICE :

Qui, SUJET.	*Qui*, ABSOLU.
La fortune qui	Qui est honnête
Les élèves qui.	Qui est bonne
	Qui est audacieux
	Qui trompe.

PROPOSITIONS INTERROGATIVES :

Qui, SUJET.

Qui, COMPLÉMENT DIRECT.

Qui fréquentez-vous ?
Qui apercevez-vous là-bas ?
Qui l'eût dit ?
Qui vient vers nous ?

Le pronom relatif *Qui*, précédé d'une préposition, est toujours complément indirect. Il est, dans ce cas, employé pour *auquel*, *à laquelle*, *auxquels*, *auxquelles*, *duquel*, *de laquelle*, *desquels*, *desquelles*. *A qui*, *contre qui*, *envers qui*, ne se disent que des personnes ou des choses personnifiées. En parlant des choses, on dit : *contre lesquels*, *contre lesquelles*, *avec laquelle*, *pour lesquels*, *sans lesquelles* : *La vertu, sans laquelle nul n'est heureux, doit être toujours respectée. Les moyens par lesquels j'ai réussi.* Et pour les personnes : *L'homme de qui je tiens cette nouvelle ; Clitus à qui Alexandre donna la mort.*

— Harmodius, par qui fut tué Hipparque, fils de Pisistrate, périt en même temps que sa victime ; les gardes, au milieu desquels il était allé chercher celui qui avait insulté sa sœur, le massacrèrent à l'instant.

— Aristogiton, à qui s'était uni Harmodius, se vengea sur les amis et les partisans d'Hippias, en les dénonçant à ce dernier comme les fauteurs du complot qui avait coûté la vie à son frère.

— Quatre grammes et demi d'argent, auxquels on ajoute cinq décigrammes de cuivre, font cette petite pièce de monnaie appelée le franc.

EXERCICE :

L'historien en qui j'ai confiance.
Les lois auxquelles on obéit le plus volontiers.
Les nations contre lesquelles nous avons lutté.
Les amis pour qui je sacrifierais une partie de mon avoir.

Le pronom relatif *Que*, des deux genres et des deux nombres est toujours complément direct. Il se dit des personnes ou des choses. Il est mis pour *lequel, laquelle, lesquels, lesquelles* : *Le métal que j'ai poli.* (Le métal lequel j'ai poli.) *Les vices que nous flétrissons.* (Les vices lesquels nous flétrissons.) Le relatif *Que* ne peut être précédé d'une préposition.

Que, pronom relatif, à moins qu'il ne soit employé dans un sens absolu, a toujours un antécédent ; il vient après un nom, un pronom, ou un adjectif pris substantivement : *La mer qui mugit ; nous qui méditons ; les méchants que l'on redoute.*

Que, conjonction sert à joindre deux propositions : *Je sais que la terre tourne ;* ou vient après les adverbes de comparaison : *aussi sage que laborieux ; il a plus de fortune que moi.* Inutile de parler des locutions conjonctives, *à moins que*, *de sorte que*, etc.

— Les étoiles, que vous trouvez trop petites, ont une bonne raison pour ne pas vous paraître plus grosses ; c'est que la plus rapprochée de la terre en est tout bonnement à une distance de plus de six billions de lieues.

— L'acide acétique, que l'on fait entrer dans tant de préparations, s'obtient par la distillation du vinaigre ordinaire.

— L'air que vous respirez, mes amis ; l'air, qui est indispensable à tout ce qui a vie, est composé d'oxygène et d'azote.

EXERCICE :

Les progrès que vous avez faits.
Les conquêtes que notre siècle a opérées.
J'ai lu les ouvrages que vous avez achetés.

Le pronom relatif *Dont*, des deux genres et des deux nombres, peut se rapporter aux personnes ou aux choses ; il ne peut être que complément indirect d'un verbe ou d'un adjectif voulant après eux la préposition de ; *Dont* peut être aussi le complément d'un substantif : *L'élève dont* (duquel) *je vous ai parlé; la récompense dont* (de laquelle) *il est digne; la fleur dont le parfum* (de laquelle le parfum) *nous est agréable.*

Ce pronom n'admet aucune préposition devant lui. *De qui* ne pouvant se dire que des personnes, on emploie, en parlant des choses, *dont*, *duquel*, *de laquelle*, etc.

Les aérolithes, dont l'existence a été si longtemps contestée, sont des masses pyriteuses. Les substances dont les aréolithes sont composés sont : le soufre, le fer à l'état métallique, le nickel, la silice et la magnésie. Tous les aérolithes dont l'analyse chimique s'est occupée, ont fourni presque invariablement les mêmes substances et dans les mêmes proportions. Plusieurs savants ont prétendu que les étoiles filantes devaient avoir la même origine que les météores dont je viens de vous parler; d'autres ont cru que les étoiles filantes et les aurores boréales avaient une origine commune. Mais laissons de côté des systèmes dont vos jeunes intelligences ne pourraient être que fatiguées.

EXERCICE :

Les Asiatiques, dont les mœurs étaient efféminées.

Avez-vous conclu marché avec l'homme dont je vous ai parlé ?

Le génie dont la trace ineffaçable.

Il n'est rien dont je m'inquiète autant.

Quoi, complément direct, est toujours absolu, c'est-à-dire qu'il ne se rapporte à aucun antécédent, nom ou pronom déjà énoncé. Il exprime alors un sens vague et ne peut être que masculin singulier. *Quoi* ne se dit que des choses. *Que* et *quoi* sont aussi absolus dans les propositions interrogatives ou exclamatives.

—Il y a en lui je ne sais quoi de sympathique qui vous attire invinciblement.

— Je n'ai pas de quoi vous satisfaire.

— Je sais à quoi vous parviendrez.

EXERCICE :

Que désirez-vous ?
Je ne sais quoi de grand.
En quoi réussissez-vous ?
Quoi de plus glorieux.

A quoi travaillez-vous ?
Que réclame-t-il ?
Quoi de plus malheureux qu'un paria !

Quoi, se rapportant à un antécédent, est complément indirect ; il est alors précédé d'une préposition, et jouit de la double propriété du genre et du nombre. On l'emploie surtout, de nos jours, avec *ce*, *rien*, et parfois après des substantifs ; mais généralement on préfère *auxquels*, *pour lesquelles*, *avec lequel*, aux expressions *à quoi*, *sans quoi*, etc.

— On m'accuse à tort de négliger l'étude de la botanique ; il n'est rien à quoi je m'applique avec autant de soin.

— Le choix d'une position est chose à quoi un jeune homme doit sérieusement réfléchir.

— Je ne veux pas savoir ce à quoi vous pensez ; je vous dirai seulement que je vous trouve beaucoup trop rêveur depuis quelques jours.

— Quoi de plus honteux que de trahir sa patrie ! — Quoi de plus avantageux pouviez-vous me proposer ! — Que réclamez-vous (Quelle chose réclamez-vous ?)

QUE *exclamatif ne pouvant être mis en rapport avec un substantif est adverbe :* Que d'hommes courent à leur ruine ! (Combien d'hommes courent à leur ruine !)

EXERCICE :

Ce pour quoi	Rien à quoi
Rien de quoi	Les conditions sans quoi
Les raisons pour quoi	Les causes sans quoi
Les motifs pour quoi	Que me reprochez-vous ? (quelle chose)
Quoi de plus glorieux !	Que me voulez-vous ? (quelle chose)
Que votre père est bon ! (combien.)	Que je vous plains ! (combien.)
Ce à quoi	

Le pronom relatif *Où* et *d'Où*, *des deux genres et des deux nombres*, ne se dit que des choses.

Le pronom relatif *où* marque le mouvement, la tendance, le repos, l'intériorité, physiquement et moralement parlant ; *d'où* marque l'extraction, l'éloignement, la séparation. Le premier se met pour *dans lequel*, *dans laquelle*, etc. ; le second, pour *duquel*, *de laquelle*, etc.

— Les ennemis incendièrent la chaumière où vivait cette pauvre famille. (*La chaumière dans laquelle.*)

— L'état où vous vous trouvez n'a rien d'alarmant. (*L'état dans lequel.*)

— Mes pieds ne fouleront plus les chemins par où j'ai si souvent passé. (*Par lesquels.*)

— Combien il doit bénir les bonnes sociétés où il retrempa son âme. (*Dans lesquelles, au milieu desquelles.*)

— Le but où se portent mes désirs (*vers lequel*) sera bientôt atteint.

— Déplorez votre mauvaise conduite, d'où viennent tous vos malheurs. (*De laquelle.*)

— La ville d'Autun, d'où je suis parti hier, est une des plus anciennes villes de France (*de laquelle je suis parti.*)

—La main d'où (*de laquelle*) partaient ces coups, était la main d'un faux ami.

— Fuyez l'oisiveté, d'où découlent tous les maux (*de laquelle découlent.*)

Où et *d'où* s'emploient dans un sens absolu toutes les fois qu'ils n'ont point d'antécédent, mais à cette condition qu'ils commenceront une phrase interrogative et qu'on pourra les remplacer par un substantif que l'on fera précéder de l'interrogatif *quel*, *quelle*, *quels*, *quelles*. *Où* et *d'où* peuvent aussi être mis pour *à quoi*, *par quoi*, etc.

Où courez-vous ? (*Vers quel endroit courez-vous?*)

Où tendent vos efforts ? (*A quel but tendent vos efforts ?*)

Par où s'échapperait donc ce voleur ? (*Par quelle issue?*)

Par où vous est venu un aussi beau succès? (*Par quel canal, par quelles voies, quels moyens ?*)

Où en êtes-vous de la géométrie ? (*A quelle partie, à quel livre.*)

D'où vous vient cette confiance ? (*De quelle cause, de quel droit vous vient cette confiance?*)

D'où sortez-vous ? (*De quel endroit, quel lieu, quel pays, quelle ville, sortez-vous ?*)

Remarque. Si l'on veut indiquer de quelle race sortent, descendent des peuples, comme des individus, c'est *dont* et non pas *d'où* qu'il faut employer :

La maison d'où il sort (*c'est le bâtiment, la demeure.*)

La maison dont il sort (*c'est la race, la famille.*)

— Les Troyens, dont les Romains prétendaient descendre, s'établirent en Italie sans la conduite du pieux Enée, immortalisé par Virgile.

EXERCICE :

La propriété où je chasse.
La maison où nous logeons.
La maison où je demeure.
Le jardin où je m'amuse.
La classe où je m'instruis.
Le village où je vais.
Où est-il ?
D'où vient qu'il craint ?
Les contrées d'où nous viennent les oiseaux de passage.

Les Francs dont nous descendons.
Par où descendrons-nous ?
Où en sommes-nous de nos devoirs ?
D'où déboucherons-nous ?
Les lieux où il fait sombre.
L'école d'où il sort.

NOTA. Nous ne saurions trop recommander aux élèves d'écrire en un seul mot les pronoms relatifs : *lequel*, *laquelle*, *duquel*, *auquel*, *lesquels*, *lesquelles*, *desquels*, *desquelles*, *auxquels*, *auxquelles*.

L'article, dans ces pronoms, qu'il paraisse sous la forme simple, comme dans *lequel*, *laquelle*, ou sous la forme contractée, comme dans *duquel*, *auquel*, doit au singulier, comme au pluriel, faire corps, avec le relatif *quel ;* en termes plus simples, répétons-le, l'article et le pronom *quel* ne doivent faire qu'un seul et même mot.

Le pronom relatif *quel* se rapporte toujours à un substantif exprimé dans la phrase ; le plus souvent, il précède ce substantif. Ce relatif s'emploie, dans les phrases interrogatives, exclamatives ou autres, pour les personnes comme pour les choses.

— Quel objet voulez-vous acheter dans ce magasin ? Quel est l'objet que vous avez perdu ? (*Quel objet est l'objet que vous avez perdu ? — Ou, je vous demande la nature de l'objet que vous avez perdu.*)

— Quel génie que Newton !

— Quel deuil, quelle douleur, quelle misère dans cette famille depuis qu'elle a perdu son chef !

— Je vous dirai demain pour quel motif je l'ai puni. (*Je vous dirai le motif pour lequel.*)

— Sa prochaine lettre nous apprendra par quelle voie il effectuera son retour. (*La voie par laquelle.*)

— Quelles sont les questions qui vous embarrassent ? (*Quelles questions sont les questions qui vous embarrassent ?* Ou, *je vous demande les questions qui vous embarrassent ?*)

— Quels sont les arts que l'homme doit cultiver avec le plus de soin ? — Les arts utiles. (*Quels arts sont les arts.* Ou, *dites-moi, nommez-moi les arts que l'homme.*)

EXERCICE :

Quel homme que votre frère !
Quelle heure est-il ?
Quels plus grands efforts pourrais-je tenter ? — Quelle peine n'ai-je pas prise ?
Quelle pièce a-t-on jouée ?
Quels pays avez-vous parcourus ?

Quelle est votre opinion ?
Quels sentiments éprouvez-vous ?
Quelle fortune possède-t-il ?
Quels sont vos vrais amis ? — Ceux qui nous flattent, ou ceux qui nous corrigent à propos ?

Quoi que ET *quoique*.

Ne confondez pas *quoi que* et *quoique* ; la première expression se traduit par *quelque chose que* ; la seconde par *bien que*. *Quoi que* s'écrit en deux mots ; *quoique* conjonction, s'écrit en un seul mot. Le sens, ce grand, ce suprême maître en toutes choses, doit par-dessus tout faciliter la distinction à établir entre deux mots d'une nature si différente.

— Quoi que nous entreprenions, consultons avant tout, non pas notre intérêt seul, mais bien la loyauté, la probité, l'honneur. (*Quelque chose que nous entreprenions*, etc.)

— Quoique les Egyptiens fussent le peuple le plus civilisé des peuples de l'antiquité, ils n'en étaient pas les moins superstitieux. (*Bien que les Egyptiens fussent*, etc.)

— Quoique l'on dît à Régulus que son serment n'était pas inviolable, il ne voulut pas rester à Rome, et retourna à Carthage prendre ses fers et subir des tortures. (*Bien qu'on dît à Régulus*, etc.)

— Travaillez, mes amis, quoi que vous puissiez attendre, du reste, de la fortune ou de la faveur. (*Quelque chose que vous puissiez attendre*, etc.)

EXERCICE :

Quoi qu'on fasse....
Quoique vous travailliez, vous...
Quoi qu'on dise,...
Quoi que le menteur affirme...
Quoique vous méritiez une punition....
Quoique je sois bien occupé...
Quoi que les Troyens fissent...
Quoi que vous promette...
Quoique votre père vous ait promis de vous conduire...
Quoi qu'il en soit,...
Quoique je paraisse méchant...

ADDITION AU CHAPITRE DES PRONOMS PERSONNELS ET DES PRONOMS RELATIFS.

Observations :

1o Dans les pronoms personnels : *Je*, *me*, *te*, *se*, *le*, *la* et dans le relatif *que*, les voyelles *e* ou *a* s'élident devant un mot commençant par une voyelle ou un *h* muet :

Je l'estime, je t'avertis, le livre qu'il m'a donné, nous l'honorons.

2° Dans les propositions exclamatives ou interrogatives, et quand on cite les paroles de quelqu'un, quand on émet son opinion ou qu'on reproduit celle d'un autre, les pronoms personnels sujets se mettent après le verbe : *Que fais-tu? Que ne puis-je! Secourez*, disait-il, *un vieillard aveugle et infirme, qui connut jadis des jours heureux. — Nous avons bien le temps de travailler, pensez-vous et dites-vous souvent? Erreur! la vie, c'est le sillon que trace un léger navire; une heure d'attente à la porte de l'éternité.*

3° A la place du pronom *qui* ou *que*, on emploie *lequel, duquel*, etc., pour éviter toute équivoque : *On raccommoda la capote de ce soldat, qui tombait en lambeaux.* — *Ce n'était pas le soldat, Dieu merci!* — Ecrivez et dites : *On raccommoda la capote de ce soldat, laquelle tombait en lambeaux.*

Contractez, dans vos petits exercices de style, l'habitude de distribuer vos mots de telle façon que vous n'ayez pas besoin de recourir à cet expédient.

ADJECTIFS ET PRONOMS DÉMONSTRATIFS.

ADJECTIFS DÉMONSTRATIFS.

Les Athéniens et les Thébains furent vaincus à Chéronée par Philippe, roi de Macédoine. Cette bataille n'a pas mis en grand renom le courage militaire de Démosthène. Ce grand orateur, sentant, dans une fuite très-précipitée, que sa robe se refusait à le suivre, s'arrête, tombe à genoux et demande la vie au soldat..... non, à un buisson qui avait accroché la robe de l'immortel auteur des *Philippiques*.

Je vous ai déjà parlé ailleurs de la phalange macédonienne. Cette milice avait été instituée par Philippe. Son fils, le fameux Alexandre, commandait à Chéronée cette invincible

PRONOMS DÉMONSTRATIFS.

Le blanchissage consiste à nettoyer les étoffes salies. Le blanchiment tend à rendre les tissus sortant des fabriques aussi blancs que possible. Ce que je vais vous dire pouvant avoir pour quelques-uns d'entre vous une utilité toute pratique, je vous prie de m'écouter avec attention. Vous savez d'ailleurs que ce à quoi je tiens le plus, c'est de ne pas vous causer d'ennui; cela vous promet d'avance que je serai court.

Les toiles de chanvre et de lin que l'on veut blanchir sont plongées dans de l'eau où l'on a fait auparavant dissoudre de la soude ou de la potasse. Après les avoir soumises, entre

NOTA. Après le corrigé de chaque exercice, le maître aura soin de faire relever par ses élèves, sur deux colonnes, et en regard les uns des autres, les *pronoms* et les *adjectifs* du même nom.

phalange, muraille humaine, formant un carré oblong de quatre cents hommes de front sur seize de profondeur. Alexandre, qui n'avait alors que seize ans, enfonça, écrasa, à la tête de ces braves, l'élite de l'armée Thébaine, ce noyau de guerriers intrépides qu'on appelait à Thèbes et dans toute la Grèce le bataillon sacré.

— Les scalpels, les bistouris, ne sont bien placés que dans les mains des chirurgiens, des docteurs ou des anatomistes; ces instruments, que doit regarder avec crainte et respect un étudiant de première année, ne doivent pas être abandonnés à des mains maladroites et inexpérimentées.

— Thésée délivra Athènes de l'odieux impôt que cette cité payait tous les ans au Minotaure. Ce héros, ce contemporain, cet ami d'Hercule, rendit de grands services à sa patrie. Malheureusement, cette vie ennoblie par tant de belles actions, fut souillée par des actes que la morale réprouve.

— Jésus-Christ mourut sous le règne de Tibère. Frappé des miracles et de la mort sublime du Messie, qui n'était pour lui qu'un homme, Tibère, cet empereur cruel, avare et débauché, proposa, dit-on, au sénat de le mettre au rang des dieux. Ces sages de Rome, déjà réduits au rôle de magistrats courtisans, ne voulurent deux cylindres cannelés, à une pression qui force les toiles à dégorger, on les lave derechef à grande eau; puis on les étend sur un gazon quelconque. Toutefois, ce n'est là que le commencement d'une opération qui veut être répétée jusqu'à ce que la blancheur désirée ait été obtenue.

Excellent procédé, ma foi! Mais ce dont je me plaindrai volontiers avec vous, c'est qu'il a le grand tort d'être trop long. Et comme je ne veux pas lui ressembler, deux mots. Ce qui se fait dans les petites fabriques se fait très-souvent d'une manière toute différente dans les grandes; or celles-ci emploient pour le blanchiment des toiles une substance gazeuse que l'on extrait du sel de cuisine, le chlore, lequel fait bon marché des couleurs végétales. Seulement, ceux qui sont condamnés à soumettre leurs poumons à l'action très-nuisible du chlore sur les organes de la respiration, ne se trouvant pas bien d'un procédé très-expéditif pour les étoffes et pour les hommes, on emploie de préférence du chlorure de chaux. A celui qui, là-bas, trépigne presque d'impatience, j'annonce ma conclusion. On ne peut pas blanchir par le chlore les étoffes de laine et de soie, le chlore ne respectant pas suffisamment les substances ani-

pas y consentir, parce que la loi des douze tables proscrivait à Rome l'introduction des divinités étrangères. Et cette Rome même devait être bientôt le siége de l'Eglise catholique!

— La girafe aime les pays chauds; on la trouve en Ethiopie et dans les Indes. A Rome, cet animal était un des ornements du grand triomphe.

— L'amiante est un minéral; on le désigne aussi sous le nom d'asbeste. Les Grecs et les Romains en faisaient des nappes et des serviettes qu'ils jetaient au feu quand elles étaient sales. Ce minéral étant incombustible, le feu le nettoie bien mieux que toutes les lessives possibles. On peut l'employer dans la fabrication des tissus, tant il est flexible et élastique. Cette matière minérale se trouve dans les Pyrénées, dans le département des Hautes-Alpes, en Corse et en Ecosse.

— Le règne de l'empereur Maximien fut souillé par le massacre de six mille six cents soldats chrétiens, qui formaient la célèbre légion thébaine. A l'approche des soldats que Maximien envoyait contre eux, ces glorieux martyrs mirent bas les armes et reçurent, sans murmurer, sans se plaindre, une mort qui leur ouvrait le ciel.

—Un abime s'étant ouvert à males; on a recours alors à la vapeur de souffre.

— Bossuet et Fénelon sont deux puissants orateurs : celui-là est sublime; celui-ci est entraînant.

— Il y a de nombreux points de ressemblance entre la religion des anciens Egyptiens et la religion actuelle des Indous. Les prêtres Egyptiens, comme les brames, s'étaient fait la meilleure part dans la vie sociale. Ceux-ci ont une influence indicible sur le peuple; ceux-là dominaient les rois mêmes.

— César et Caton d'Utique ne se ressemblèrent que par un point : une santé également débile chez tous deux. Celui-ci ne put en faire reproche qu'à la nature; celui-là ne dut s'en prendre qu'à lui-même, qu'à ses débauches.

— Ma vieille tante est très-capricieuse; elle m'ordonne presque simultanément de chanter et d'écrire : je n'ai pas commencé ceci qu'il faut que je me remette à cela.

— Les couleurs prismatiques sont celles qu'on aperçoit en regardant à travers un prisme de verre triangulaire; elles sont au nombre de sept : violet, indigo, bleu, vert, jaune, orange, rouge.

— Où peut-on trouver réunies les couleurs qu'on aperçoit en regardant à travers un prisme de verre? Au ciel, mes amis, surtout par un temps de pluie

Rome, dans la place publique, à la suite d'un tremblement de terre, Curtius, chevalier romain, se précipita dans cet abîme, espérant, sur la foi des devins, assurer à son pays un empire éternel. Les deux Décius, généraux romains, nous offrent aussi une preuve de ce dévouement à l'intérêt de la patrie ou au salut public. Cette coutume était surtout observée par le général romain dont l'armée était en danger. Ce sacrifice de leur chef allant chercher la mort dans les rangs ennemis, exerçait sur les soldats une telle influence, que toujours la victoire couronna ces sublimes dévouements.

— Les sons de la gamme furent d'abord désignés par des lettres. Gui d'Arezzo, au onzième siècle, inventa ces fameuses syllabes que vous savez tous : *ut* (prononcez *do*), *re*, *mi*, jusqu'au *la* inclusivement. Au seizième siècle, un Flamand enrichit la gamme du *si* et de l'*ut* (du *do*) répété, répétition qui compléta l'octave.

— On désigne vulgairement le mercure sous le nom de vif-argent. Ce nom lui a été donné à cause de sa blancheur et de sa grande mobilité. Ce métal liquide pèse treize fois et demie plus que l'eau ; il ne bout qu'à trois cent-soixante degrés et ne se congèle qu'à quarante degrés au-dessous de zéro.

ou d'orage, les belles nuances que reproduit le prisme, sachez le bien, ce sont toutes les couleurs qui paraissent dans l'arc-en-ciel.

— Les deux grands législateurs de la Grèce ancienne, Lycurgue et Solon, imprimèrent à leurs lois comme le sceau de leurs penchants naturels. Celui-ci, doux et policé, fit au cœur et à l'esprit la part la plus large ; celui-là, austère, rude, dans le but de donner à sa patrie de robustes et vaillants guerriers, donna au corps la préférence, fit passer la force physique avant l'intelligence.

— Édouard se trouve trop grand garçon pour jouer au ballon, il le jette et court prendre son carton de dessin ; mais il abandonne bientôt ceci pour reprendre cela.

— Ce furent les premiers colons espagnols qui introduisirent dans le Nouveau-Monde l'usage, nous devrions dire l'abus des liqueurs fortes.

— C'étaient de terribles joûteurs que les Duguesclin, les Chandos, les Dunois, les Talbot, les Xaintrailles, les Falstaff !

— Celui qui me racontera le mieux le règne de François Ier aura un très-beau livre.

— La France est de toutes les nations celle qui a produit le plus de grands hommes dans tous les genres.

— Philippe de Comines naquit en mil quatre cent-quarante-cinq au château de Comines, près de Lille. Ce conseiller de Louis XI, cet historien, cet auteur de *Mémoires* où l'on voudrait voir un peu plus de droiture politique, servit Louis XI depuis quatorze cent-soixante-douze. Sous la régence d'Anne de Beaujeu, il prit parti pour le duc d'Orléans, il fut pendant huit mois renfermé à Loches, dans une cage de fer inventée par Louis XI. Comines mourut en quinze cent-neuf.

EXERCICE :

Cet enfant étudie la botanique.
Ce héros périt à Marengo.
Ces peuples furent astronomes et médecins.
Cette haine ne s'éteindra donc pas?
Ces hordes venaient de l'Asie.
Je crains celui-ci, j'aime celui-là.
Ce qui nous est utile.
Je n'aime pas ceci, je préfère cela.
Ceux-ci furent justes, ceux-là furent cruels.
Rome et Carthage ne pouvaient subsister ensemble ; Celle-là devait étouffer celle-ci.
Ceux qui nous chérissent.
Celles qui nous instruisent.

OBSERVATIONS :

Les adjectifs démonstratifs sont : *ce*, *cet*, *cette*, *ces*. *Ce* s'emploie devant un nom masculin singulier ; *cet* se place devant un nom masculin singulier commençant par une voyelle ou un *h* muet ; le *t* n'est alors qu'une lettre euphonique, ayant pour but d'épargner à l'oreille un hiatus, une cacophonie : *ce ami*, *ce homme*, *ce historien*.

Cette se met devant un substantif féminin singulier ; *ces* précède les substantifs ou les adjectifs des deux genres : *ces rois*, *ces grandes reines*.

Ce est adjectif toutes les fois qu'il accompagne un substantif; il est pronom lorsqu'il représente une personne ou une chose. De la définition même du pronom et de celle de l'adjectif, découle la distinction naturellement établie entre ces deux sortes de mots. Une courte explication le démontrera péremptoirement : *Ce*, adjectif, avons-nous dit, précède les substantifs : *ce château*, *ce général* ; *ce*, pronom démonstratif, ne peut se placer que devant le verbe être ou devant un pronom relatif, et quelquefois devant le verbe *sembler*, employé alors à la troisième personne du singulier : Il faudrait, *ce me semble* ; *ce qui est le plus important dans la vie* ; *ce que*, *ce à quoi*, *ce dont*.

Le verbe être, précédé de *ce*, prend la troisième personne plurielle, lorsqu'il est suivi d'un pronom de la troisième personne du pluriel ou d'un substantif employé à ce nombre : *Ce sont mes amis* ; *c'étaient eux* ; *ce sont les Grecs*, *ce furent les Assyriens*. Le verbe être reste au singulier s'il y a après lui plusieurs substantifs singuliers : *C'est l'insouciance*, *la paresse*, *l'oisiveté que l'on doit surtout combattre chez les enfants*. Il en serait de même si, après les substantifs singuliers venaient un ou plusieurs substantifs pluriels : *C'est le fer*, *l'or*, *l'argent*, *le platine*, *tous les métaux*, *enfin*, *que l'homme a convertis à son usage*.

Les pronoms démonstratifs sont : *Ce*, *celui*, *celle*, *ceux*, *celles*, *celui-ci*, *celle-ci*, *ceux-ci*, *celles-ci*, *celui-là*, *celle-là*, *ceux-là*, *celles-là*, *ceci*, *cela*. Ne mettez jamais d'accent grave sur l'*a* dans le pronom *cela*.

Le pronom *ce* mis devant un pronom relatif ne se dit que des choses : Ce qui nous plaît le plus, n'est pas toujours, bien au contraire, ce qui nous est le plus utile. — *Ce* dans ce cas a un sens indéterminé ; il est mis pour la chose, l'objet. — Ce qui nous plaît, (*la chose qui nous plaît.*) — Ce que je veux, dit l'enfant gâté, je l'obtiens toujours. (*L'objet que je veux*, *la chose*, etc.)

Devant le verbe *être* suivi d'un nom de personne, il est mis pour *celui*, *ceux*, *l'homme*, *les hommes*, *le peuple*, *les peuples* : Ce sont les Phéniciens qui ont inventé l'art de dresser des comptes, de tenir des registres (*Les Phéniciens sont ceux qui*, *les hommes qui.*)

Celui est un pronom composé du démonstratif *ce* et du personnel *lui* ; *celle* de *ce* et de *elle* ; *ceux* de *ce* et de *eux* ; *celles* de *ce* et de *elles*.

Celui-ci (*celui qui est ici*) est composé de *celui* et de *ci* mis pour *ici* ; celui-là, *de celui* et de *là*. Celui-ci désigne les êtres ou objets les plus rapprochés ou ceux dont on a parlé en dernier lieu ; et il en est ainsi parce que les êtres ou les objets nommés en dernier lieu sont, pour ainsi dire, les plus rapprochés de notre esprit. Celui-là (*celui qui est là*) représente les êtres ou les objets les plus éloignés ou ceux dont on a parlé en dernier lieu. Toutefois si l'on ne parle que d'une personne ou d'une chose, on peut indistinctement employer *celui-ci* ou *celui-là*.

Ceci et *cela* ne se disent que des choses; ils renferment, l'un l'adverbe *ci* ou *ici;* l'autre, l'adverbe *là;* adverbe qui, nous l'avons dit, ne prend pas alors l'accent grave. *Ceci*, ne se rapportant pas à un substantif exprimé, sert à préparer l'esprit à ce qu'on va dire ; cela résume en quelque sorte ce que l'on a dit : N'oubliez pas *ceci* : l'élève qui enfreindra cet article du règlement sera sévèrement puni. — Vous vous êtes blessé en vous livrant à un jeu défendu : que *cela* vous apprenne désormais à être obéissant.

ADJECTIFS ET PRONOMS POSSESSIFS.

Adjectifs possessifs.

Charles VIII venait de mourir; Louis XII, né à Blois le vingt-sept juin quatorze cent-soixante-deux, lui succéda, en qualité de premier prince du sang, Charles VIII étant mort sans postérité. Louis XII inaugura son règne par un acte impossible de nos jours : il répudia Jeanne de France, son épouse, seconde fille de Louis XI. Cette princesse était laide, un peu difforme même; mais ses défauts physiques étaient largement compensés par ses vertus, par les plus belles qualités de l'esprit et du cœur. Son mari, qui l'avait épousée par contrainte, ne l'avait jamais aimée, et ne put cacher sa joie, lorsqu'il vit son mariage déclaré nul sous prétexte de parenté en un degré défendu. Louis XII épousa en secondes noces Anne de Bretagne. On a beaucoup vanté, et c'est avec la plus entière

Pronoms possessifs et adjectifs possessifs réunis.

Le premier chapeau dont il soit fait mention dans l'histoire de France, fut porté par Charles VII. Ce prince avait la tête couverte d'un vêtement de ce genre quand il entra à Rouen. Henri II supplanta le le chapeau et adopta la toque, Louis XIII réintégra, remit en faveur le feutre, dont la forme plus ou moins modifiée, s'est conservée jusqu'à nos jours. Rions, en Français que nous sommes, de la coiffure des autres peuples, mais convenons, en revanche, que la nôtre est la plus ridicule, pour ne pas parler des inconvénients et des dangers que présente ce calorifère dont nous surmontons nos têtes, déjà assez chaudes. Rien de plus libre chez nous que l'éducation de famille ; enfants du pauvre, enfants du riche, sont élevés suivant la sagesse ou le

justice, la clémence de ce roi, sa bonté, sa justice, son humanité, nous pourrions même ajouter, sa bonhomie, sa familiarité. Sa cour, les seigneurs, les grands, se moquèrent beaucoup de son économie plus que sévère, disaient-ils, de sa lésinerie, de son avarice; le père du peuple ne répondit jamais à leurs sarcasmes autrement que par cette touchante maxime: « Un bon pasteur ne saurait trop engraisser son troupeau. » Louis XII mourut à Paris dans son palais des Tournelles, au commencement de la nuit du 1er janvier 1515.

— A la suite d'une action engagée entre un parti français et un parti italien, Bayard emporté par son ardeur, quelquefois téméraire, était entré seul dans Milan, à la suite des fuyards, qu'il aurait bien pu se dispenser de pourchasser jusque dans une ville ennemie. Fait prisonnier par le brave Cajazza qui l'avait préservé d'être massacré par la populace Milanaise, notre héros Breton fut amené devant le célèbre Ludovic le Maure. — « Qui vous a conduit ici? lui demanda le duc. — L'envie de vaincre, répliqua fièrement Bayard. — Vous comptiez donc prendre Milan tout seul? — Non, répondit Bayard: mais je me croyais suivi de mes camarades. — Avec eux, comme seul, vous emparer de Milan vous eût été impossible.

caprice des parents: donc, coiffez les vôtres, si bon vous semble, de tuyaux de tôle ou de doubles décalitres; les miens n'auront, jusqu'à l'âge de quinze ans, que des casquettes ou des chapeaux d'un tissu très-léger, et qui permettent à l'air de les pénétrer un peu.

— La Noue, un partisan, un ami d'Henri IV, avait vu tout son équipage, sa garde-robe, ses bagages, arrêtés, saisis par des sergents, pour des dettes que son père avait contractées dans l'unique but de venir au secours de la pauvreté du Béarnais. Le valeureux officier court se plaindre à son roi. — En fait de dettes, lui dit le bon Henri, que chacun paye les siennes, je paye bien les miennes, fais comme moi! — Cela se passait devant de nombreux spectateurs; quelques minutes après, La Noue, mandé auprès de Henri, en recevait... de l'argent?... ce n'était pas chose facile, — Henri n'était entré que depuis quelques jours dans Paris, — mais les pierreries mêmes du nouveau roi, avec ordre de les engager aux créanciers impitoyables.

— L'art d'embaumer les corps est une invention égyptienne. Ce culte rendu à des restes chéris et vénérés devait plaire à un peuple qui privait de sépulture ceux dont le jugement public avait condamné la vie et flétri la mémoire. C'est à ce

— Impossible? c'est que vous ne connaissez pas nos chevaliers français !

Abordant une question autrement délicate, Ludovic veut s'enquérir auprès du chevalier sans peur et sans reproche, des forces dont peut disposer Louis XII. « Nos soldats ne comptent jamais leurs ennemis : tenez-vous seulement pour bien assuré que gens d'armes et soldats du roi mon maître sont des braves contre lesquels vos plus intrépides guerriers ne tiendront pas. — Les faits se chargeront bientôt de vous démentir ; une bataille ne tardera pas à décider de mon droit et à vous convaincre de leur courage. — Oh ! si cette bataille pouvait se donner demain ! Mais avant tout il me faudrait être libre. — Vous l'êtes, mon gentilhomme. » — Et Bayard de demander son cheval et ses armes, et de reprendre le chemin du camp français. En narrateur fidèle, nous ne devons pas omettre que Bayard conserva toujours à Ludovic reconnaissance et admiration.

— Quand Sylla eut désaltéré sa haine dans des flots de sang romain, il abdiqua un pouvoir qu'il avait, dans les dernières années, rendu sage et modéré.

— Confie plutôt ta bourse que ton honneur à la garde des méchants.

— Concini et son épouse Léonora Galigaï, la maréchale sentiment que nous avons dû de pouvoir admirer des momies qui se sont conservées depuis la plus haute antiquité jusqu'à nos jours.

— Si les Egyptiens embaumaient leurs morts, les Romains brûlaient les leurs. Chez ces derniers, l'embaumement se pratiquait cependant à l'égard des personnes de considération ou des citoyens qui avaient rendu de grands services à l'Etat. Après avoir laissé le cadavre exposé pendant huit jours à la porte de l'habitation du défunt, on procédait à l'incinération. Le corps, après avoir été enveloppé dans une toile d'amiante, était placé sur un bûcher, les cendres étaient recueillies dans une urne funèbre. Chaque famille avait la sienne.

— Rome félicitait, remerciait ses généraux vaincus de n'avoir pas désespéré de la patrie ; Athènes exilait les siens après leurs brillantes victoires, ou les laissait mourir dans des cachots.

— Ta maison est spacieuse, il est vrai ; mais la mienne est mieux aérée, mieux distribuée, et surtout plus saine.

— Qui tient, tient, mon cher Adolphe. Quand tu m'auras rendu ma géographie, qui est, dis-tu, tout usée, je te rendrai la tienne que tu dis si orgueilleusement être toute neuve.

d'Ancre, eurent une élévation rapide, merveilleuse; mais leur chute fut aussi bien tragique.

— Ne te confie jamais à tes propres forces, à tes seules lumières.

— N'envions jamais la position d'autrui; sachons nous contenter de la nôtre.

OBSERVATIONS.

Les adjectifs possessifs sont : *mon, ton*, *son*, *ma, ta*, *sa*, *notre*, *votre*, *leur*, pour le singulier; *mes*, *tes*, *ses*, *nos*, *vos*, *leurs*, pour le pluriel.

Mon, *ton*, *son*, se mettent devant les noms masculins singuliers; *ma*, *ta*, *sa*, devant les noms féminins singuliers; *notre*, *votre*, *leur*, s'emploient devant les noms singuliers des deux genres. *Mes*, *tes*, *ses*, *nos*, *vos*, *leurs*, précèdent les substantifs pluriels des deux genres.

Mon, ton, *son*, s'emploient, par euphonie, au lieu de *ma*, *ta*. *sa*. devant un nom féminin singulier commençant par une voyelle ou un *h* muet : *mon* armoire, *ton* humeur, *ton* intrépidité.

Les adjectifs possessifs, de même que les adjectifs démonstratifs sont toujours mis devant le substantif ou devant l'adjectif qui le qualifie : *mon* fusil, *son* élégant tilbury.

Les adjectifs possessifs ont, pour ainsi dire, les trois personnes, c'est-à-dire qu'ils déterminent un substantif désignant une possession exercée par une première, une seconde ou une troisième personne : *mon* domaine, le domaine de moi; *ton* cahier, le cahier de toi; *son* appartement, l'appartement de lui; *notre* voiture, la voiture de nous; *votre* pays, le pays de vous; *leur* colère, la colère d'eux.

Les pronoms possessifs sont : *Le mien*, *le tien*, *le sien*, *le nôtre*, *le vôtre*, *le leur*; *la mienne*, *la tienne*, *la sienne*, *la nôtre*, *la vôtre*, *la leur*. Leur pluriel se forme régulièrement par l'addition d'un *s* : quant au genre, point n'est besoin de dire que *le mien* rappelle la possession d'un être ou d'un objet masculin, et *la mienne*, la propriété d'une personne ou une chose représentée par un nom féminin.

Les pronoms possessifs, mieux encore peut-être que les adjectifs de ce nom, sont en rapport avec les trois personnes : leur rôle de pronoms leur assigne incontestablement ce privilége. Ainsi que les adjectifs possessifs, les pronoms possessifs dérivent des pronoms personnels.

Le mien, *le tien*, *le sien*, *le nôtre*, *le vôtre*, *le leur*, employés seulement au masculin singulier, sont mis pour : ma propriété, mon bien, ce que j'ai, ce que tu as, etc. Chacun travaille à augmenter le sien, (*son bien.*)

Employés au masculin pluriel, *les miens*, *les tiens*, *les siens*, etc., servent à désigner nos proches, nos amis, nos subalternes, nos domestiques, nos gens : Les nôtres doivent naturellement passer avant les étrangers. (*Nos parents.*) En parlant d'une armée : Les nôtres se sont bien conduits. (*Nos soldats.*) Cet enfant imposa aux siens les plus pénibles sacrifices. (*A ses parents, à son père, à sa mère.*)

Notre. votre, précédés de l'article simple ou contracté, prennent toujours l'accent circonflexe.

Leur, adjectif, précède toujours un substantif.

Leur, pronom personnel précède toujours le verbe, excepté l'impératif employé sans négation, et reste invariable, c'est-à-dire qu'il rejette la consonne *s*.

Le leur, la leur, les leurs, pronoms possessifs ne s'emploient pas sans être précédés de l'article, et ne peuvent, en qualité de pronoms être suivis d'un substantif.

ADJECTIFS ET PRONOMS INDÉFINIS.

Adjectifs Indéfinis.

— Les anciens connaissaient l'art de dorer les métaux, le bois, le marbre. Chez les Hébreux, l'arche d'alliance était dorée. Plusieurs statues des Grecs étaient revêtues de ces minces couches d'or qu'on appelle dorure. Presque tous les Français savent aujourd'hui quels progrès ont fait faire à la dorure sur métaux MM. Ruolz et Ellckington. Depuis quelques années, chaque ménage, pour peu aisé qu'il soit, a sa douzaine de couverts argentés.

— Le jeu d'échecs aurait été, disent certains auteurs, inventé par Palamède. Ce serait un peu vieux, puisque cette invention nous ramène à la guerre de

Pronoms Indéfinis.

— Quelqu'un témoignait au maréchal de Saxe son étonnement et son regret de le voir partir pour les Pays-Bas dans un état de santé qui faisait craindre pour ses jours : « Il ne s'agit pas de vivre, répliqua le général, mais de partir. »

— « Jeunes gens, ne craignez pas la mort ; quand on ne la craint pas, on la fait passer dans les rangs ennemis. » Ces paroles étaient adressées par Napoléon Ier à des conscrits, quarante-huit heures avant la glorieuse bataille d'Iéna.

— Les abeilles ont les unes pour les autres les soins les plus empressés, les attentions les plus délicates.

Troie. D'autres historiens l'attribuent à un brahmine qui, au cinquième siècle de notre ère, en dota l'Inde, d'où ce jeu se répandit dans tous les pays avec cette rapidité réservée à maintes choses dont l'univers, après tout, aurait bien pu et pourrait si bien se passer. On a trouvé au jeu d'échecs de tels rapports avec l'art de la guerre, qu'il semble que les plus grands capitaines aient cru devoir, pour cette raison, en faire leur récréation privilégiée. A tels chroniqueurs qui affirment que ce jeu ne pénétra en France qu'à l'époque des croisades, nous répondrons que les détails les plus intimes fournis sur Charlemagne nous représentent ce prince faisant marcher sur l'échiquier les rois, les cavaliers et les fous.

— Que de montres, de belles montres abandonnées aujourd'hui, sacrifiées !... J'aime à croire que vous avez grand soin des vôtres. — Savez-vous qui a inventé la montre de poche? Pierre Hèle, de Nuremberg, en quinze cent. En seize cent-soixante seize, ce même objet, ce petit bijou, que vous consultez si souvent, reçut un perfectionnement presque disparu aujourd'hui : Barlow, un Anglais, nous fit cadeau de la montre à répétition.

— Un philosophe grec disait : Dans nos temples, chaque assistant devrait prier à haute

— Les plus jeunes enfants savent ce que c'est qu'une bombe, un boulet, mais tous, je crois, ignorent que ces terribles projectiles furent inventés par Malatesta, prince de Rimini, et qu'on en fit usage pour la première fois en France en 1521, au siége de Mézières.

— Tel se chausse ou se couvre aujourd'hui de chaussures ou de vêtements en caoutchouc, qui ne sait pas que le caoutchouc n'est autre chose que le suc d'un arbre d'Amérique, nommé Hévé. Cette substance fut apportée en France vers le commencement du XVIIIe siècle; elle n'y a été employée à tant de divers usages que depuis environ vingt-cinq ans.

— Quiconque ne compte pas ses chemises par douzaines, est réputé pauvre ou très-mal pourvu ; c'est que le coton et la toile sont de nos jours choses si communes ! Il n'en fut pas toujours ainsi ; j'ai lu dans un de nos historiens que Catherine de Médicis n'avait que deux chemises de toile de chanvre.

— Les étuves suppléaient à Rome et dans la Grèce ce qui attire si bien chacun de vous pendant l'hiver, les cheminées. Le fameux architecte romain Vitruve ne dit rien sur leur construction ; ce qui tendrait à nous prouver tout aussi bien que les cheminées étaient inconnues aux Romains, c'est

voix : on s'assurerait ainsi que nul mortel ne demande aux Dieux rien qui puisse être injuste.

— Je n'ignore pas quelles ont été vos alarmes. (Je n'ignore pas les alarmes qui ont été les alarmes que vous avez éprouvées ; les alarmes qui ont été les vôtres.)

— Quoi de plus précieux que la santé ! (Je ne sais rien, aucune chose qui soit plus précieuse, etc...) (*Quel* et *quoi* peuvent toujours être ramenés à la nature et au rôle de pronoms relatifs.)

qu'on n'en a découvert aucune à Herculanum.

— Personne, de nos jours, ne révoque en doute la circulation du sang. Vaguement entrevue, soupçonnée par Hippocrate, cette découverte n'a été faite que l'an seize cent-dix-neuf de notre ère par William Harvey. Un autre, cependant, hâtons-nous de le dire, lui avait tracé la voie ; Michel Servet, en quinze cent-cinquante-deux, avait constaté la circulation pulmonaire.

Adjectifs indéfinis.

Aucun
Autre
Chaque
Certain
Maint
Même
Nul
Pas un
Plusieurs
Quelconque
Tel
Tout
Quelque
Quel que
Un, une.

Pronoms indéfinis.

Autrui
Chacun
On
Personne
Quelqu'un, quelqu'une, quelques-uns, quelques-unes
Quoi
Quiconque
Rien
L'un l'autre
L'un et l'autre.

Sont pronoms, s'ils sont employés seuls, et adjectifs, s'ils accompagnent un nom.

Aucun
Autre
Nul
Pas un
Plusieurs
Tel
Tout.

OBSERVATIONS :

Pas un, qu'il soit adjectif ou pronom indéfini, ne s'emploie qu'au singulier, et ne peut faire partie que d'une proposition où se trouve la négation *ne* : Pas un élève ne sortira sans ma permission (*Pas même un élève, aucun élève.*) — Vous me demandez qui sont ces personnes ? Je n'en connais pas une (*Pas même une, aucune.*) *Pas un* ne s'emploie que dans le style familier.

Aucun, adjectif indéfini, peut prendre, dans deux cas, surtout la marque du pluriel :

1° Lorsqu'il détermine un substantif qui n'a pas de singulier : Aucuns frais ne sont plus pénibles à acquitter que ceux que l'on est obligé de payer pour un délit commis involontairement. — Aucuns dépens, aucunes funérailles, aucunes ténèbres, aucunes mœurs, aucuns appointements, etc.

2° Lorsque le substantif, en passant au pluriel, n'a pas la même signification qu'au singulier : Il a été plein de soins pour moi. — Soins signifie ici attentions délicates, services, prévenances. — Je n'ai encore fait aucunes dispositions pour fêter le retour de mon fils. — Dispositions, préparatifs. — Il est mort sans avoir eu le temps de faire aucunes dispositions testamentaires. Dispositions, dans ce cas, est un terme de jurisprudence ; action de disposer de ce que l'on possède, acte en vertu duquel on dispose.

Nul, adjectif indéfini, suit les mêmes règles que *aucun*.

Nul et *Aucun*, pronoms indéfinis, et par conséquent, employés seuls, ne peuvent être que singuliers. Toutefois, dans le style simple, dans la conversation, et en terme de palais, on emploie *aucuns* pour *quelques-uns* : Aucuns, d'aucuns vous diront ; d'aucuns s'en vont répétant ; aucuns témoigneront comme moi. Aucuns signifiant quelques-uns, n'admet pas la négation dans la proposition dont il fait partie.

Chacun est toujours pronom indéfini et doit s'employer absolument, c'est-à-dire sans être suivi d'un substantif : Ces trois chasseurs ont tué quatre perdreaux chacun.

— *Chacun* peut avoir un complément marqué par la préposition *de* : Chacun de ces élèves ; chacun de nous.

Chaque est toujours adjectif indéfini, ce qui indique qu'il doit toujours accompagner un substantif : Chaque soldat français dans maintes batailles, a fait plus que certains héros de la Fable. — Nous donnerons un sou à chaque pauvre que nous rencontrerons.

Personne, pronom indéfini, est masculin, et ne peut être précédé de l'article ou d'un adjectif déterminatif : Personne n'est aussi curieux que Léopold. — Connaissez-vous personne de plus indiscret ?

Personne, précédé de l'article ou d'un adjectif déterminatif, est substantif féminin : La personne que vous attendiez est venue à dix heures. — J'ai rencontré cette personne à Londres, autant qu'il m'en souvienne.

Même. — Placé devant un substantif, l'adjectif indéfini *même* en prend le genre et le nombre : La même maison ; les mêmes campagnes, les mêmes sentiments ; le même courage. — La maison qui est ce qu'elle était, qui n'est point différente ; les campagnes qui ne sont pas autres ; les sentiments qui n'ont point changé. — Mis après un seul substantif ou un seul pronom, *même* est variable : Les criminels mêmes estiment la vertu ; vos amis se défendront bien eux-mêmes ; nous-mêmes ; elles-mêmes, vous-mêmes ; les rochers mêmes étaient sensibles aux accords de la lyre d'Orphée.

Venant après plusieurs substantifs, *même* est adverbe, et par conséquent invariable ; il signifie *alors*, *aussi*, *également*, *pareillement*, *de plus*, *encore* : Les minéraux, les végétaux, les astres même ont été mis par Dieu à la disposition de l'homme. — Nos parents, nos amis, nos ennemis même ont droit à notre assistance, en cas de danger. — Nos parents, nos amis, et *de plus* nos ennemis ont droit à notre assistance.

Même, modifiant un verbe, un participe ou un adjectif, reste toujours invariable, lors même qu'il est employé après un seul substantif : Les élèves même les plus intelligents commettent parfois de ces petites bévues qui font rire. — Les élèves, et *les plus* intelligents *encore*, commettent, etc. — Je pardonnerai aux élèves même les plus coupables. — Je pardonnerai aux élèves, je pardonnerai même, également, aussi, aux plus coupables. — Les leçons même étudiées avec le plus de soin s'oublient. — Les leçons s'oublient, celles qui ont été étudiées même, encore, avec plus de soin que les autres. — Ces enfants crient, se querellent et jurent même. — Et *de plus* ; ils jurent. — Que doit, que peut attendre un maître de malheureux enfants qui ne respectent pas même leurs parents ? — (La pensée est trop frappante pour avoir besoin d'analyse.) — *Même*, dans cette phrase et dans les phrases analogues, exprime une idée d'extension.

Même, placé entre deux substantifs unis par les conjonctions *et*, *ou*, *ni*, ne varie jamais. Les Français et même les Anglais ; les Lapons ou même les Iroquois ; les Huns ni même les Vandales. — Les Français et les Anglais aussi ; les Lapons tout comme les Iroquois ; les Huns pas plus que les Vandales.

TOUT. — *Tout*, employé avec un substantif ou un pronom, est adjectif indéfini, et prend le genre et le nombre de ce substantif ou de ce pronom : Toute créature, tout homme, toutes les créatures, tous les hommes ; tous ceux, toutes celles ; tout le vôtre ; toute la vôtre ; nous y assisterons tous, elles y viendront toutes.

Tout, adverbe reste invariable ; il signifie totalement, tout à fait, entièrement, quoique, et se place devant un adjectif, un participe ou un adverbe : Les Romains, tout intrépides qu'ils étaient au métier des armes, durent reculer plus d'une fois devant les colonnes gauloises. *Quoique intrépides, quoique exercés.*

Nous croyons devoir dire ici que *tout* veut avec lui l'indicatif. Avec *quoique* il faudrait : *Quoique les Romains fussent intrépides*, etc. — Cette personne tout humble qu'elle paraît a des prétentions extravagantes, ridicules. *Quoiqu'elle paraisse humble.* — Nous sommes restés, votre frère et moi, tout tremblants à la vue du danger que vous couriez. *Entièrement tremblants.* — Votre jeune cousine semble tout attristée. *Tout-à-fait attristée.* — Amédée et Valentinien sont arrivés tout inquiets, tout affligés. *Entièrement inquiets, entièrement affligés.*

Notez cependant que *tout*, sans cesser d'être adverbe prend, par euphonie, le genre et le nombre du mot qui le suit, quand il est mis devant un adjectif ou un participe commençant par une consonne ou un *h* aspiré : Vous avez une mémoire toute facile, toute locale. *Entièrement facile*, etc. — Votre jeunesse s'est passée dans des demeures toutes splendides ; qui sait si vous ne finirez pas vos jours dans une chaumière ? *Des demeures entièrement splendides.* — Toute hardie, toute téméraire que vous paraissait cette entreprise. *Quoique cette entreprise vous parût entièrement hardie*, etc. — C'est une nature toute haineuse. *Entièrement haineuse.* — Ce parvenu affecte des allures toutes hautaines. — Vos sœurs sont revenues toutes honteuses, toutes moquées : on avait ridiculé leurs petits travers.

Remarque. *Tout* adverbe suivi d'un mot masculin pluriel ne varie pas : Ces enfants sont *tout* intelligents : ils seront bientôt *tout* savants ; nous sommes *tout* honteux de notre maladresse.

Tout devant un substantif est invariable quand il signifie entièrement, totalement. Quelques exemples le feront facilement comprendre : Soyez *tout* attention ; nous sommes *tout* oreilles ; cet enfant est *tout* tête ; je suis *tout* obéissance ; il était *tout* ardeur ; il était *tout* yeux à ce spectacle ; *tout* vue, *tout* poudre, etc. Ces substantifs expriment ici une *qualité*, un *état*.

Tout devant un nom de ville est invariable : *Tout* Londres, *tout* Rome, *tout* Venise, *tout* Vienne, *tout* Marseille, *tout* Babylone, *tout* Ninive, *tout* Evreux, etc. On a alors en vue les habitants, le peuple plutôt que la ville elle-même. Néanmoins, si le nom de ville est précédé de correspondants féminins, *tout* varie : *Toute* la belle Venise, *toute* la commerçante Marseille, *toute* la magnifique Ninive, etc. Nous devrions nous dispenser d'ajouter qu'il faut, dans ce cas-là, que le nom de ville soit féminin. On dirait *tout* le bruyant Paris, *tout* l'industrieux Lyon, etc.

QUELQUE. — QUEL QUE.

Quelque placé devant un substantif en prend le genre et le nombre ; il est alors adjectif indéfini : Quelques efforts que vous fassiez ; quelques peines que vous éprouviez ; j'ai acheté quelques livres, quelques estampes ; il n'est pas sans quelque fortune ; je lui reconnais quelque mérite. *Quelque* exprime alors une idée de *quantité indéfinie.*

Quelque devant un adjectif suivi d'un substantif est aussi adjectif ; il ne modifie pas alors l'adjectif, mais détermine au contraire le substantif, avec lequel il s'accorde en genre et en nombre : Quelques rapides progrès que vous ayez faits. (*Quelques progrès rapides.*) Quelques précieuses découvertes que le génie humain ait produites. (*Quelques découvertes précieuses.*) Dans ce cas, nous nous répétons, *quelque* est adjectif indéfini, et *que*, pronom relatif.

Cependant si l'adjectif et le substantif venant après *quelque*, n'exprime ensemble qu'une qualité, un état *quelque* est invariable et *que* est conjonction : Quelque grands capitaines que fussent Annibal et César. (*A quelque point que César et Annibal fussent grands capitaines.*) Quelque tendres fils que nous soyons. (*Aussi tendres fils*, etc.)

Quelque est adverbe et invariable quand les participes ou les adjectifs devant lesquels il est placé et qu'il modifie, ne sont pas suivis d'un substantif. Le *que* qui vient après l'adjectif ou le participe est alors conjonction : Quelque fertiles que soient nos champs, ils n'en ont pas moins besoin d'une culture intelligente et active. — Quelque brillantes que soient les promesses qui me sont faites, je ne m'y laisserai pas prendre. — *Quelque* adverbe signifie à *quelque* point *que*. — *Analyse* : Première phrase : A quelque point que nos champs soient fertiles, etc. — Deuxième phrase : A quelque point que les promesses qui me sont faites soient brillantes. — On peut l'analyser aussi par à *quelque* degré *que*, *aussi... que* ; ces points marquent la place que doit occuper le participe ou l'adjectif modifié par *quelque*. — Quelque négligents que soient ces ouvriers. (*Aussi négligents que soient ces ouvriers.*)

Employé devant les verbes *être*, *paraître*, *sembler*, etc., on écrit *quelque* en deux mots ; *que* est conjonction et ne varie pas; *quel* prend le genre et le nombre du substantif placé après le verbe : Quelle que soit votre mémoire; quelle que vous paraisse cette question, vous devrez la traiter et la raisonner je l'exige. — Quels que fussent les procédés employés envers lui, il se montrait toujours rebelle. — Nous croyons que, dans ce cas, *quel* tient la place d'un adjectif qualificatif que le sens de la phrase doit facilement faire trouver. — *Analyse* : — Premier exemple : Quelle que soit votre mémoire — aussi heureuse, à quelque point que soit heureuse. — Deuxième exemple : Quelle que vous paraisse cette question — à quelque point que cette question vous paraisse difficile. — Troisième exemple : Quels que fussent les procédés. — Ici l'analyse est subordonnée au sens favorable ou défavorable qu'on pourrait avoir en vue. — Aussi délicats, aussi affectueux ; comme aussi, à quelque point rigoureux que fussent les procédés.

Quelque suivi d'un adverbe est invariable : Quelque prudemment que nous agissions; quelque fréquemment que ces cas se présentent. — Aussi prudemment, aussi fréquemment, etc.

Quelque signifiant *environ*, *à peu près*, est invariable, et ne peut précéder qu'un nom de nombre : Votre père a quelque cinquante ans ; (*environ*, *à peu près cinquante ans*.) — Nous perdîmes quelque trois mille hommes dans cette affaire; (*environ*, *à peu près trois mille hommes*.)

L'un l'autre marque une idée de réciprocité, un état, une action, des sentiments que l'on échange, et qui se transmettent d'un être à un autre être, d'un objet à un autre objet.

— Justinien et Bélisaire étaient faits pour s'apprécier l'un l'autre. (*L'un était fait pour apprécier l'autre.*)

— Ces jeunes gens sont animés des meilleurs sentiments les uns pour les autres. (*Les uns sont animés pour les autres.*)

— Obligez vous les uns les autres. (*Les uns, obligez les autres.*)

— Ne vous refusez pas les uns aux autres les petits services que vous pouvez vous rendre. (*Les uns, ne refusez pas aux autres.*)

— Ces élèves vivent dans une harmonie parfaite : ils sont, sans exception, affectionnés les uns aux autres. (*Les uns sont affectionnés aux autres.*)

— Tous les hommes ont besoin les uns des autres. (*Les uns, ont besoin des autres.*)

— Les Spartiates et les Hilotes étaient odieux les uns aux autres. (*Les uns étaient odieux aux autres.*)

L'un et *l'autre* n'exprime qu'une idée de pluralité.

L'un sert à représenter le premier être ou le premier objet dont on a parlé; *l'autre* représente le second être, le second objet : Marius et Sylla soutenaient deux partis depuis longtemps en lutte; l'un et l'autre, pour arriver à leurs fins, ne reculèrent ni devant l'exil, ni devant le meurtre de leurs concitoyens. (*L'un Marius*, *l'autre Sylla*. — Rome et Athènes ont une gloire qui se balance; l'une et l'autre produisirent de grands citoyens. (*L'une*, *Rome*, *l'autre*, *Athènes*.)

ADJECTIFS NUMÉRAUX.

— On appelle octogénaire un homme qui a quatre-vingts ans; septuagénaire, celui qui en a soixante-dix; sexagénaire, une personne âgée de soixante ans.

— Nous étions trois à quatre cents lycéens à cette réunion.

— Les Seize et les Guises trouvèrent dans Achille de Harlay un courageux adversaire.

— Les onze mille Grecs qui vainquirent les Perses à Marathon avaient devant eux une armée vingt fois plus nombreuse.

— Le sept février mil huit cent-sept fut livrée la sanglante bataille d'Eylau ; les Français y défirent les Russes et les Prussiens, au nombre d'environ deux cent mille.

— Le conseil des Dix, à Venise, est un des plus terribles tribunaux qui aient jamais existé, si l'on peut appeler tribunal une institution chargée, non de rendre la justice, mais le plus souvent d'assouvir des vengeances.

— Il se présente dans l'histoire un rapprochement aussi naturel que frappant : Gédéon met en déroute les Madianites avec trois cents braves que Dieu protége; Léonidas, aux Thermopyles, arrête, avec trois-cents héros, une armée innombrable. Ce sublime dévouement s'accomplissait en l'année quatre cent-quatre-vingt avant Jésus-Christ.

— Les Quarante-Cinq égorgèrent le duc de Guise le vingt-trois décembre mil cinq cent-quatre-vingt-huit.

— Bien rares étaient ceux qui, en l'an mil, ne croyaient pas à la fin toute prochaine du monde.

— La vaccine fut découverte à Londres par le docteur Jenner, l'an mil sept cent-soixante-seize.

— Le dernier partage de la Pologne eu lieu en mil sept cent-quatre-vingt-quinze.

— Pour n'avoir pas à étudier ses leçons, Ludovic a déchiré la page quatre-vingt de sa géographie, et a renversé exprès son encrier plein d'encre sur les pages deux cent et deux cent-un de son histoire de France.

— L'hôpital des Quinze-Vingts fut fondé par Louis IX. Nul n'ignore que cet établissement reçut, dès sa création, trois cents chevaliers à qui les Sarrasins avaient crevé les yeux.

— Après la bataille, ce régiment ne comptait plus que douze cent-trente-sept hommes.

— On a interné dans cette ville quatre-vingts prisonniers de guerre.

— Les milles d'Allemagne sont plus grands que les milles anglais. Un mille anglais vaut quatre mille huit cents mètres, soit un de nos kilomètres, plus huit cents mètres. Le grand mille allemand vaut neuf kilomètres cinq cents mètres.

— L'établissement de la banque de France remonte au premier mars mil huit cent.

— La ville de Lérida, dont n'avait pu s'emparer le prince de Condé, fut prise, sous Napoléon Ier, le quatorze mai mil huit cent-dix.

— Il me manque le tome quatre-vingt de l'*Encyclopédie.*

— Les Romains, comme les Italiens modernes, comptaient par milles les distances itinéraires.

— Les Chinois datent les premiers événements de leur histoire de l'an trois mille avant Jésus-Christ.

OBSERVATIONS.

De tous les adjectifs numéraux cardinaux, vingt et cent sont les seuls qui prennent la marque du pluriel. Les autres sont toujours invariables : les quatre fils de Clovis, les sept chefs devant Thèbes, les douze patriarches, les trente tyrans, les quarante de l'Académie, les neuf Muses, etc.

Vingt et cent prennent un *s* quand ils sont multipliés par un nombre et qu'ils ne sont pas suivis d'un autre adjectif numéral. Quatre-vingts musiciens, six-vingts arbres. (*Six-vingts ne s'emploie plus aujourd'hui.*)

Douze cents chevaliers, sept cents francs.

Notre opinion est que *vingts* et *cents* signifient ici centaines, vingtaines, et qu'on peut, par conséquent, les assimiler à ces substantifs, et dire : Quatre vingtaines de musiciens, six vingtaines d'arbres, douze centaines de chevaliers, sept centaines de francs. Au contraire, vingt et cent seront invariables dans huit cent-cinquante malades, treize cent-vingt-cinq fusils, quatre-vingt-trois régiments, quatre-vingt-quinze volumes, parce qu'on ne pourra pas représenter vingt et cent par les substantifs vingtaine, centaine, et dire huit centaines cinquante de malades, treize centaines vingtaines cinq de fusils, etc. Cette analyse ne serait qu'impossible, ridicule et absurde.

Vingt et cent resteront invariables dans tous les cas où, bien que multipliés par un nombre, ils rempliront l'office d'adjectifs numéraux ordinaux, et se borneront à désigner l'ordre, le rang, la position relative des objets. Ainsi, on écrira sans variabilité : l'an trois cent (*l'an trois centième*) ; l'an neuf cent (*l'an neuf centième*) ; la figure quatre-vingt de votre traité de dessin linéaire (*la figure quatre-vingtième*) ; le numéro quatre-vingt (*le numéro quatre-vingtième*.)

Mille signifiant dix fois cent est toujours invariable : cent mille francs, trois cent mille réaux, neuf cent mille lieues, etc.

Dans la supputation des années, dans toutes les dates quelconques, à partir de l'ère chrétienne, on écrit mil par abréviation au lieu de mille ; mil ne change jamais : l'an mil, l'an mil-un, l'an mil deux cent, l'an mil sept cent, l'an mil huit cent-cinquante-trois.

Mille désignant une mesure itinéraire, est substantif, et doit nécessairement prendre la marque du pluriel : Un mille anglais, des milles anglais ; un mille allemand, des milles allemands.

Millier, million, billion, milliard, trillion, ne présentent aucune difficulté orthographique : ce sont de simples substantifs.

Remarque. Les adjectifs numéraux ordinaux, sans aucune exception, s'accordent en genre et en nombre avec le substantif qu'ils déterminent.

CHAPITRE V.

Exercices sur les verbes réguliers en ER, dont l'orthographe peut présenter quelques difficultés.

VERBES EN *ÉCER* ET EN *IÉCER*.

Nota. Dans tous les verbes en *er*, la voyelle *e* muet se conserve toujours au futur absolu et au conditionnel présent. Les verbes des autres terminaisons la rejettent à ces deux temps, sauf quelques verbes irréguliers en *aillir*, *ueillir*.

Ce boucher dépèce très-proprement bœufs, veaux et moutons. — Quand j'aurai dépecé cette poularde, je vous en ferai passer la carcasse. — Ce glouton mangeait plus vite que je ne dépeçais.

— Dans la pension où je suis, nous dépeçons, chacun à notre tour ; c'est moi qui dépècerai demain. — Vous êtes un franc maladroit, Eugène ; vous avez bien besoin d'apprendre à dépecer.

Remarque. Le verbe *dépecer* prend un accent grave sur l'*e* muet de la dernière syllabe du radical devant les terminaisons *e*, *es*, *ent*, devant le futur *erai* et le conditionnel *erais*. A l'imparfait de l'indicatif, au même temps du subjonctif, au passé défini, au participe présent, au participe passé, et par conséquent dans tous les temps composés, il faut conserver la voyelle *e* muet qui se trouve au radical.

— Nulle étoffe ne résiste à cet enfant ; tous les jours on rapièce ses habits, et tous les soirs des mêmes jours, ses habits ont besoin d'être rapiécés.

— Je passerais toute ma journée à rapiécer, que je ne rapiècerais pas le linge que mon fils déchire dans la moitié d'une semaine.

— J'ai trouvé la lingère très-occupée, elle rapiécait une tunique, sans laquelle Lucien n'aurait pu aller en promenade.

Règle. Devant les terminaisons *e*, *es*, *ent*, changez l'*é* fermé en *è* ouvert.

Dépecer est le seul verbe en *ecer*. *Dépiécer* s'orthographie comme *rapiécer*.

VERBES EN *CER* ET EN *GER*.

— Aujourd'hui, presque toutes les places sont données, après concours, au travail, au mérite, au savoir ; autrefois, on évinçait souvent les candidats sérieux pour donner les places à des protégés incapables.

— La guerre de sept ans commença pour nos colonies une série de désastres qui furent couronnés par l'abandon de la France et par l'occupation étrangère.

— Nous n'agaçons plus ce chien depuis qu'il nous a mordus.

— Nous désirions qu'il avançât plus rapidement dans ses études.

— Nous engageons les ménagères à remplacer par des marmites et des casseroles de fonte cette batterie de cuisine qu'on appelle la poterie. Nous ne songeons pas assez, dans les familles, combien le peu de durée de la poterie en rend l'usage coûteux.

— L'hiver dernier, nous négligeâmes l'emploi des brise-vent, des châssis et des cloches ; nous serons plus précautionnés cette année.

Règle. Dans les verbes en *cer*, on met une cédille sous le *c* toutes les fois que cette consonne précède la voyelle *a* ou la voyelle *o*. Dans les verbes en *ger*, mettez après le *g* la voyelle *e* muet quand la terminaison commence par *a* ou par *o*.

VERBES EN *ÉER*.

— Les lavandières guéent le linge avant de le tordre.

— Le palefrenier guéera nos chevaux à deux heures.

— Les mauvais ouvriers maugréent toujours contre les instruments, les outils, les matériaux, c'est-à-dire contre le travail.

— Ces deux goëlettes ont été gréées bien promptement. C'est qu'elles doivent, sous quelques jours, prendre la mer.

— On gréera ce navire en brick; il fera partie de la croisière qui va être envoyée dans la Méditerrannée.

— L'uniformité lasse, la monotonie finit presque toujours par ennuyer; mais la diversité des occupations a cela d'avantageux, de précieux même, qu'elle récrée.

— Ce spectacle vous récréera, du moins nous le pensons, puisque, tout difficiles que nous sommes, nous avons été amplement récréés par les belles scènes qui y ont été jouées.

— Dans les batailles, la valeur de nos soldats supplée au nombre.

— Puisque notre invitation ne lui agrée pas, partons sans lui.

— Soldats français, il faut que vous suppléiez les héros d'une autre époque. — Mais vous avez déjà prouvé que vous étiez dignes de vos aînés.

— Toutes les mesures que j'avais prises à l'égard de cet élève ont été agréées par ses parents.

— Si vous n'agréiez pas aujourd'hui les propositions que nous vous faisons, demain nous vous poserions des conditions plus dures.

— Soyez persuadé, Léon, que votre maître agréerait vos excuses, et qu'il vous pardonnerait de bon cœur, si vous lui témoigniez un peu de repentir.

Règle. Conservez les deux *ée* à l'indicatif présent, au futur, au conditionnel, à l'impératif, au subjonctif, *ée* à la troisième personne plurielle du passé défini, deux *ée* au participe masculin, trois *éee* au participe féminin.

EXERCICE :

VERBES EN *CER*		VERBES EN *GER*		VERBES EN *ÉER*	
Influencer	Amorcer	Arranger	Fustiger	Dégréer	Désagréer
Enfoncer	Balancer	Ranger	Déroger	Ragréer	Maugréer
Défoncer	Agencer	Héberger	Emarger	Guéer	Créer
Nuancer	Tancer	Allonger	Asperger	Gréer	Agréer
Annoncer	Froncer	Egruger	Engager	Recréer	Récréer
Ecorcer	Glacer	Ménager	Mitiger	Procréer	Suppléer.
Effacer	Lacer	Eriger	Aménager		
Epicer	Grincer.	Surnager	Singer.		

VERBES EN *ÉGER.*

— Alexandre-le-Grand assiégea Tyr et s'en empara au bout de sept mois, au moyen d'une digue immense qu'il fit construire dans la mer même, et qui joignit au continent l'île où était bâtie la capitale de la Phénicie.

— Dans plusieurs départements, les tribunaux de première instance siégent dans d'autres villes que les chefs-lieux d'arrondissement.

— Quand Rome protégeait une province, on pouvait dire : Cela ne durera pas longtemps. Pour cette puissance, en effet, du protectorat à la prise de possession, il n'y avait qu'un pas.

— Des solives très-minces soutiennent seules ce plancher ; nous l'allégerons dès ce matin, car, chargé comme il l'est, de lourds sacs de farine, il ne tarderait pas à s'effondrer.

Règle. Les verbes en *éger* conservent l'*é* fermé à tous les temps et à toutes les personnes. — Écrivez ainsi les substantifs : *Collége, piége, siége, manége, cortége, sacrilége, sortilége, solfége, arpége.*

EXERCICE.

Siéger — Protéger
Assiéger — Alléger
Abréger — Agréger
Arpéger

VERBES EN *IER.*

— Pour que vous appréciiez à leur juste valeur les raisons qui ont déterminé ma conduite, il est indispensable que vous oubliiez, au moins pour un moment, les griefs trop fondés que vous avez contre moi. Vous m'humilierez ensuite tant que vous voudrez ; mais avant tout, écoutez-moi, je vous en prie.

— Nos parents désirent que nous nous fortifiions sur les questions les plus usuelles de l'arithmétique.

— Ce que le Gouvernement a fait et fait tous les jours pour l'agriculture, nous dit assez combien il importe que nous nous associions à ses efforts pour vaincre, pour déraciner la routine opiniâtre et aveugle. Nous publiions l'année passée le heureux résultats obtenus : espérons que dans moins de dix ans, ces résultats auront doublé.

— L'enfant paresseux expie par quelques légers pensums, par une heure de retenue, ses infractions à la discipline, sa négligence à faire ses devoirs, à étudier ses leçons. Que Dieu le préserve de s'adonner à l'oisiveté ! Devenu homme, il expierait peut-être un jour par la misère, le déshonneur, les égarements, les fautes d'une existence toujours inutile, et souvent dangereuse pour la société.

— Notre professeur nous a certifié que les Romains et les Grecs connaissaient le sucre; ils le nommaient miel de roseau ou sel indien. — Jules et moi oubliions de dire que les Chinois prétendent avoir connu le sucre deux mille ans avant les Européens. Heureux Chinois!

— Tu as trop amplifié, mon cher! Tu amplifieras moins une autre fois, et alors on te croira... peut-être!

— Il est urgent, mes amis, que vous rectifiiez votre jugement, faussé par des méthodes que réprouve la saine raison.

— Tu prétends avoir fait ce dessin si net, si exact ? Allons donc! Avec un pantographe, un diagraphe, le nieras-tu ?

— Ces étoffes ont été mal pliées; on voit bien que messieurs les commis étaient pressés de profiter de leur dimanche.

— Vous êtes trop jeunes, mes amis, pour être initiés aux questions purement scientifiques.

Règle. La voyelle *i* étant la finale du radical, et la terminaison de la première et de la deuxième personne du pluriel de l'imparfait de l'indicatif et du subjonctif présent étant invariablement en *ions*, *iez*, tous les verbes en *ier* aux deux premières personnes du pluriel de ces deux temps, prendront toujours deux *i*. Il en sera de même de tous les verbes qui auront devant la terminaison *ant* du participe présent soit un *y*, soit un *i* : *ri*-ant, que nous *ri*-ions; *voy*-ant, que nous *voy*-ions.

EXERCICE :

Justifier	Mortifier	Mystifier
Marier	Publier	Officier
Déifier	Négocier	Trier
Terrifier	Torréfier	Concilier
Allier	Préjudicier	Gracier
Epier	Expier	Envier
Copier	Mendier	Dédier
Asphyxier	Injurier	Parier
Défier	Lier	Gratifier
Apostasier	Congédier	Colorier
Réconcilier	Vicier	Bonifier
Crier	Sacrifier	Associer
Calomnier	Fortifier	Décrier
Supplier	Convier	Remercier
Planchéier	Simplifier.	

VERBES EN *ELER* ET EN *ETER* REDOUBLANT LES CONSONNES *L* OU *T* DEVANT LES TERMINAISONS *E*, *ES*, *ENT*, *ERAI*, *ERAIS*.

— J'ai reçu ce matin une lettre de mon cousin ; il m'annonce qu'il a interjeté appel du jugement qui l'a condamné.

— Si je ne suis condamné qu'à une amende de dix francs, je n'interjetterai pas appel de ce jugement.

— Plus le soleil est rapproché de son levant ou de son couchant, plus l'ombre se projette loin.

— Le plus jeune de vous cachettera les lettres ; les apprentis calligraphes mettront les adresses.

— La figure de Sosthène ruisselle de sueur.

— Quoi qu'en disent les partisans de la grande propriété, depuis qu'elle se morcelle, se divise en un plus grand nombre d'héritages, la terre n'en rapporte que davantage.

— Les ais de cette porte se sont déjetés.

— Ce paysan croit que son voisin a ensorcelé ses moutons. Pauvre homme ! Vos bêtes ont la clavelée.

— Pourquoi grommelles-tu toujours, mon camarade ? Dis une bonne fois quels sont tes griefs.

— Nous dételleróns avant qu'ils aient attelé, ces paresseux !

— Le savoir, aujourd'hui, nivelle toutes les conditions.

— Que les valets de ferme javellent le blé ; vous, mes enfants, javelez l'orge.

EXERCICE :

Redoublez la consonne finale du radical dans les verbes suivants, aux temps terminés par *e*, *es*, *ent*, *erai*, *erais*.

Rappeler	Dételer	Renouveler
Ensorceler	Amonceler	Atteler
Etinceler	Grommeler	Tonneler
Epeler	Chanceler	Ficeler
Niveler	Morceler	Mugueter
Javeler	Ruisseler	Ressemeler
Jeter	Rejeter	Projeter
Déjeter	Souffleter	Cacheter.
Décacheter	Vergeter	
Coqueter	Interjeter	

VERBES EN *ELER* ET EN *ETER* NE REDOUBLANT PAS LES CONSONNES *L* OU *T*, ET PRENANT UN *È* OUVERT DEVANT LES TERMINAISONS *E*, *ES*, *ENT*, *ERAI*, *ERAIS*.

— Ces maçons gobètent ce mur : ce n'est pas trop tôt ; les joints commençaient à se faire trop larges.

— L'expérience est un bien que l'on achète souvent aux dépens des plus rudes épreuves.

— Les ouvriers ont parqueté ma chambre; la semaine prochaine, ils parquèteront mon petit salon.

— Nous avons celé cette faute aux parents d'Edouard.

— Les faons de la biche sont marquetés jusqu'à un certain âge.

— Les ébénistes de cette ville marquètent très-bien.

— Je ne décèle pas toutes vos peccadilles. Il faut si souvent se fermer les yeux et se boucher les oreilles. Et puis, si je disais tout ce que je sais, combien parmi vous pleureraient!

— A la dernière session, la commission d'examen a breveté vingt candidats ; elle en brevètera moins cette année.

— On n'écartèle plus en France. Autrefois, les criminels de lèse-majesté au premier chef étaient écartelés, c'est-à-dire mis en quatre quartiers par quatre chevaux placés chacun en sens contraire.

EXERCICE SUR LES VERBES EN ELER ET ETER NE REDOUBLANT PAS LES CONSONNES L OU T.

Ecarteler	Celer	Déceler
Démanteler	Créneler	Geler
Breveter	Décheveler	Griveler
Modeler	Peler	Museler
Harceler	Décolleter	Pommeler
Marteler	Fureter	Haleter
Louveter	Parqueter	Marqueter
Acheter	Voleter	Trompeter
Surachеter	Valeter	Saveter
Banqueter	Bonneter	Billeter.
Gobeter		

VERBES EN ELER ET EN ETER QUI CONSERVENT L'E MUET DEVANT LA TERMINAISON ERAI DU FUTUR ABSOLU ET LA TERMINAISON ERAIS DU CONDITIONNEL PRÉSENT.

N'employez l'*è* ouvert que devant les terminaisons *e*, *es*, *ent*.

— Laissons ces deux commères; elles cailleteront tout à leur aise. (Prononcez elles cailteront.)

— Les marchands étiquètent avec soin les marchandises qu'ils reçoivent.

— Nous empaqueterons nos hardes et nos livres. (Prononcez nous empaqterons.)

— Quand ce mur aura été bien blanchi, nous le briqueterons. (Prononcez nous le briqterons.)

— Que fais-tu, Théophile? Je feuillète ce livre ; il y a de très-belles images. Tu le feuilleteras plus tard ; accompagne-moi à la promenade. (Prononcez feuilteras.)

— Votre sœur déchiquetera demain ce feston. (Prononcez déchiqtera.)

— Laissez aux gendarmes et aux agents de police le triste soin, la pénible mission de colleter les gens dangereux ou coupables. Pourquoi vous colleteriez-vous entre condisciples? (Prononcez colteriez-vous.)

— On carrèle cet appartement ; on carrelera l'autre immédiatement après. (Prononcez carlera.)

EXERCICE SUR LES VERBES EN ELER ET EN ETER QUI CONSERVENT L'E MUET DEVANT LES TERMINAISONS ERAI ET ERAIS.

Canneler	Bourreler	Bosseler
Cordeler	Colleter	Briqueter
Déchiqueter	Feuilleter	Tacheter
Carreler	Agneler	Botteler
Becqueter	Dépaqueter	Empaqueter
Cailleter	Moucheter	Caqueter
Etiqueter	Pocheter	Crocheter
Rapiéceter	Epousseter	Chapeler.

VERBES CONSERVANT LES DEUX *LL* DANS TOUTE LEUR CONJUGAISON ; VERBES CONSERVANT LES DEUX *TT*.

— Nous avons recommandé à l'entrepreneur de faire sceller en plomb tous les gonds, tous les crochets, tous les crampons.

— Ils sont toujours bons amis, quoiqu'ils ne passent pas une heure sans se quereller.

— Benvenuto Cellini excellait en plusieurs genres.

— Le ministre a cruellement flagellé l'orateur qui avait cru devoir l'interpeller sur cette question délicate.

— Sellons nos chevaux, et partons.

— Le chat guette la souris. — Le maréchal a mal rénetté le pied droit de devant.

VERBES CONSERVANT DANS TOUTE LEUR CONJUGAISON LES DEUX *LL* ET LES DEUX *TT* :

Seller	Desseller	Sceller
Desceller	Mieller	Emmieller
Flageller	Exceller	Interpeller
Libeller	Contre-sceller	Quereller
Pirouetter	Fouetter	Regretter

Endetter	Guetter	Facetter
Brouetter	Emietter	Rénetter.

VERBES EN AYER, OYER, UYER.

— Notre bâtiment a louvoyé pendant près de cinq heures.

— Quand on louvoie aussi adroitement que vous, il n'est pas de but impossible à atteindre.

— A Paris, plus que partout ailleurs, la misère en gants jaunes coudoiera toujours, dans sa paresse, dans son luxe d'emprunt, l'aisance modeste, l'opulence affable et le travail honnête.

— On emploie pour la teinture en noir la noix de galle et le sumac.

— Le séjour prolongé d'un mets chaud dans un vase de cuivre facilite la formation du vert-de-gris ; n'employez jamais un vase de ce métal sans l'avoir préalablement fait bien étamer.

— Les fredaines de Germain défrayeront pendant quelques jours ses condisciples.

— Nous serions ridicules si, après tout ce qu'on nous a dit, nous nous effrayions des contes que nos vieilles domestiques nous débitent tous les soirs sous le manteau de la cheminée.

— Il faut que vous étayiez votre grange, surtout du côté du nord. — Je ne l'étayerai pas ; on va la démolir.

— On nous punissait souvent alors parce que nous frayions avec de petits coureurs, grands amis de l'école buissonnière. — Maman ne veut pas que je fraye avec ce petit menteur.

— Ces deux enfants ont été ondoyés. — Vous vous fourvoieriez si vous pensiez qu'ils seront, pour cela, dispensés des cérémonies du baptême.

— Tu as pris un bain forcé, mon brave! tu te ressuieras au soleil.

Règle. Les verbes en *ayer* conservent l'*y* ou changent cette voyelle en *i* devant un *e* muet. Nous préférons l'emploi de l'*y* à tous les temps, devant toutes les terminaisons. Dans les verbes en *oyer*, *uyer*, au contraire, changez toujours l'*y* en *i* devant *e*, *es*, *ent*, *erai*, *erais*. Après l'*y* final du radical, à l'imparfait de l'indicatif et au subjonctif présent, ajoutez aux deux premières personnes du pluriel les terminaisons *ions*, *iez*.

EXERCICE :

Balayer	Déblayer	Bayer
Bégayer	Enrayer	Délayer
Frayer	Etayer	Layer
Relayer	Convoyer	Charroyer

Coudoyer	Employer	Louvoyer
Dévoyer	Guerroyer	Verdoyer
Ondoyer	Fossoyer	Grossoyer
Egayer	Aiguayer	Cortayer
Défrayer	Effrayer	Essayer
Monnayer	Rayer	Remblayer
Soudoyer	Apitoyer	Cotoyer
Corroyer,	Fêtoyer	Fourvoyer
Larmoyer	Tutoyer	Octroyer
Nettoyer	Giboyer	Appuyer
Ennuyer	Désennuyer	Essuyer.
Ressuyer	Choyer.	

NOTA. *Grasseyer* et *langueyer* conservent l'*y* dans toute leur conjugaison.

VERBES IRRÉGULIERS PROPREMENT DITS.

NOTA. Dans des phrases très-courtes et qui ne distrairont pas l'attention de l'élève, nous allons donner tous les temps irréguliers des verbes les plus usités qui s'écartent de la règle des conjugaisons ordinaires. Nous ne donnerons qu'un seul temps composé.

La conjugaison des verbes en *er* ne compte que trois verbes irréguliers proprement dits : *Aller*, *envoyer*, *renvoyer*.

— Mon frère ne veut pas me dire où il va. — Moi, je sais bien où je vais. — Au lit? — Ce n'est, hélas! que trop vrai. Je n'irais pas me coucher comme une jeune poule, si j'avais été plus sage! J'irai demain en classe ; je travaillerai bien ; car c'est une superbe fête qu'on va célébrer dimanche chez mon grand-père! Il faut que j'y aille, coûte que coûte! Si papa n'est pas content, il sera bien difficile! Je crois que j'apprendrais vingt pages d'hébreu, pour ne pas être privé des réjouissances que mes frères iraient goûter tout seuls! Non, non ; moi aussi, je veux pouvoir dire samedi soir : Nous allons à la fête ; j'en suis tout comme les autres ; j'ai mérité d'y aller... Et fouette, cocher! — Et lundi? — Lundi, je reprendrai mes livres, et pourrai dire à mes camarades : Je suis allé à la fête, parce que papa et maman ont été contents de moi. — Va plus loin chercher des bavards et des paresseux ; je ne veux pas être puni, moi! Les enfants qui sont punis restent à la maison ou à la pension : ils vont, ou plutôt on les envoye faire une foule de pensums qui ne valent pas une fête, la plus maigre des fêtes.

— J'enverrai à mon oncle les perdrix que j'ai tuées ce matin. — Et comme il est parfois très-bourru, il pourra bien les refuser? — Je les lui renverrai.

— Votre domestique ne pense pas que vous le renvoyiez ; il croit sa faute ignorée.

— Si vous étiez moins paresseux, vous ne renverriez pas au vendredi matin des devoirs qui pourraient être terminés le mercredi soir.

— Tu veux aller à la foire, vas-y. — Va-t-il venir ? — Va-t'en, faux ami. — Vas-en savoir des nouvelles. — Allons-nous-en. — Nous nous en sommes allés. — Vous sœurs s'en sont allées.

Verbes irréguliers en *AILLIR*, *UEILLIR*, *FRIR*, *OUILLIR*, *VRIR*, *TIR*, *ÉTIR*, etc.

— Laissez-nous aller chercher un petit pain chez le boulanger : vrai ! nous défaillons. — Chez des gaillards comme vous, les forces ne défaillent jamais. Je vois bien que vous ne défaillez pas, vous n'auriez pas le verbe si haut. — Pour ma part, je défaillais si bien, que je ne pus plus y tenir, et je défaillis de telle sorte que vingt litres de vinaigre ne m'auraient pas fait revenir de cet évanouissement. C'est la première fois de ma vie que j'ai défailli : fasse Dieu que ce soit la dernière ! Du reste, quand je me sentirai défaillir, je n'attendrai pas le secours de mon voisin.

— Je tressaille d'allégresse en pensant aux bonnes vacances que je vais passer ! — Votre bonne mère tressaillira bien mieux en recevant vos prix et vos couronnes. Votre père cachait sa satisfaction ; il n'osait pas pleurer de joie ; mais comme il tressaillait ! Nous tressaillions aussi, car il faut qu'un bon camarade tressaille et batte des mains aux succès de ses rivaux. Et comment aurait-il pu se faire que nous ne tressaillissions pas ? Ton oncle, le vieux grognard, a bien tressailli ; et la preuve, c'est qu'il te secouait si bien la main, qu'il a failli te démancher le poignet ! — Tressaillez tant que vous voudrez ; moi, je ne connais pas ces émotions. — Parce que tu es un paresseux. Si tu avais des prix, si tu savais combien un bon élève rend sa mère heureuse, tu tressaillirais comme nous ! Une couronne... — Mon front ni mes cheveux ne connaissent cette coiffure-là. — Poursuivons ; un peu d'histoire. A la bataille de Friedland, les Français, assaillirent... — L'ennui ? en as-tu pour longtemps ? Sais-tu, mon frère aîné, que tu abuses de ton titre de répétiteur ? Je vais résumer moi-même la leçon : Assaillir et faillir, ce dernier, terme d'architecture signifiant déborder, se conjuguent comme tressaillir, verbe peu digeste que tu m'as fais avaler tout entier. — Mais saillir ne présente-t-il pas une seule particularité ? — Il ne s'emploie, monsieur mon frère, qu'à la troisième personne du singulier : ce mur saille trop ; la corniche ainsi placée saillait trop ; elle saillera moins.

— Le cœur me faut. — Mon dévouement ne vous faudra jamais. — Nous faillîmes nous casser le cou. — Cette maison de commerce a failli trois fois. — Quel est le savant à qui il n'arrive point de faillir?

— Pierre cueille des fleurs. Justin cueillait des fraises. Je cueillerai des cerises; s'il y avait des poires, si peu qu'elles fussent mûres, j'en cueillerais avec plaisir. — J'accueillis comme un frère l'orphelin que mon père avait recueilli après que le bon Dieu eut enlevé au pauvre enfant son père et sa mère. — Je ne me rappelle pas exactement cette circonstance; il faut que je recueille mes idées, mes souvenirs. Paul désirait que j'accueillisse son ami comme je l'aurais accueilli lui-même, s'il avait pu venir. — Cet homme a gagné un peu d'argent en recueillant de la résine.

— Je bous d'impatience. — Le mercure ne bout qu'à trois cent soixante degrés; il ne se congèle qu'à quarante degrés au-dessous de zéro. — Nous bouillons de dépit quand nous voyons un paresseux arriver par hasard aux premières places. — Que disiez-vous à Léonce pour le rendre si joyeux? — Nous lui bouillions du lait. — Je ne comprends pas. — Cela veut dire que nous lui faisions plaisir en vantant les derniers devoirs qu'il a faits. — Quand le lait commencera à bouillir tu m'appelleras. — Dès que l'eau bouillira, tu la verseras sur ton café en poudre. — Pourvu que la marmite bouille, la plupart d'entre vous s'inquiètent peu s'il en coûte peu ou prou pour la faire bouillir. — Le pot bouillirait mieux chez certains ouvriers, s'ils fêtaient moins régulièrement la saint-lundi. — Ce liquide s'est trop réduit en bouillant si longtemps. — La soupe n'a pas assez bouilli.

— Appeler cela un exercice! Mais c'est un casse-tête! Et, combien encore de verbes de cette catégorie, mon docte frère? — Trois. — Fais-moi grâce des exercices. — J'y consens, pourvu que tu n'oublies pas que les verbes ébouillir, débouillir et rebouillir se conjuguent comme bouillir. — J'aime cette méthode-là. Et si, pour être plus expéditif, tu me donnais en même temps des exemples sur les primitifs et sur les dérivés? C'est ainsi que nous allons procéder. — Ah je respire!...

— Chut! l'enfant s'endort. — Je ne dors pas plus de cinq heures par nuit. — Je dormirais bien dix bonnes heures. — La cloche nous réveille alors que nous dormons avec une si douce mollesse! Je ne dormais pas tranquille dans ces pays chauds, que vous vantez avec enthousiasme: les cousins ne me laissaient pas un moment de répit. — Vous avez fait du bruit; il faut maintenant que je rendorme mon nourrisson. — Dors, mon enfant, je t'appellerai à l'heure. — Pour me refaire de mes fatigues, il faudrait que je dormisse toute une longue nuit, sans être dérangé. — Nous dormîmes si bien la quatrième nuit, que le canon qui ronflait, tonnait à deux cents mètres de nous, ne put nous réveiller. — Avez-vous bien dormi ? — La fortune, quoi qu'en dise le proverbe, ne nous vient pas en dormant.

— Je m'abstiendrai de tous les commentaires qui ont été trop souvent répétés; je veux en venir à une appréciation qui, je crois, a le mérite de la nouveauté. — Je viens vous remercier. — Nous venons d'un pays où les choses se passent moins bien qu'en France. — Allez vers votre oncle ; il ne veut pas vous laisser avec les faux amis qui vous circonviennent. Nous contînmes à-propos les élans d'une colère que rien n'aurait justifiée. Que nul de vous ne contrevienne au règlement. — Je demandais qu'il vînt au plus tôt, parce que je savais ses intérêts en souffrance. — On exigeait que nous intervinssions dans cette affaire. — Je me souvins fort heureusement que mon père avait connu un homme qui portait le même nom. — Vous convenez aujourd'hui d'une chose, et le lendemain vous la niez. — Pour disposer de ce bien, attends qu'il t'appartienne. — Je n'accepterais pas un bien qui proviendrait d'une source pareille. — Préviens nos amis communs que nous obtiendrons gain de cause : tous les membres de l'assemblée cantonale, tous les arbitres sont pour nous. — Qui est-ce qui ne deviendrait pas riche, s'il voulait employer de tels moyens ? — Je parvins à me tirer de ce mauvais pas. — Nous avons acheté ces objets parce qu'ils nous convenaient, parce qu'ils étaient de notre goût. — Nous sommes convenus du prix. — Nous n'avons pas convenu à notre nouveau maître ; aussi nous a-t-il renvoyés. — Reviens avant la fin du mois. — Les ingrats ne se souviennent de leurs bienfaiteurs que pour en dire du mal. — Nos amis ont oublié les explications qui nous ont été données ; mon cousin et moi les retiendrons longtemps. — Celui qui détient injustement le bien d'autrui, est souvent puni ici-bas. — Il voudrait presque que l'on s'abstînt de parler et surtout de rire ; il croit qu'on n'a qu'à s'occuper de lui. — S'il revenait avant moi, priez-le de m'attendre. — En maintenant vos droits envers et contre tous, vous avez obtenu le succès d'une affaire que l'apathie de beaucoup d'autres leur eût rendue ruineuse. — Je désire que vous parveniez à une belle position. — Nous revenions sains et saufs. — Nous serions revenus trop tard.

Nota. — *Convenir* signifiant *plaire*, prend l'auxiliaire avoir ; signifiant demeurer d'accord, faire une convention, il prend l'auxiliaire être. — Les verbes en *enir* prennent deux *ss* à l'imparfait du subjonctif, excepté à la troisième personne du singulier. Redoublez la consonne *n* devant un *e* muet : ils soutiennent, qu'il survienne.

REMARQUE SUR LES TEMPS COMPOSÉS DES VERBES EN *ENIR*.

— Parmi les verbes en *enir*, plusieurs ne se conjuguent qu'avec l'auxiliaire *être*, et ont leur participe passé variable ; ce sont : Venir, devenir, redevenir, revenir, parvenir, intervenir, survenir, provenir, disconvenir. Il faut y ajouter les trois verbes essentiellement réfléchis : S'abstenir, se souvenir et se ressouvenir.

Circonvenir, contrevenir, appartenir, tenir, détenir, contenir, obtenir, entretenir, maintenir, subvenir, retenir, prévenir, soutenir, prennent l'auxiliaire avoir dans leurs temps composés.

— Nous avons ouï tous les grands orateurs de notre époque. — Je n'en ai pas ouï parler. — A la simple lecture que je vous ai faite de son discours, vous admirez mon rival, Démosthène, le plus éloquent des orateurs. Que serait-ce, si vous aviez pu l'ouïr ? disait Eschine, ce grand talent oratoire vaincu par le génie de l'éloquence.

— L'acier acquiert et plus de dureté et plus d'élasticité quand on le trempe. — Le platine, bien qu'il soit plus cher que l'or, n'acquerra jamais en bijouterie la faveur dont jouit ce dernier métal. Comme il est le moins dilatable de tous les métaux, comme il est infusible au feu de forge, le platine a conquis une place importante dans l'industrie. Certaines pièces d'horlogerie n'acquerraient pas sans ce métal la justesse et la précision qu'elles doivent en partie à son peu de dilatabilité. Le platine pouvant, sans qu'il entre en fusion, être soumis aux plus hautes températures, on en fait des creusets, des alambics, etc. — Nous acquîmes trop tard la certitude de son innocence. — Monsieur Gaspard augmentait tous les jours son avoir : il achetait, il acquérait champs par-ci, vignes par-là ; mais en les acquérant, il avait le tort de ne pas penser qu'il faudrait les payer un jour. — Il serait bon que vous acquissiez au moins les notions élémentaires de la physique et de la chimie. Son père n'espère pas qu'il acquière en trois mois les connaissances exigées pour cet examen. — Par un système de guerre moins chevaleresque, mais plus prudent et plus sûr, Charles V reconquit plusieurs villes et plusieurs provinces perdues par ses prédécesseurs sur les champs de bataille, la tête armée et l'épée au poing. Ces derniers mots sont de Froissart. — Enquiers-toi des causes du retard de Valère. — Acquiers d'abord la science ; les honneurs et les dignités viendront plus tard. — Je l'ai envoyé me quérir un peu de vin vieux. — Nous ne soupçonnons personne; toutefois, dans l'intérêt des mineurs, nous requérons l'apposition des scellés.

— Ce n'est pas ton coup de fusil qui a fait du mal à ce lièvre; il courrait encore sans ton chien, qui court mieux que tu ne tires. — J'accours pour vous tirer de peine. — Votre mère était accourue, à la nouvelle de votre maladie, que tout concourra, nous l'espérons, à rendre aussi courte que peu dangereuse. — Je concourus il y a deux ans, pour obtenir une bourse que de plus forts que moi me disputaient. — Point n'est besoin que tu recoures au mensonge. — J'ai accouru des premiers sur le théâtre du sinistre. — Pourvu que je courusse la campagne, le fusil sur l'épaule, j'étais content. — Nous parcourûmes les provinces que la guerre venait de désoler. — Je ne pus l'atteindre, il courait plus vite qu'un lièvre. — Pendant tout le dernier jour de sa vie, Socrate discourut sur l'immortalité de l'âme. — Il faut que chacun de nous concoure au bien public. — Nul de nous n'y manquera; tous, nous accourrons pour jouir de vos triomphes. — J'avais bien mes raisons pour ne pas vouloir qu'il concourût. — Cours, vole, le médecin ne saurait arriver trop tôt. — Nous ne recourrions à lui que dans le cas où tout autre appui nous manquerait. — En vrais enfants que nous étions, nous courions sur le bord de cet abîme. — Raillez-vous? vous m'aviez promis de traiter à fond cette affaire, et vous ne faites que discourir!

— L'homme ne meurt pas tout entier. — Nous mourons un peu tous les jours. — Les éphémères sont des insectes qui meurent vingt-quatre heures environ après leur naissance. — Je serai mort, mon petit-fils, quand tu reviendras, comme tu le dis, capitaine. — Il faut qu'un empereur meure debout, répondit Vespasien à ceux qui l'engageaient à prendre du repos. — Je mourais d'impatience; il me semblait que l'heure de votre arrivée ne sonnerait jamais. — L'empereur Tibère mourut étouffé sous un amas de couvertures. — Je mourrai tranquille, si Dieu me permet de voir mes enfants établis et marchant dans la bonne voie. — Cet homme mourra dans la peau d'un fainéant. Cela veut dire qu'il ne se corrigera jamais de sa paresse. — Je mourrais de honte si j'avais commis cette faute. — Peu s'en est fallu que cet enfant ne mourût des suites de la frayeur qu'il a eue. — Il me le recommanda en mourant. — Mourir pour son pays est une gloire et un devoir.

Je ne souffre pas qu'on haïsse ses condisciples. — Je ne hais pas les hommes. — Qu'est-ce que tu hais donc en eux? — Ce que tout homme vertueux hait et doit haïr : leurs vices. — Hais par-dessus tout le mensonge, la paresse et l'orgueil. — Une ville considérable avait offert à Turenne cent mille écus pour qu'il ne passât pas sur son territoire. « Votre ville n'étant point sur la route où doit passer mon armée, répondit Turenne, je ne puis accepter l'argent que vous m'offrez. » — Je n'offrirais pas mon crédit, ma protection, à un jeune homme que je soupçonnerais capable de ne pas répondre à mon dévouement. — L'art de l'écriture souffrit seul, peut-être, de l'invention de l'imprimerie. Dans les seules villes d'Orléans, et de Paris, plus de dix milles personnes vivaient du produit des copies qu'elles faisaient. — Je me garderai bien de souhaiter que vous souffriez jamais des douleurs aussi vives que celles que j'ai dû endurer. — Si vous étiez à ma place, et que vous souffrissiez autant, quels cris, enfant gâté ! — Nous n'offrions que les fruits de notre petit verger, le miel de nos abeilles et le lait de nos brebis ; mais c'était de bon cœur.

— Voilà le premier capitaine du monde, dit un jour Henri IV, en mettant la main sur l'épaule de Crillon. « Vous en avez menti, Sire, » répliqua Crillon ; c'est vous. Ce n'était pas bienséant, mais c'était vrai. — Je ne mens jamais, mon cher maître. — C'est d'autant plus louable, que la sincérité devient de jour en jour plus rare. — En mentant comme vous le faites, vous courez risque de n'être jamais cru, même en disant la vérité. — Honte à nous, si nous mentons aux promesses que nous avons faites ! — Je ne mentais que pour épargner une punition à mon camarade. — Quand Socrate sentit les premiers effets du poison, il se coucha sur le dos ; puis sentant que le dernier souffle allait expirer sur ses lèvres : « Criton, dit-il, nous devons un coq à Esculape, n'oublie pas d'acquitter cette dette. » Le philosophe ennemi du culte des idoles se ressentait, à ses derniers moments, des fausses croyances dans lesquelles avait été élevée sa jeunesse. — Pourquoi l'homme, dans certaines circonstances, ne pressentirait-il pas les maux qui vont fondre sur lui ? Dieu n'a-t-il pas mis au fond de nos cœurs une voix à laquelle il a permis de nous avertir et de nous instruire ? — Ne mens jamais à ta conscience. — Je ne pense pas que Victor démente jamais sa noble origine. — Il suffisait que les Juifs se repentissent pour que Dieu leur pardonnât.

— On se vêt comme on peut. — Nous vêtîmes trois pauvres qui devaient faire leur première communion avec nous. — Les enfants des Spartiates se vêtaient, l'été comme l'hiver, d'étoffes grossières, ni plus chaudes ni plus légères en n'importe quelle saison. — Nous revêtirons ces actes du sceau de la légalité. — Ne revêtez jamais le mensonge des apparences de la vérité. — Ce n'est pas au mois de mars qu'il est prudent de se dévêtir. — Je ne veux pas que tu revêtes ce costume de baladin. — Cet auteur a revêtu ses pensées d'un style trop brillant. — Je l'ai vêtu à neuf, de pied en cap.

— La famille dont sortait Catherine Ire de Russie, épouse de Pierre Ier, ne s'attendait guère à compter dans son sein une tête couronnée. — Plus de six cent mille Israélites étaient sortis de l'Egypte, sous la conduite de Moïse; quarante-deux mille trois cent soixante Juifs seulement partirent de Babylone, après l'édit de Cyrus, pour rentrer dans leur patrie. — Ce malade imaginaire ne sort que deux ou trois fois par an. — Ces couleurs n'étaient pas assez tranchées; on aurait dû en employer qui ressortissent davantage. — Nous ne partirons pas avant votre arrivée. — J'attendais que ces personnes fussent sorties pour vous entretenir confidentiellement de cette affaire.

— Ces jeunes gens nous étaient signalés par nos parents comme une société dangereuse ; aussi nous les fuyions avec plus d'empressement encore qu'ils en mettaient à nous rechercher. — Si Horace n'avait fui, il n'aurait pu lutter avec succès contre les trois Curiaces réunis contre lui. — Les Français peuvent être forcés de battre en retraite, mais ils ne fuient pas.

— Vous obtiendrez cette place, pourvu toutefois que personne ne vous desserve. — Dans les tournois, les chevaliers se servaient de lances sans fer, d'épées sans pointe et souvent de bois. — Jusqu'à l'invention des épingles, vers le commencement du quinzième siècle, on se servit de cordons, d'aiguillettes et de broches d'ivoire ou d'épines. — Il y a longtemps que les gants ont servi à couvrir des mains humaines : le poëte grec, Homère nous montre Laërte arrachant des épines dans son verger, les mains couvertes de gants de cuir. — Il serait temps, mes chers camarades, que je ne servisse plus de point de mire à vos malignes plaisanteries. — Qui je sers peut se vanter de n'être pas servi par un jocrisse.

— Sous le règne de François Ier, Jacques Cordier, de Saint-Malo, découvrit le Canada. « Je voudrais bien voir, avait dit François Ier avant d'envoyer en Amérique l'habile navigateur, je voudrais bien voir l'article du testament d'Adam, qui lègue l'Amérique au roi d'Espagne et à celui de Portugal. » — Le savant Alain Chartier, qui vivait au quinzième siècle, avait ouvert une voie où le suivirent les vrais fondateurs de la langue française : Amiot du Bellay, Montaigne, Malherbe. — Il y a beaucoup de ces hommes qui, mesurant la sensibilité des autres à la leur, ne rouvrent pas seulement la blessure, mais tournent et retournent le fer dans le cœur du malheureux. — Un généreux pardon couvrira des fautes noblement réparées. — Si nous ouvrons l'histoire de Néron, nous trouvons des taches de sang à toutes les pages, la première seule exceptée. — Quoique vous recouvriez vos défauts d'un vernis de politesse et d'agrément, il ne faut pas un œil aussi exercé que le mien pour voir clair dans votre conduite, qui n'est au demeurant que celle d'un homme peu noble dans ses procédés. — Comme il fait très-froid dehors, je voudrais que vous m'ouvrissiez au plus tôt la porte.

VERBES EN *CHOIR*, *LOIR*, *SEOIR*, *VOIR*.

— Depuis la mort du père, la famille Galard a déchu de jour en jour. — Après le règne de l'illustre Sémiramis, la puissance assyrienne déchut jusqu'à sa ruine, qui n'avait été que trop méritée. — Quand ce billet écherra, je serai en mesure de faire honneur à ma signature. — Arrivés à un certain âge, à cette partie de la vie appelée la décrépitude, nous déchoyons moralement et physiquement ; cependant, pour l'honneur de notre intelligence, nous devons reconnaître qu'elle déchoit moins vite que la matière, le corps. — Cette lettre de change échoit (ou échet) à une époque où les rentrées me sont très-faciles. — (Prononcez toujours échet, lors même que vous écririez échoit.) — Il est loin de nous, le temps où un prisonnier de guerre passant à l'état d'esclave pouvait, pour toute consolation, se dire : J'ai échu à un maître qui me paraît humain. — Dans le partage que mon père a fait de ses propriétés, c'est le meilleur lot qui m'est échu.

— Les résultats matériels des Croisades ne valurent pas les sacrifices qu'elles coûtèrent ; quant à leurs conséquences scientifiques, industrielles, civilisatrices, en un mot, elles furent d'un prix inestimable. — Une once d'or équivaut à quinze onces d'argent. — Je ne me prévaudrai ni de ma fortune, ni de la position de mon père. — Cet ouvrage ne valait pas plus de dix francs. — Il ne faut pas que tu te prévales des avantages que cette circonstance toute fortuite t'a procurés. — Je doute que la compensation équivaille à la perte. — Quoique je ne veuille pas me faire le panégyriste du passé, je ne pense pas que, sous beaucoup de rapports, nous vaillions nos ancêtres. — Edgard nous regardait toujours du haut de sa grandeur ; nous ne valions pas, en effet, un élève qui ne brillait que par son orgueil et par son ignorance. — La fortune ne valut et ne vaudra jamais la santé. — S'il m'était hostile dans cette circonstance, je le lui revaudrais bien. — Je ne pensais pas que vous valussiez moins que votre camarade. — Dans plusieurs provinces, les gouverneurs ne voulurent pas obéir aux ordres que leur envoyaient les héros de la Saint-Barthélemy. A ceux qui voudraient mettre sur le compte de la religion les cruautés qui furent alors commises, nous répondrons qu'on doit par-dessus tout en accuser l'ambition et la politique de Catherine de Médicis; non pas que nous voulions, n'accusant qu'elle, absoudre certains autres personnages. — Darius, roi de Perse, voulait au moins un prétexte pour attaquer la Grèce; ce prétexte lui fut fourni par la révolte de l'Ionie. — Veuillez me prêtez les volumes que vous avez eu la bonté de prêter il y a quelques mois à mon ami Léonard. — Ne m'en veux pas, Arthur, ne m'en voulez pas, mes amis; j'ai expié si cruellement mes torts envers vous! — Que tu veuilles ou que tu ne veuilles pas, tu iras aujourd'hui en classe. — Voulez une bonne fois, et vos progrès seront rapides. — Quoi que nous voulussions, il le voulait comme nous. Enfant soumis, veux ce que veulent tes parents, et non ce que voudront peut-être de perfides amis.

— Nous ne sommes pas en nombre, nous surseoirons par force cette délibération. — Je ne sursois pas aux poursuites dont je suis chargé, disait Grippe-lard, le type des huissiers. — On a sursis toutes les affaires. — Il sera sursis à l'exécution de l'arrêt. — Ce tribunal ne sursoyait jamais au jugement d'une affaire. — Plusieurs témoins n'ayant pû être entendus, force a été au tribunal de surseoir au jugement de cette affaire. — Si on le savait débiteur de meilleure foi, on surseoirait aux poursuites. — Je désirerais que le conseil municipal sursît jusqu'à demain la délibération d'une affaire qui m'intéresse.

— Nous assiérons sur le roc les fondements de la maison que nous allons faire construire. — Que de piédestaux il faudrait pour asseoir les statues de tous ceux qui se croient de grands hommes! — C'est sur ce banc de gazon que je m'asseyais pour étudier mon auteur favori. — Je ne resterais pas plus longtemps debout, et m'assoirais volontiers, si vous étiez assez bon pour me faire un peu de place. — Les Romains, dans les premiers temps, s'assirent, pendant leurs repas, sur des bancs très-simples; quand le luxe de l'Asie se fut introduit dans Rome, ils se servirent de lits d'ivoire couverts des plus beaux tapis. — Chaque fois que je passais devant sa charmille, il fallait que je m'assisse quelques instants auprès de ce vénérable vieillard. — Voilà quatre heures que je marche sans m'arrêter, sans me reposer une minute; il est bien temps que je m'asseye. — Nous ferions preuve de sagesse si nous n'assoyions pas nos jugements sur de simples présomptions. — Conquérants, assoyez toujours les États, les gouvernements que vous fondez sur les bases d'une sage liberté. — Je ne m'assieds que pour prendre mes repas.

— L'orgueil ne sied à aucun homme. — Ces allures de spadassin ne vous siéent pas. — Cet habit vous seyait à ravir. — Ces chapeaux de paille garnis de rubans blancs seyaient mieux à vos sœurs que ne siéront jamais à vos cousines ces parterres ambulants dont votre tante coiffe ses filles. — La robe du magistrat siérait bien à votre noble et grave physionomie. — Cet accoutrement ne vous siéra pas. — Des prétentions si ridicules vous messiéraient plus qu'à tout autre. — Je ne tiens pas à la mode ; je veux quelque chose qui me siée. — Ces habits me seyant bien, je les revêts plus souvent que tous les autres habits de ma garde-robe. — Sieds toi, mon brave. — J'ai acheté une maison sise rue Saint-Louis. — La cour impériale séant à Limoges est saisie de cette affaire.

— Armand vient à tout moment rôder dans cette pièce ; qu'est-ce qui l'amène si souvent? — Vous ne voyez pas que c'est la curiosité seule qui le meut? — Le récit de ses infortunes nous émouvait toujours ; c'est que rarement tableau plus lugubre émouvra les cœurs. — La scène violente dont j'ai été témoin m'a péniblement ému. — Ce n'est pas sans difficulté, sans peine, que nous avons mû cette lourde pierre. — Le malheur qui le frappe nous émouvrait moins, si l'un de nous n'y avait involontairement contribué. — Cette héroïque défense méritait une récompense insigne ; chacun de ses compagnons d'armes souhaitait que le ministre le promût au généralat.

— Un rien suffit pour qu'il s'émeuve. — Vos deux camarades ont été promus, l'un au grade de capitaine, l'autre à celui de chef d'escadron. — On finit par émousser la sensibilité en l'émouvant à tout propos.

— Les parents de ce jeune homme se sont dépourvus de tout pour lui assurer une position libérale. Dieu fasse qu'il ne soit pas ingrat, et qu'il pourvoie à son tour aux besoins de sa généreuse famille. — Un gouvernement sage pourvoit à la sûreté publique. — Ne vous inquiétez pas de cette affaire ; mon père y pourvoira. — Les assiégés, avant d'abandonner la place, la dépourvurent de toutes les munitions de guerre. — Nos amis fournissaient le pain et le vin, et nous, nous pourvoyions à toutes les autres dépenses. — C'était comme un privilége attaché à la puissance romaine, que ses ennemis mêmes pourvussent à sa gloire et à son ambition ; une galère échouée servit aux Romains

le modèle pour la construction des vaisseaux qui gagnèrent la première bataille navale remportée par les futurs maîtres du monde.

« Vous m'aviez promis de défendre Lyon et le Dauphiné, vous êtes homme de parole, et je vous en sais bon gré, » dit un jour Louis XIV à Villars. — Sire, répondit le célèbre maréchal, j'aurais pu mieux faire, si j'avais été plus fort. »

— Je ne savais pas que le tabac et le café eussent été introduits en France presque en même temps. — Vous saurez désormais, et vous ne l'oublierez pas, j'espère, que le tabac, la nicotine, l'herbe à la reine, que cette plante, enfin, si nuisible, fut donnée à la France par Jean Nicot, ambassadeur de France en Portugal, en l'an de tabagique mémoire quinze cent-cinquante-huit. Le café, lui, sachez le bien, fut un présent du lieutenant-général Aessous, qui l'introduisit le premier en France. — Comme il faut que vous sachiez un peu de tout, il ne vous sera pas inutile de savoir que le premier carrosse que l'on ait vu en France, fut offert par Ladislas, roi de Hongrie, à Marie d'Anjou, femme de Charles VII. — Vous n'avez jamais su un mot d'histoire parce que jamais vous n'en avez étudié mot; sans votre apathie à cet égard vous sauriez, car je vous l'ai dit et dicté, que les Egyptiens faisaient remonter l'invention de la charrue à Osiris, et les Phéniciens à Dagon.

— Henri IV voyait les siens prendre la fuite au combat de Fontaine-Française; il commande à Antoine de Roquelaure, depuis maréchal de France, de courir après eux pour les ramener : « Je m'en garderai bien, répliqua le rusé courtisan, on croirait que je fuirais comme eux; j'aime bien mieux qu'on me voie ne pas vous quitter et combattre à vos côtés. » — Des fantassins virent un jour le célèbre Turenne couché derrière un buisson, et goûtant les douceurs d'un sommeil contre lequel l'avait empêché de lutter l'excès des veilles et des fatigues. La neige tombait; une hutte allait être improvisée, mais Turenne s'éveilla et demanda aux soldats qui l'entouraient pourquoi ils ne continuaient pas leur marche : Nous voyions notre père exposé aux intempéries de l'air, répondirent les soldats; n'était-ce pas, ne sera-ce pas toujours un devoir pour nous de tout faire pour nous le conserver? — Puisque cette éclipse est visible à Paris, nous la verrons ici, mon fils. — Mon frère vous reverra avant de partir. — Ce vieillard s'est trouvé dans tant de conjonctures semblables, qu'il prévoira, j'en suis sûr, ce qui doit vous arriver. — Pour accommoder, pour finir leur affaire, il faudrait qu'ils s'entrevissent. — Je souhaite que vous entrevoyiez les intentions de ce faux ami ; il serait bon que vous vissiez comme il est bier disposé à votre égard, le traître!

— Bien que je ne doive vous payer que dans deux mois, je vien aujourd'hui solder mon compte. — Dans le cas où je devrai m'absenter, je désirerais que vous pussiez me suppléer. — Puis je espérer de vous ce service ? — Je ne peux vous le rendre. — Dès que je le pourrai, j'acquitterai les deux factures qui vou sont dues.

— Si tu ne m'aidais un peu, mon bon frère, je ne pourrais ja mais sortir des problèmes que me donne mon professeur de mathé matiques. — Dès que nous pûmes lui témoigner notre gratitude nous lui en donnâmes publiquement les marques les plus écla tantes. — C'est un honneur qui lui est dû. — Jamais pareill somme ne lui a été due par votre père. — Soit que vous deviez sous peine d'une longue retenue, faire ce devoir supplémentaire soit que vous puissiez vous en dispenser, ne le négligez pas apportez-y tous vos soins. — Je ne pense pas que je lui redoive plus de cent francs. — Il me conteste la somme redue. — Je n lui aurais jamais redû que huit cent-quatre-vingts francs. — T crains qu'il ne pleuve, et tu ne prends pas ton parapluie ? — I a plu pendant toute la semaine. — Je viendrai lors même qu'i pleuvrait des boulets de canon, des lames de rasoir. — Le peupl croit qu'il pleut quelquefois des grenouilles et des insectes. — Les sarcasmes pleuvent sur lui de tous côtés. Les honneurs et le dignités pleuvront sur lui. — Il faudrait qu'il plût pendant deu jours. — Je ne crois pas qu'il faille de plus grands détails su ces questions.

VERBES EN *AINCRE*, *AINDRE*, *EINDRE*, *OINDRE*, *OUDRE* *IRE*, *IVRE*, ETC.

— Marius vainquit les Teutons près de la ville d'Aix, et le Cimbres près de Verceil. — Quand, dans ces deux bataille mémorables, les Romains eurent vaincu les Barbares, la lutte n fut pas terminée ; les femmes des Teutons et des Cimbres oppo sèrent une résistance acharnée, héroïquement sauvage. On vi des femmes Cimbres étrangler leurs enfants et se pendre les une les autres aux arbres et aux timons de leurs chars. — Ce n'es pas avec des subtilités pareilles qu'on me convainc. — Je sui bien sûr que vous ne le convaincrez pas. — Vainquez d'abord votre mollesse. — Je ne m'oppose pas à ce que vous le vainquie en générosité. — Je n'espérais pas que vous le vainquissiez à la course.

— Néron contraignit Corbulon, le vainqueur des Parthes, à s

donner la mort. — Chaque fois qu'il montait à cheval, Sapor, roi de Perse, contraignait son prisonnier, l'empereur Valérien, à lui servir de marchepied. — Qui ne plaindrait le triste sort des Numantins ? Après un siége de neuf ans, les rares défenseurs de Numance, voyant qu'ils ne pouvaient plus résister aux Romains, égorgèrent leurs femmes et leurs enfants, et recoururent ensuite eux-mêmes au fer, au feu et au poison, afin de ne pas tomber vivants entre les mains de leurs vainqueurs. — Ne souscrivez à ces propositions qu'autant qu'on vous y contraindra par la force. — Je ne contrains personne. — Nous craignions tellement cet homme que nous fuyions dès que nous l'apercevions, fût-ce du plus loin. — J'aime trop à agir librement pour souffrir qu'on me contraigne. — Il appréhendait que nous ne le contraignissions de venir avec nous. — Je n'ai contraint la vocation d'aucun de mes enfants.

— Je ne vais pas chez les marchands qui surfont. — Sertorius faisait croire à ses soldats que la biche blanche qui l'accompagnait partout, lui avait été donnée par la déesse Diane, pour lui servir de conseil. — Je ne permettrai pas que vous contrefassiez vos camarades. — Je ne vous ferai grâce d'aucune particularité. — Si vous vouliez m'en croire, vous vous déferiez d'une habitude qui vous deviendra pernicieuse. — Les Français défirent les Russes et les Autrichiens dans les plaines d'Austerlitz, en Moravie, le deux décembre mil huit cent-cinq, le jour anniversaire du couronnement de Napoléon Ier. — Je ne viendrai pas avant que j'aie satisfait à toutes mes obligations. — Je veux bien être agréable à mes condisciples, mais avant tout, il faut que je satisfasse mes parents. — Nos maîtres ne voulaient pas que nous fissions nos devoirs les lendemains des jours de congé, pendant l'étude du matin ; cette étude était exclusivement consacrée aux leçons.

— Néron se plaisait au spectacle des supplices les plus cruels. — Sous son règne, la populace de Rome se plut, entre autres cruautés, à voir les chrétiens, enduits de résine, servir la nuit, torches humaines, à éclairer les jardins de Néron. — Que cela vous plaise ou vous déplaise, je ne le ferai pas moins, puisque le devoir m'y oblige. — Ne vous complaisez pas tant en votre personne, non plus que dans vos actions. — Cet enfant capricieux, gâté, volontaire, ne fera jamais que ce qu'il lui plaira (de faire.) Si elle était moins faible, moins aveugle, votre mère complairait moins souvent à ceux qui, sous le prétexte d'une affection hypocrite, vont lui demander, solliciter pour vous, des faveurs que vous ne méritez pas. — Qui aurait pu croire que cet enfant si doux en apparence, se plût, si jeune encore, à ces jeux barbares. — L'algèbre ne m'a jamais plu, mais je l'ai étudiée parce que j'en avais besoin.

— Je ne vous tairai pas les motifs de ma conduite. — La mer et les vents se turent à la voix de Jésus-Christ. — Si vous étiez un peu mieux élevé, Anatole, vous vous tairiez quand votre père parle. — Le cuivre, que l'on trouve rarement à l'état pur, s'extrait de minerais plus ou moins riches, où il se trouve mêlé avec d'autres substances : fer, soufre, antimoine, etc. — Ce que je vous ai tu jusqu'à ce jour, il est impossible que je vous le taise plus longtemps : ayez à vous procurer au plus tôt une place. — Que faisaient ces ouvriers? — Ils extrayaient du minerai de fer. — Quand nos classes étaient finies, nous nous distrayions en faisant des aquarelles et des pastels. — La fermière trayait les chèvres. — Les fermiers de ce pays ne traient pas les vaches suivies d'un veau. — Ne soustrayez jamais un centime des sommes qu'on vous aura confiées. — Ces élèves ne chantent pas, ils braient. — Je n'espère pas que vous rentrayiez si bien cette déchirure, que la couture ne paraisse pas. — Si nos ânes n'étaient pas en joie, ils ne brairaient pas si fort. — Il est rigoureusement nécessaire que les enfants se distraient.

— Dès le règne d'Auguste, les Romains connaissaient les moulins à eau ; ils étaient bien rares alors, s'il faut s'en rapporter au témoignage de Vitruve. — Les moulins à vent nous vinrent de l'Orient ; les Européens ne les connurent et ne les employèrent qu'à l'époque des Croisades. — Les Grecs et les Romains n'ont pas connu le tambour, bien que cet instrument fût en usage chez quelques peuples de l'antiquité. — Nul ne pensait que vous méconnussiez un jour les bienfaits de votre oncle. — Je reconnaîtrai tout ce que vous avez fait pour moi. — Que chacun de vous reconnaisse les objets qui lui appartiennent. — L'homme naît, vit et meurt : voilà l'histoire des individus et des peuples. — Le jour où mourait Galilée, naissait Michel-Ange. — François Ier naquit à Cognac le douze septembre quatorze cent-quatre-vingt-quatorze. — Les palmiers ne naissent que dans les pays chauds. — Votre sœur est née poète. — Les arts utiles sont nés du besoin. — Il faut s'opposer aux passions quand elles naissent. — Nous soignerons les fleurs qui naîtront au printemps. — D'anciens philosophes ont cru faussement que les insectes naissaient de la corruption.

— Vos chevaux n'ont point repu d'aujourd'hui, il faut les faire repaître. — Notre faux protecteur nous repaissait d'espérances, de chimère, de fumée. — Il ne se repaît que de sang et de carnage. — Les mets étaient de leur goût; ils se sont repus à l'envi. — Jamais le tigre ne se reput de laitage. — Laissez les cochons aller dans le bois; ils y paîtront le gland et la faîne tombés depuis deux jours. — Il y a des espèces d'oiseaux qui paissent. — Il faut qu'un curé paisse ses ouailles du pain de la parole. — Les oies et les poules paîtraient bien dans ce champ. — Le père Guillaume avait repu ses convives au point de leur donner à chacun plusieurs indigestions.

— Les Northmans, pirates norwégiens et danois, parurent vers la fin du règne de Charlemagne sur les côtes de l'empire des Francs. — J'ai entendu dire bien souvent : Il y a des noms, des prénoms, qui portent malheur. Cela me paraît, me paraîtra, comme cela m'a paru de tout temps, entaché de faiblesse, de superstition, de ridicule. Et pourtant, comparaissez, personnages célèbres, et que chacun de vous quatre me donne tort : Henri de Condé, vous qui, le cinq mars quinze cent-quatre-vingt-huit, mourûtes à Saint-Jean-d'Angely, empoisonné par vos domestiques..... d'aucuns disent par votre femme, Charlotte de la Trémouille ; vous, Henri de Guise, assassiné à Blois par les Quarante-Cinq, le vingt-trois décembre mil cinq cent quatre-vingt-huit ; vous aussi, Henri de Valois (Henri III), frappé à Saint-Cloud par Jacques Clément, le premier août quinze cent-quatre-vingt-neuf; et vous enfin, le roi populaire, Henri de Bourbon (Henri IV), tué en plein Paris, dans votre carrosse, par le fanatique Ravaillac, le quatorze mai seize cent-dix! — Nous nous attendions mes amis, que vous parussiez au moins satisfaits. — Le général Bonaparte dinait chez le secrétaire du Directoire, Lagarde, en compagnie du fameux peintre David. C'était après cette immortelle campagne d'Italie où Bonaparte avait fait tant de choses merveilleuses, impossibles. — Je vous peindrai, dit David à l'illustre capitaine, l'épée à la main, sur un champ de bataille. — Ce n'est plus avec l'épée qu'on gagne des batailles ; je désire que vous me peigniez calme sur un cheval fougueux, répondit le futur empereur. — Horace Vernet a peint la scène émouvante où son grand-père, Joseph Vernet, attaché aux cordages d'un navire, contemple le spectacle d'une violente tempête. — Mon *Jugement dernier* égarera bien des artistes, disait Michel-Ange, alors qu'il achevait de peindre au Vatican ce terrible et sublime chef-d'œuvre. — S'ils enfreignaient les lois du Céleste-Empire, ils étaient, à mon avis, très-peu répréhensibles, ces deux missionnaires qui, envoyés en Chine, en rapportèrent à Constantinople, dans les nœuds d'un roseau, des œufs de vers à soie et les firent éclore (555). — Il fallait qu'ils craignissent peu la mort, MM. Simonnet et Lore, ou qu'ils tinssent par-dessus tout à doter notre colonie africaine de cet insecte qui a nom cochenille, pour aller braver la mort dont le gouvernement espagnol punissait quiconque se livrait à l'exportation de cet insecte qui nous procure une si belle couleur écarlate. Et cette entreprise périlleuse, M. Simonnet, pharmacien à Alger, ne craignait pas de la tenter en dix-huit cent-trente et un, et M. Loze, chirurgien de la marine, en dix-huit cent-trente-trois. — Il ne se passe pas un jour que cet enfant ne se plaigne. — Nous aurions le cœur bien dur si nous ne vous plaignions pas. — Les Grecs ni les Romains, qui héritèrent de leurs procédés, ne nous ont dit à l'aide de quels moyens les peuples de l'Inde, de l'Egypte, de la Perse et de la Syrie, teignaient, coloraient les tissus. — Quand votre père exigeait que vous restreignissiez vos dépenses, il fallait l'écouter. — Cette étoffe se déteindra bientôt. — Le commissaire de police ceignit son écharpe. — Enceignez votre jardin d'une haie vive ou d'une palissade.

— Le pape Jules II prit la Mirandole; il entra dans cette ville par la brèche et à la tête de son armée. — En apprenant la victoire de Ravenne, la soumission de plusieurs villes italiennes, et la mort de son neveu Gaston de Foix, Louis XII s'écria : « Dieu nous garde de pareilles victoires! » — Il serait très-malheureux en effet que vous désapprissiez à danser! — Je tiens à ce que vous ne vous méprenniez pas sur mes sentiments et mes intentions à votre égard. — Les Anglais ont appris des Français la fabrication du verre. (7e siècle.) — Nous perdîmes notre temps à lui expliquer la division des fractions ordinaires. — Plus l'acier est chaud et plus le bain est froid, plus il devient cassant et perd de sa ductilité. — Je n'ai pas perdu un mot de ce que notre professeur nous a dit aujourd'hui sur la législation de Lycurgue et sur celle de Solon. — La leçon a été trop dure; ne pensez pas que je reperde par ma faute une fortune que j'ai eu tant de peine à rétablir. — César mit un jour à terminer la guerre qu'il était venu soutenir contre Pharnace, roi de Pont; aussi put-il annoncer ses succès par cette laconique missive : Je suis venu, j'ai vu, j'ai vaincu. — Soumettons ces substances à l'analyse chimique. — Il entrait dans les vues de Dieu que les Romains soumissent les Juifs, et que l'empereur Adrien les dispersât.

— Après l'expulsion des Tarquins, les Romains élurent deux magistrats qu'ils nommèrent *consuls*. — Nous avons lu et relu votre lettre. — Ce ne fut pas sans étonnement que nous lûmes es pages où toute sa vie se dément. — J'entends que vous ne lisiez que les livres que je vous permettrai de lire. — Nos députés ont été réélus. — Trouvez quelque chose qui nuise plus au génie que la misère? — L'envie lui a toujours nui davantage. — Ne nuisez à personne ni par vos paroles, ni par vos actions. — Votre dissipation vous a nui. — Dès que le jour luira nous partirons. — Toutes les surfaces extrêmement polies reluisent, et renvoient la lumière. — Les anciens écrivaient avec des stylets de fer ou de cuivre; l'un des bouts était pointu, l'autre était aplati; celui-ci servait à effacer les lettres ou les mots. — Qui écrivit, qui écrira jamais des lettres plus touchantes de tendresse, plus riches de finesse, que les lettres de madame de Sévigné? — Les triumvirs proscrivirent tous leurs ennemis. — Quelque médecine que me prescrivit ce docteur, je la prenais sans répugnance, persuadé qu'elle ne pouvait m'être que salutaire. — Il faut que nous inscrivions nos noms et prénoms sur les murailles de ce monument. — J'aurais désiré que vous écrivissiez aujourd'hui même à votre père. — Je lui ai déjà écrit; mais comme il ne me répond pas, je lui récrirai vers la fin de la semaine. — Circonscrivons des désirs qui, si nous voulions les satisfaire, nous mèneraient bientôt à la ruine. — Vous seriez bien aimable si vous me transcriviez immédiatement ces deux lettres. — Les droits des mineurs ne se prescrivent point.

— Vous dites et redites cent fois par an la même chose, mais avec de telles variantes, qu'on finit à la fin par ne plus se reconnaître dans un récit dont le fond est pourtant invariable; mais vous vous contredisez trop souvent dans les détails. — Je ne vous en dédirai pas. — Perdez les cent francs, et dédisez-vous. — Nous prédîmes ce qui lui arriva. — Daniel prédit la mort du Messie, et la fixa à soixante-dix semaines d'années (490 ans). — Je n'attendais pas, comme lui, que vous m'interdissiez l'entrée de votre maison. — Rappelle-toi, Alfred, que les verbes suivants font à la deuxième personne du pluriel du présent de l'indicatif et de l'impératif: Interdisez, médisez, contredisez, prédisez, dédisez. — Il est inutile que vous me disiez de venir. — Sait-on tout le mal que l'on peut faire en médisant.

— Quelques vieux ligueurs, l'Autriche et l'Espagne se réjouissaient de la mort du bon Henri, tandis que la France entière le pleurait et maudissait l'exécrable Ravaillac. — Si vous maudissez les empereurs romains qui persécutèrent les Chrétiens, nous ne les maudssons pas moins que vous. — Malheur au fils que son père a maudit! — Dieu ne veut pas que nous maudissions nos ennemis; il veut au contraire que nous leur pardonnions. — Nous confirons des coings, des cerises et des abricots. — Je confisais de l'écorce d'orange. — Je désire qu'il confise tous ces fruits au vin doux. — Sept ans ne suffirent pas à César pour assurer aux Romains la conquête paisible de la Gaule. — Qu'il vous suffise de savoir que ce n'est point l'arsenic, comme on le croit en général, qui est un poison très-violent, mais bien le résultat de sa combustion, ou l'acide arsénieux. — Nous avons vingt ans, il est temps que nous nous suffisions à nous-mêmes. — Nous n'étions que trois, et nous suffîmes cependant à servir tous ces nombreux convives. — Son activité suffisait à tout.

— Les vieilles coutumes s'en vont ; bien rares sont aujourd'hui les campagnes où l'on allume des feux de joie la veille ou le jour de la fête de saint Jean-Baptiste, précurseur de Jésus-Christ. Comme nous nous amusions, comme nous riions ce jour-là, quelle ronde nous dansions autour de ce bûcher! — Et ne souriez pas, mes amis, votre incrédulité se taira bien, je pense, devant le témoignage de l'histoire : François Ier, Louis XIII et Louis XV allumèrent plusieurs fois le feu de la Saint-Jean. — Riez-vous, ou est-ce tout de bon? — Tu me voyais dans l'embarras, Charles, et tu riais sous cape? — Nous rîmes tant et si bien à ce récit, que nous finîmes par pleurer. — Tout en riant, je n'ai pas laissé de lui dire ses vérités. — Rira bien qui rira le dernier. — J'étais loin de me figurer que tu risses si facilement. — Nous rions, nous jouons, fais comme nous.

— Le beurre frit dans la poêle. — Fris les œufs, je frirai les côtelettes. — Ma cuisinière a fait frire une sole.

— Titus détruisit Jérusalem l'an soixante-dix après Jésus-Christ.

Le chant grégorien s'introduisit en France sous Charlemagne. — Je n'ai pas été écouté, j'avais ordonné que les maçons enduisissent cette muraille de bauge. — Nous conduisions ces conscrits à la victoire. — Il faut que je déduise deux cents francs pour les frais. — Vous fîtes à votre tête, et vous savez s'il vous en cuisit! — Nous réduirons notre train de maison. — Déduisez vos raisons. — Je doute que vous traduisiez Homère aussi facilement que Virgile. — Si je devais faire construire bientôt, je cuirais de la brique et de la chaux. — On entend bruire les vagues. — Le vent bruit dans la forêt. — Le vent bruyait. — Les flots bruyaient.

— Le tribunal cassa la procédure et tout ce qui s'était ensuivi. — Voyez les erreurs qui s'ensuivraient de cette proposition. — Un grand bien s'ensuivit de tant de maux. — Nous ne voulûmes pas suivre ses conseils, et il s'ensuivit pour nous des déboires amers. — Nos soldats, à la bataille des Pyramides (1798) ne poursuivirent pas longtemps, et eurent bien raison de ne pas poursuivre les Mamelucks jusque dans le Nil, où la plupart se noyèrent. — Nous les poursuivrons l'épée dans les reins. — La gendarmerie poursuit les voleurs. — Il serait bon que nous poursuivissions les études que cet évènement nous avait forcés d'interrompre. — Il faudra que vous suiviez exactement les cours de droit ou de médecine. — Après nous être arrêtés un moment, nous poursuivîmes notre chemin. — Cet enfant n'a pas poursuivi ses études, il est sorti du collége en troisième. — Poursuis ce récit, il m'intéresse.

Je vis heureux parce que je suis habitué à me contenter de peu. — Louis XIII ne survécut que quelques mois à son ministre, le fameux cardinal de Richelieu. — Nous vivions du produit de notre pêche et de notre chasse. — Vivez à la campagne, paysans, laboureurs, hommes du sol; vous y vivrez plus tranquilles et plus longtemps qu'on ne le fait dans nos villes. — Ce que nous ambitionnons, nous, vos pères, c'est que nous nous survivions dans des enfants qui suivent toute leur vie nos bons exemples et nos sages préceptes. — Quoique je vécusse avec économie, avec la plus stricte économie, mes appointements ne me suffisaient pas; et Dieu sait pourtant si je faisais bonne chère!

La sécheresse a disjoint les jantes de cette roue. — Ces ais se disjoignent. — Le soleil de juillet déjoindra complètement les planches de cette porte. — Nous joignîmes nos prières à celles des amis de ce jeune homme. — Lucien nous rejoignit à Lille. — Nous nous rejoindrons à Marseille. — L'Eglise enjoint l'observation des fêtes. — J'enjoignais à mon fils de se rendre immédiatement en classe. — Un si long retard nous serait préjudiciable; pour en finir au plus tôt, il est indispensable que nous nous adjoignions quelques bons ouvriers. — Il ne faut pas que l'homme sépare ce que Dieu a conjoint. — On oint les évêques à leur sacre. — Samuel oignit Saül. — On oignait les rois de France à leur sacre avec l'huile de la sainte ampoule. — Je ne pensais pas qu'ils se rejoignissent à l'époque fixée; Léon manque si souvent à sa parole! — L'aube commence à poindre. — Nous partirons dès que le jour poindra.

Les Indous croient que Brahma ne créa pas tous les hommes égaux. — Qui de vous croira que Brahma tira de sa tête les Brahmines; de ses bras, les guerriers; de son ventre, les laboureurs, les agriculteurs, les marchands, et de ses pieds, les artisans, les ouvriers, les manœuvres, les domestiques, les serviteurs ? — Ne croyez rien de ce qu'il vous dit. — Les Egyptiens faisaient de l'immortalité de l'âme un dogme fondamental ; mais ils croyaient à la métempsycose. — Croyez-moi, ne fréquentez pas ces jeunes gens. — Nous ne crûmes jamais aux revenants. — Charles VI vit ou crut voir un fantôme. — Je craignais qu'il ne me crût parti. — Il faut que nous croyions à tout ce que Dieu nous a révélé, à tout ce que Jésus-Christ nous a enseigné. — J'étais loin de le croire capable d'un tel crime, bien que je le crusse cependant dangereux et méchant. — Le croira qui voudra, je me permets d'en douter.

A partir de l'âge de quinze ans, je crûs à vue d'œil. — Mon frère et moi crûmes insensiblement jusqu'à vingt ans passés. — Je n'aurais pas cru que cet arbre crût dans un pareil terrain. — Ce pays est bon, il y croît tout ce qu'il faut pour la vie. — Toutes sortes de plantes y croissent. — La rivière est crue. — La Loire a crû. — Ce mal ira toujours croissant. — L'audace des émeutiers croissait. — Cette ville s'est fort accrue par son commerce. — Clovis accrut singulièrement le petit territoire que lui avait laissé son père. — Je doute que, par son travail ou son industrie, il accroisse jamais le bien que lui a laissé son père. — Il a accru son domaine de vingt hectares. — La lune commence à croître. — Il me tardait que les jours crussent. — Je n'espérais pas que mes neveux accrussent leur patrimoine. — La rivière a décru. — Les eaux sont bien décrues. — Après la Saint-Jean, les jours commencent à décroître. — On dirait que ses revenus sont crus du triple.

— Les braves, les héros admis dans le Walhalla, le paradis des Scandinaves, y continuaient les combats qu'ils avaient livrés sur terre ; combats plus terribles, où les blessures toutefois ne causaient aucune douleur, et où la mort n'était que momentanée. Après le combat, les vainqueurs s'asseyaient à la table d'Odin et des autres dieux ; là, ils mangeaient les membres fumants d'un sanglier, toujours intact, toujours renaissant, et buvaient la bière et l'hydromel dans le crâne des ennemis qu'ils avaient tués. — « Tu ne garderas, dit le Seigneur à Gédéon, que ceux qui boiront en prenant l'eau dans leur main et sans plier le genou. » — Les couleurs de ce tableau s'emboivent. — Il faut que nous embuvions d'huile ce moule de plâtre. — Je serais fâché que vous bussiez le calice jusqu'à la lie. — On ne coupe pas son pain avec son couteau, on le rompt. — Ce n'était que lorsque nous étions sortis de la ville, que nous rompions nos rangs. — Rompez dès aujourd'hui avec ce petit mauvais sujet. — Le luxe et la mollesse de l'Asie corrompirent les Romains. — Je vais continuer cette histoire, mais à condition que vous ne m'interromprez plus. — En tombant de cheval, votre voisin s'est rompu le cou. — Vous mériteriez que je vous rompisse ma canne sur le dos. — Pourquoi m'interrompez-vous ? — Je ne permettrai pas que vous interrompiez, pour me tenir compagnie, un travail si important. — Quand mon père a bu à sa soif, il cesse de boire, répondit le jeune Cyrus à Astyage.

— Cette porte ne clôt pas bien ; quand vous l'aurez fait réparer, elle clora mieux. — Je mets des œufs de vers à soie au soleil, afin qu'ils éclosent. — Si j'avais le bois nécessaire pour faire des pieux, j'enclôrais mon jardin. — Je clos la discussion par un seul mot : Vous avez tort, il n'a pas raison. — Je suis venu chez vous, mais j'ai trouvé porte close. — Ces tulipes éclôront bientôt. — Le mur qui enclôt ce parc n'est pas assez haut.

— Si les juges absolvent un coupable, sa conscience ne l'absout pas, et Dieu ne l'absoudra pas, à moins qu'il ne se repente. — L'eau régale dissout l'or et le platine. — Après la mort d'Alexandre-le-Grand, son empire fut dissous. — Ces acides ont eu rapidement dissous ce métal. — L'assemblée a été dissoute. — J'absous la paresse qui me promet de s'amender, mais je n'ai jamais absous le mensonge effronté, impudent. — La mère Fanchon a été absoute. — Oui, mon ami, absolu et dissolu ne sont que des adjectifs. — Quelle conduite tiendriez-vous à l'avenir, si je vous absolvais ? — Nous demandons tous pour unique récompense que vous l'absolviez d'une faute que son étourderie, plus que son mauvais cœur, lui a fait commettre.

— Vous résolviez passablement les petits problèmes que je vous donnais il y a deux mois ; avez-vous complètement oublié à les résoudre, depuis deux mois que vous n'êtes venu, monsieur Camille Brisepat ? — Je n'ai pas tout oublié, mon maître ; seulement, si vous vouliez m'en donner de plus difficiles, je les résoudrais avec... Petit vaniteux ! — Eh bien ! je désirerais que vous résolussiez le problème suivant : La population de l'ancienne Egypte était d'environ huit millions d'hommes ; le tiers de ces huit millions d'hommes fut employé à la construction de la fameuse pyramide de Chéops ; les ouvriers, pendant les vingt ans que dura cette construction dépensèrent pour près de dix millions de francs de notre monnaie en poireaux, oignons, aulx, lotus, etc... — Oh ! j'y suis, monsieur ! J'aurai résolu en deux tours de main toutes ces petites bagatelles. — Il y a longtemps que cette question a été résolue. — En parlant des choses qui se convertissent en d'autres, on dit résous, mais au participe masculin seulement : un brouillard résous en pluie ; le soleil a résous le brouillard en pluie. — Vous avez fait un faux calcul en résolvant ce bail.

— En ai-je cousu des étoffes de toutes les nuances, des habits de toutes les façons! — C'est moi qui cousis l'habit que portait votre grand-père le jour de son mariage. — Je couds et recouds, puis je découds pour les recoudre, les pièces de cet habit d'arlequin. — Mon tailleur recoudra mieux que la ravaudeuse. — Je ne cousais pas aussi bien que lui. — Il faut que je couse..... Maman me gronderait si elle voyait cet accroc. — Il s'attendait que je lui cousisse ce bouton. — Ce tailleur est toujours cousant des vieilleries. — Le sanglier a décousu le ventre à un de nos chiens. — Il recoudra cet habit et tous les vêtements que vous lui confierez. — Ce moulin moud trop gros. — Nous moulons du café. — Nos amis moulaient de l'orge. — Nous moulûmes du froment. — Il moudra l'orge. — Mouds le sarrasin. — L'épicier avait recommandé à ses garçons qu'ils moulussent du poivre. — On l'a moulu de coups. — Le fermier veut qu'on moule le maïs.

— Avocat, il y a assez longtemps que vous plaidez, concluez, s'il vous plaît. — Je conclus de tout ce que vous venez de dire, que votre ami n'est point coupable. — Il veut tout prouver et ne conclut jamais. — Le cardinal Mazarin et don Louis de Haro conclurent, dans l'île des Faisans, au milieu de la Bidassoa, le traité connu sous le nom de Paix des Pyrénées. — La Paix de Ryswick fut conclue en seize cent-quatre-vingt-dix-sept. — Avant que nous conclussions ce marché, les acheteurs ne se présentaient pas ; maintenant ils fourmillent. — Je n'exclurai ni l'un ni l'autre. — Vingt personnes ont été exclues de cette réunion. — Ces deux principes s'excluent réciproquement. — Je demande que vous concluiez cette affaire. — Il n'a pas à craindre que je l'exclue. — Pour en finir, je vous dirai que le verbe reclure ne s'emploie qu'à l'infinitif et aux temps formés du participe ; à ce dernier temps, il fait : reclus, recluse.

FORME INTERROGATIVE ET EXCLAMATIVE.

Ressemblé-je à mon frère? — Parlé-je correctement ? — Cherche-t-il à se placer ? — A-t-on creusé ce puits ? — Puissé-je réussir dans cette affaire! — Dussé-je y perdre mille francs! — Dût-il être ingrat, je ferai tout pour lui ! — Vous avertis-je assez souvent ? Ne l'aperçois-je pas ? — Ne comprends-je pas votre ruse ? Plût à Dieu qu'il arrivât ! — Est-ce que je ne lis pas bien ? — Est-ce que je bois trop ? — Est-ce que je vais trop vite? — Vais-je trop vite ? Est-ce que je ne rends pas à chacun ce qui lui est dû ? — Est-ce que je mens jamais ? — Vois-je clair ou non ? — Sais-je aussi bien mes leçons que mon frère ? — Fais-je mal en suivant ses conseils ? — Est-ce que je dors trop longtemps ? — Puissiez-vous être tous heureux!

CHAPITRE VI.

EXERCICES SUR LE PARTICIPE.

PARTICIPES PRÉSENTS.

ADJECTIFS VERBAUX.

Qualité, Etat. — Variabilité.

La maladie de votre cousin présente des symptômes inquiétants. (Qui sont inquiétants.)

Les élèves se sont livrés à des jeux divertissants. (Qui sont divertissants.)

Les loups-garous ont perdu leur renom d'êtres effrayants, terrifiants. (Qui étaient effrayants, terrifiants.)

Je ne veux pas me charger d'objets pesants. (Qui soient pesants.)

J'ai trouvé dans le champ une perdrix à peine vivante. (Qui était à peine vivante.)

Mes enfants sont revenus tout tremblants. (Ils sont revenus, ils étaient tout tremblants.)

Nous avons été témoin

PARTICIPES PRÉSENTS.

Action. — Invariabilité.

Les premiers symptômes de de la maladie de votre cousin inquiétant sa famille, trois médecins ont été appelés. (Comme les premiers symptômes inquiétaient...)

Ces jeux divertissant mes élèves, je leur permets de s'y livrer. (Comme ces jeux divertissent.)

Les nourrices, les bonnes ne racontent plus de ces contes effrayant, terrifiant autrefois les enfants. (Qui effrayaient, terrifiaient.)

Je me chargerai de tous les objets ne pesant pas plus de cinq kilogrammes. (Qui ne pèseront pas.)

J'ai trouvé dans le champ une perdrix vivant à peine. (Qui vivait à peine.)

Mes enfants, tremblant d'être punis, attendaient que je fusse sorti pour rentrer à la maison. (Mes enfants qui tremblaient.)

Cette scène attendrissant son

d'une scène attendrissante. (Qui était attendrissante.)

Il a eu des mots blessants pour tous les membres de cette réunion. (Qui étaient blessants.)

J'ai parcouru cette commune et les villages environnants. (Qui sont aux environs.)

Il nous est revenu la figure ruisselante de sueur. (Qui était ruisselante ; ce n'était pas la figure qui ruisselait ; on n'a en vu que l'état, par rapport à la sueur.)

cœur, il fit l'aumône à la pauvresse. (Il fit l'aumône parce que cette scène avait attendri son cœur.)

Les injures d'un fou ne blessant personne, il faut le laisser crier tout à son aise. (Attendu que les injures d'un fou ne blessent personne.)

Ses fils, ses petits-fils, ses arrière-petits-fils étaient là environnant le vieillard. (Qui environnaient.)

Vous eussiez vu la sueur ruisselant sur son visage. (Qui ruisselait.)

PARTICIPES PASSÉS CONJUGUÉS AVEC *AVOIR*.

POINT D'ACCORD AVEC LE SUJET.

VERBES ACTIFS.

Nos armées ont parcouru triomphantes toutes les contrées de l'Europe.

La mer a englouti bien des victimes.

Les jardiniers ont écussonné tous les arbres de ce canton.

Justin et Théobald ont fui la présence de leur père irrité.

La France a colonisé et fertilisé ces lieux âpres et sauvages.

Les marchands de cette ville ont vendu tous les produits dont leurs magasins regorgeaient.

Les Romains, sous les empereurs, avaient tellement

VERBES NEUTRES.

Vos parents ont trop souvent condescendu à vos caprices, à vos fantaisies.

Vos camarades ont ri parce que, depuis que je vous interroge, vos réponses ont prêté à rire.

Tous les chiens du village ont aboyé après nous pendant plus d'une heure.

Cette terre a longtemps appartenu à ma famille.

Cette nation n'a pas correspondu à nos sacrifices et à notre dévouement.

La discipline n'a jamais faibli dans mes mains.

L'épouse n'a survécu que trois mois à son époux.

étendu leurs conquêtes, qu'ils possédaient l'Europe, une grande partie de l'Asie et toute la partie septentrionale de l'Afrique.

On regrette que plusieurs empereurs romains, recommandables sous d'autres rapports, aient ajouté leurs noms à ceux des sauvages tyrans qui ont le plus persécuté les chrétiens. On conçoit que Domitien et Maximin aient imité le monstre auquel Agrippine avait donné le jour; mais on voit avec peine que Trajan, Adrien, Marc-Aurèle et Antonin aient renouvelé des supplices dignes tout au plus de cannibales.

Nos élèves ont étudié l'histoire sanglante mais glorieuse des martyrs de notre foi; ils vous auraient raconté successivement, si vous aviez voulu, messieurs, en entendre le récit, chacune des dix persécutions, qui ont commencé, vous le savez, sous Néron, et fini sous Dioclétien.

Votre sœur a teint tous ses rubans en bleu et en rouge

Cette maison de banque n'a jamais failli.

Nos arguments ont prévalu sur ceux de nos adversaires.

Ces enfants ont agi en ingrats; ils n'ont pas subvenu aux besoins les plus impérieux de leurs vieux parents.

La honte du père a malheureusement rejailli sur ses enfants.

Plusieurs papes ont résidé à Avignon..

La nation Juive avait gémi pendant soixante-dix ans dans la servitude et l'exil, quand Dieu la délivra par la main de Cyrus.

Rome tout entière avait frémi à la nouvelle de la défaite de Varus.

Je vous punirai tous, parce que vous avez tous menti.

PARTICIPES PASSÉS AVEC *ÊTRE*.

Accord du participe passé avec le sujet pour tous les verbes passifs sans exception, et pour les verbes neutres qui prennent l'auxiliaire être dans leurs temps composés.

Nota. Nous consacrerons un chapitre aux participes passés des verbes réfléchis.

VERBES PASSIFS.

Les femmes, dans l'Inde, étaient soumises à une coutume barbare; elles étaient

VERBES NEUTRES.

Votre père, votre mere, vos frères et vos sœurs sont arrivés ici à midi; ils en sont repartis

obligées de se précipiter vivantes dans le bûcher qui devait consumer les restes de leurs maris. Ajoutons que cette immolation, plus ou moins volontaire chez quelques veuves du Malabar, si elle n'est aujourd'hui que très-rarement pratiquée, n'en est pas moins autorisée, tolérée par les lois et les coutumes anciennes, et qu'il ne paraît pas que cette espèce de suicide doive être de sitôt défendue.

Le lundi de Pâques de l'an mil deux cent-quatre-vingt-deux furent massacrés à Palerme plus de huit mille Français.

La bataille de Saint-Quentin (1557) fut perdue par l'imprudence du duc de Montmorency.

Si les protestants furent défaits à Jarnac et à Moncontour, ce fut plutôt l'œuvre du maréchal de Tavannes que celle du duc d'Anjou, plus tard Henri III.

Par le traité de Paris (1763), le Canada, la Dominique, l'Acadie et le Sénégal furent cédés à l'Angleterre. L'île de Minorque, l'une des Baléares, qui avait été conquise par le duc de Richelieu, fut rendue aux Anglais, qui, par le même traité, avaient été mis en possession des plus belles colonies françaises dans l'Inde. Il est vrai que, comme compensation assez avantageuse sans sans doute, furent restituées à quatre heures après ; nous pensons qu'ils ne tarderont pas à être rentrés chez eux.

Votre mère est redevenue, à votre égard, aussi bonne qu'elle l'était avant votre faute.

Il vient toujours nous voir quand nous sommes sortis.

Les cinq heures sont sonnées.

Ma grand'mère paternelle est décédée à l'âge de quatre-vingt-dix-neuf ans.

Vos tantes et vos oncles sont intervenus fort à propos ; sans leur médiation, votre affaire prenait fort mauvaise tournure.

Nos créanciers se débattent fort inutilement ; ils réclament à cor et à cri des sommes que nous sommes loin de vouloir contester : mon frère ni moi n'en sommes jamais disconvenus.

Alphonsine et son frère seraient venus vous visiter, si l'indisposition de leur tante ne leur avait fait un devoir de rester auprès d'elle.

La famille d'Eméric est restée trois ans sans avoir de ses nouvelles.

Nous serions venus à bout de cette affaire, toute hérissée qu'elle était de difficultés, si n'étaient survenus plusieurs contre-temps.

La France était tombée bien bas après la bataille d'Azincourt et après le traité de Troyes qui la livrait aux Anglais.

la France l'île de Gorée, la Guadeloupe et la Martinique

Toute la classe a été recréée par vos réponses saugrenues.

Votre père et votre mère ont été avertis.

Ici furent inhumés victimes et bourreaux.

La reine Isabeau était née en Bavière.

Quand tous ces étrangers seront descendus de l'observatoire, nous y monterons.

1re COLONNE. — Participes passés des verbes actifs précédés d'un complément direct.

2e COLONNE. — Observations particulières. Participes précédés du pronom relatif *que* mis pour *pendant lequel*, *pendant laquelle*, etc. Le participe *fait* suivi d'un infinitif. — *En*, pronom personnel, est complément indirect

Tout participe passé d'un verbe actif — et tous les verbes actifs prennent l'auxiliaire *avoir* — s'accorde en genre et en nombre avec son complément direct, lorsque ce complément est placé avant le participe. Il n'y a point d'accord si le complément direct vient après le participe. Quelle que soit la place qu'il occupe, le complément indirect n'exerce aucune influence sur le participe passé, ne lui imprime aucune variabilité.

Autant de coups de fusil j'ai tirés, autant de pièces j'ai abattues.

Quelles appréhensions aviez-vous ressenties ?

Que d'échecs a subis la France sous certains règnes !

Combien de victoires a remportées ce général ?

Je vous ai annoncé l'arrivée de ma grand'tante ; nous l'a-

Le participe précédé de *que* mis pour *pendant lequel*, *lesquels*, etc. est invariable.

Les quatre ans que j'ai voyagé en Allemagne m'ont appris à connaître et à apprécier à sa valeur le caractère germanique. (Pendant lesquels j'ai voyagé.)

Ne regrettez-vous pas les jours si précieux que vous avez végété dans la mollesse, l'apathie, l'inaction. (Les jours pendant lesquels.)

Les quatre heures que vous avez dormi, je les ai passées à travailler. (Les quatre heures pendant lesquelles.)

Les dix minutes que cette opération a duré m'ont paru longues comme un siècle. (Les dix minutes pendant lesquelles.)

vons accompagnée ce matin chez votre aïeul.

Voilà la plus belle maison de celles que cet entrepreneur a construites.

Ces substances nous avaient dès l'abord semblé sophistiquées; aussi les avons-nous soumises à l'analyse chimique.

Le champ et la terre que j'ai achetés ont besoin d'être amendés.

Vos parents ont adressé trois lettres consécutives à leur débiteur récalcitrant; je puis en parler savamment, puisque c'est moi qui les ai écrites et mises à la poste.

Je vous remercie bien, tous les livres que vous m'auriez prêtés, je les ai déjà lus.

Le maître nous a tous punis.

Frères et sœurs, vous n'avez pas été sages; aussi papa vous a-t-il grondés et privés d'une charmante récréation.

Nation juive, Dieu t'avait choisie entre toutes; il t'avait comblée de ses bienfaits, et pourtant que de fois tu as transgressé ses ordres paternels!

Dieu n'a pas accordé à toutes les créatures les mêmes avantages, le même bonheur ici-bas; mais il les a toutes créées pour le ciel.

Le participe *fait* est toujours invariable lorsqu'il est suivi d'un infinitif.

Ma maison n'est pas très-vieille; c'est mon père qui l'a fait construire.

Toutes ces murailles s'écroulaient, nous les avons fait relever.

Vous retombez toujours dans les mêmes erreurs; il est pourtant des règles que je vous ai fait appliquer plus de cent fois.

Voilà les arbres que j'ai fait greffer par votre jardinier.

Le pronom *en* étant complément indirect, le participe passé qui en sera précédé ne variera pas, à moins qu'il n'y ait avant lui un nom ou pronom complément direct.

Vos frères avaient envie de pêches; je les ai envoyés au jardin où ils en ont cueilli et mangé tout à leur aise. (Ils ont cueilli et mangé d'elles, de ces pêches, quelques-unes, une quantité de ces pêches.)

Nous sommes allés herboriser; il nous fallait certaines plantes médicinales; nous n'en avons pas trouvé. (Nous n'avons pas trouvé de cela, d'elles, de ces plantes.)

Vous me parlez des dix fables que vous avez récitées cette semaine? Moi aussi, j'en ai appris et récité. (J'ai appris et récité d'elles, de ces fables, un nombre indéterminé de fables.)

Tu as commis beaucoup de fautes dans ta composition, dis-tu? J'en ai bien commis ma part. (J'ai commis ma part de quoi? De fautes.)

NOTA. *En* précédé d'un adverbe de quantité, est complément direct lorsqu'il est en rapport avec un verbe actif, et alors le participe de ce verbe suit la règle ordinaire : *Autant de perdrix j'ai tirées aujourd'hui, autant j'en ai tuées.* Si l'adverbe de quantité vient après le pronom *en*, le participe reste invariable : *J'ai tiré huit perdrix aujourd'hui. J'en ai tué autant que j'en ai tiré. J'ai eu des prix, mais Paul en a obtenu plus que moi.*

PARTICIPES PASSÉS DES VERBES ACCIDENTELLEMENT RÉFLÉCHIS.

Dans les verbes réfléchis, l'auxiliaire être étant mis pour l'auxiliaire avoir, le participe passé de ces verbes ne s'accorde pas avec le sujet, mais seulement avec le complément direct, toutes les fois que ce complément précède le participe.

Les verbes accidentellement réfléchis dérivés de verbes neutres, sont toujours invariables; il ne faut en excepter que les trois verbes : *se douter*, *s'échapper*, *se prévaloir*.

VERBES ACCIDENTELLEMENT RÉFLÉCHIS DÉRIVÉS DE VERBES ACTIFS.

RÈGLE RELATIVE AU SUJET.

Invariabilité.

Nous nous sommes imposé une tâche pénible. (Nous avons imposé à nous.)

Vos parents se sont donné trop de peine. (Vos parents ont donné à eux.)

Nous nous sommes proposé d'aller le voir. (Nous avons proposé à nous.)

Léon et sa sœur s'étaient réservé la meilleure part. (Léon et sa sœur avaient réservé à eux.)

Ils se sont adressé des injures. (Ils ont adressé à eux.)

RÈGLE RELATIVE AU COMPLÉMENT DIRECT PLACÉ AVANT LE PARTICIPE.

Accord.

Nous ne voulions pas de ces jeunes gens à notre réunion ; ils se sont imposés : faut-il donc les chasser? (Ils ont imposé eux ; et comme ce complément précède le participe passé, ce dernier doit s'accorder.)

Vous ne tenez pas compte à vos parents de la peine qu'ils se sont donnée. (De la peine que, laquelle ils ont donnée à eux.)

Nous nous sommes proposés

Ils se sont reconnu des torts égaux. (Ils ont reconnu à eux des torts égaux.)

Ces jeunes personnes se sont offert des fleurs. (Ces jeunes personnes ont offert à elles des fleurs.)

Verbes accidentellement réfléchis dérivés de verbes neutres.

Les participes de ces verbes ne changent jamais, sauf les trois que nous avons mentionnés déjà : Elle s'est prévalue. — Nous nous sommes doutés. — Ils se sont échappés de nos mains.

Les trois fils de Henri II, François II, Charles IX et Henri III, qui se sont succédé sur le trône de France, n'y ont trouvé qu'une fin prématurée ou violente. (Qui ont succédé à eux.)

Ces jeunes gens se sont nui par leur présomption. (Ont nui à eux.)

Nos parents n'ont jamais rien demandé à personne ; ils se sont toujours suffi, à eux et à leur famille. (Nos parents ont suffi à eux, etc.)

pour aller l'accompagner. (Nous avons proposé nous.)

Léon et sa sœur s'étaient réservés pour une meilleure occasion. (Léon et sa sœur avaient réservé eux.)

Je ne sais quelles injures ils se sont adressées. (Quelles injures ils ont adressées à eux.)

Ils se sont reconnus dès qu'ils se sont vus. (Ils ont reconnu eux dès qu'ils ont vu eux.)

Ces jeunes personnes se sont offertes à faire la quête. (Ces jeunes personnes ont offert elles.)

Verbes essentiellement réfléchis.

Le participe passé de ces verbes est toujours variable, le pronom représentant le sujet étant toujours complément direct. Il ne faut en excepter que le verbe essentiellement réfléchi *s'arroger*, dans lequel le pronom complément est toujours complément indirect ; toutefois, s'arroger change au participe passé si ce dernier est précédé d'un pronom complément direct. — Premier cas. Ils se sont arrogé des qualités qu'ils sont loin d'avoir. (Ils ont arrogé à eux des qualités.)

2° On leur a retiré l'autorité qu'ils s'étaient arrogée. (L'autorité que, laquelle ils avaient arrogée à eux.)

Nos troupes se sont élancées à l'assaut.

Le travail et l'oisiveté ne se sont jamais ressemblé. (N'ont jamais ressemblé à eux, l'un à l'autre.)

Après trois ou quatre entretiens, notre sympathie a été telle, nous nous sommes si bien convenu, que nos bonnes relations, une fois commencées, n'ont jamais été rompues. (Nous avons tellement convenu à nous, l'un à l'autre, les uns aux autres.)

De même pour les verbes *se plaire*, *se rire*, *se déplaire*, *se sourire*, etc.

Chacun sait que le participe passé, employé seul, c'est-à-dire sans l'auxiliaire avoir ou être, suit toutes les règles de l'adjectif. Deux mots seulement sur les participes employés seuls et faisant l'office de prépositions, toutes les fois qu'ils précèdent le substantif. Placés après le substantif, ces participes s'accordent.

Avant le nom. (Invariabilité.)

Supposé la nécessité où vous étiez de partir. — Vu les circonstances urgentes. — Je vous envoie ci-joint la facture. — Votre note s'élève à cent francs, y compris la dépense de votre fils. — Ouï les défenseurs. — Passé la quarantaine, etc.

Les hirondelles se sont envolées.

Les fleurs du parterre se sont épanouies.

Il y a beaucoup de Musulmans qui ne se sont jamais abstenus de vin.

Votre père et votre mère se sont récriés contre mes procédés rigoureux.

Liste des principaux verbes essentiellement réfléchis.

S'empresser, s'enfuir, s'emparer, se souvenir, s'en aller, s'efforcer, s'évanouir, se méprendre, s'enquérir, se raviser, s'absenter, se comporter, s'évader, s'adonner, s'ingérer, se méfier, se prosterner, se repentir, s'ingénier, se rengorger, s'en retourner, s'accroupir, s'opiniâtrer, se parjurer, etc.

Après le nom. (Accord.)

La nécessité où vous étiez de partir, une fois supposée. — Les circonstances vues urgentes par vous seul. — Je vous envoie la facture ci-jointe. — Votre note s'élève à cent francs, la dépense de votre fils y comprise. — B... et L... ouïs comme défenseurs. — La quarantaine passée. — Les méchants exceptés. — La présente mesure approuvée. — L'ampliation certifiée conforme.

PARTICIPE PASSÉ.

(*Suite.*)

DU PARTICIPE *LAISSÉ*.

Le participe *laissé*, suivi d'un infinitif, comme tous les participes accompagnés d'un verbe à l'infinitif, est variable s'il a pour complément le complément direct qui le précède ; il reste au contraire invariable si ce complément direct appartient à l'infinitif. Toutefois, s'il est précédé d'un complément direct et suivi de l'infinitif d'un verbe neutre, le participe *laissé* est toujours du même genre et du même nombre que le complément direct, les verbes neutres ne pouvant pas avoir de complément de cette nature.

Invariabilité.	*Variabilité.*
Vos parents se sont laissé tromper. (Ont laissé tromper eux.)	Nous les avons laissés chanter tout à leur aise. (Nous avons laissé eux chanter.)
Quand la Grèce se fut laissé conquérir par les Romains. (Eut laissé conquérir elle.)	Vos sœurs s'ennuyaient, nous les avons laissées aller jouer dans le parc. (Nous avons laissé elles aller jouer.)
Nous nous serions laissé gagner par ces fallacieuses promesses. (Nous aurions laissé gagner nous.)	Nos petits hôtes gaspillaient tout dans le verger ; nous les avons laissés partir sans les violenter. (Nous avons laissé eux partir.)
Les fruits que nous avons laissé cueillir. (Nous avons laissé cueillir les fruits.)	Je les ai laissés cueillir tous les fruits de cet espalier. (J'ai laissé eux cueillir.)
Il se repent des fautes qu'on lui a laissé commettre. (On lui laissé commettre des fautes.)	La pauvre vieille s'est laissée choir. (A laissé elle choir.)

Si le participe *laissé* et l'infinitif qui le suit sont précédés, chacun d'un complément direct, le participe *laissé* varie nécessairement : Nous ne voulions plus garder ces oiseaux, nous les avons laissés s'envoler ; nous avons laissé eux s'envoler. (Ce dernier verbe est essentiellement réfléchi.) — Je les ai laissés se quereller : J'ai laissé eux quereller eux. — Les abus que les Romains avaient laissés s'introduire : les Romains avaient laissé les abus introduire eux (les abus.)

Dans le cas où il y aurait une préposition entre le participe passé et le verbe à l'infinitif, la règle est invariablement la même. En voici quelques exemples :

Invariabilité.

Les personnnes que je vous avais chargé d'aller trouver. (Vous est ici mis pour toi ; j'avais chargé vous (toi) d'aller trouver les personnes.)

Les livres que je lui ai recommandé de lire. (Je lui ai recommandé de lire les livres.)

Les sociétés que je t'avais exhorté à fuir. (J'avais exhorté toi à fuir les sociétés.)

La loi qu'on nous avait interdit d'enfreindre. (On nous avait interdit d'enfreindre la loi.)

La vieillesse et la vertu qu'on nous a toujours ordonné de respecter. (On nous a toujours ordonné de respecter la vieillesse et la vertu.)

La vertu que j'ai appris à honorer. (J'ai appris à honorer la vertu.)

Variabilité.

Les livres que je les ai engagés à lire. (J'ai engagé eux à lire les livres.)

La vieillesse et la vertu qu'on nous a invités à honorer toujours. (On a invité nous à honorer la vieillesse et la vertu.)

Les jeunes gens vertueux qu'on vous a exhortés à fréquenter. (Vous est ici pluriel, on s'adresse à plusieurs ; on a exhorté vous à fréquenter les jeunes gens vertueux.)

Les mauvaises habitudes que je les ai empêchés de contracter. (J'ai empêché eux de contracter, etc.)

La romance qu'on les a priés de chanter. (On les a priés de chanter la romance.)

Votre sœur a terminé la broderie qu'on l'avait suppliée de faire. (On avait supplié votre sœur.)

Les participes *dû*, *voulu*, *permis* et *pu* sont invariables lorsque le complément direct qui les précède est le complément direct d'un infinitif sous-entendu :

— Si vous n'avez pas réussi, c'est que vous n'avez pas fait tous les efforts que vous auriez dû (c'est-à-dire que vous auriez dû faire.)

— Le geôlier a eu pour son prisonnier tous les ménagements qu'il a pu (c'est-à-dire qu'il a pu avoir.)

— Vous n'avez pas témoigné à votre oncle toute la déférence que vous auriez dû (c'est-à-dire que vous auriez dû lui témoigner.)

— Je lui accordé toute la protection que ma position m'a permis (c'est-à-dire que ma position m'a permis de lui accorder.)

Mais il faut écrire avec le participe variable :

— J'ai toujours payé intégralement toutes les sommes que j'ai dues.

— L'ambitieux ne se désiste pas de ses entreprises, quels que soient les obstacles et les échecs ; les choses qu'il a une fois voulue il les veut jusqu'au jour de son triomphe ou de sa chu complète.

— Je ne ferai pas d'autres lectures que celles que vous m'ave permises.

On voit que le pronom relatif *que* est, dans ces exemples, complément direct des participes *dû*, *voulu* et *permis*, et qu n'y a, dans ces phrases, aucun infinitif sous-entendu. Nous n'a vons pas à parler du participe *pu*, que nous n'avons jamais rer contré frappé de variabilité.

Les participes *eu* et *donné* suivis de la préposition *à* et d'u infinitif peuvent varier ou non, au gré de celui qui écrit, pui que le complément direct qui les précède peut être indifférem ment le complément de ces participes ou de l'infinitif qui suit Les auteurs que je vous avais donnés à traduire : Je vous ava donné les auteurs à traduire ; les auteurs que je vous avais donn à traduire : Je vous avais donné à traduire les auteurs. — J' mené à bonne fin toutes les affaires que j'ai eues à traiter : J' eu les affaires à traiter ; — J'ai mené à bonne fin toutes l affaires que j'ai eu à traiter : J'ai eu à traiter les affaires. - Nous croyons néanmoins que le sens est le meilleur guide à c égard, et qu'il faut, par l'analyse, voir si le complément dire n'appartient pas plutôt au participe qu'au verbe à l'infinitif, réciproquement. Dans le cas où le complément serait, préférence, en rapport avec le participe passé, il y aurait vari bilité de ce dernier ; dans le cas contraire, le participe changerait pas.

Nous venons à une question que n'a traitée aucun des nom breux grammairiens que nous avons consultés. *Eu* et *donn* précédés d'un complément direct et suivis de la préposition *à* d'un infinitif neutre, doivent-ils rigoureusement varier ? No croyons que non, et nous le prouvons, ou mieux nous essayor de le prouver par quelques exemples :

— Les vingt ans qu'il a eu à régner. (Les vingt ans pendant le quels il a eu à régner ; il a eu à régner pendant vingt ans.)

— Les deux heures que je lui avais donné à dormir. (Je lui ava donné à dormir pendant deux heures ; les deux heures pendar lesquelles je lui avais donné à dormir.)

— Les soixante ans que Dieu lui avait donné à vivre. (Dieu l avait donné à vivre pendant soixante ans ; les soixante ans per dant lesquels Dieu lui avait donné à vivre.)

— Les cinq ans que nous avons eu à végéter. (Les cinq ans per nt lesquels nous avons eu à végéter; nous avons eu à végéter ndant cinq ans.)

Selon nous, on retomberait, en ce cas, dans la règle de *que* is pour *pendant lequel*, *laquelle*, etc. Il est vrai que dans les fférents traités des participes, *eu* et *donné*, dans la question ui nous occupe, sont rigoureusement variables, *que* ne pouvant re, nous objectera-t-on, complément direct d'un verbe neutre. ussi, n'en faisons nous qu'un complément indirect. Notre règle ous paraît très-juste, si l'on ne l'applique surtout qu'aux erbes pris pour exemples, et à leurs analogues, hors desquels nous semble que cette règle n'a que de très rares applications, : toutefois elle en a. — Le participe passé placé entre deux *que* e nature différente est toujours invariable : le premier *que* est ronom relatif et complément direct du second verbe, lequel 'est lui-même autre chose que le complément direct du participe passé; le second *que* est conjonction et sert à relier l'une l'autre les deux propositions :

— Les avantages que j'avais espéré que vous obtiendriez. (J'avais espéré quoi? que vous obtiendriez quoi? les avantages.)

— La perte que j'avais pressenti que vous feriez. (J'avais pressenti quoi? que vous feriez quoi? la perte.)

Du reste un conseil : au point de vue du style, cette construction est loin d'être élégante, et, par conséquent, doit être, autant que possible, évitée.

DES PARTICIPES *ENTENDU*, *VU*, *SENTI*, *REGARDÉ*, ET EN GÉNÉRAL, DE TOUS LES VERBES SUIVIS IMMÉDIATEMENT D'UN INFINITIF.

Les participes *entendu*, *vu*, *senti*, etc., sont variables si le complément direct qui les précède peut devenir le sujet du verbe a l'infinitif, que l'on tourne alors à un mode personnel. Le procédé le plus souvent employé consiste à voir si l'infinitif qui suit ces verbes peut être changé en participe présent. Si ces deux transformations ne peuvent s'opérer, le participe doit rester invariable. A quoi bon cette profusion de règles? Revenons-en à un cas déjà expliqué : le sens doit indiquer si le complément appartient au participe ou à l'infinitif; selon nous, là seulement est toute la question.

Invariabilité.	*Variabilité.*
Les chevaux que j'ai regardé ferrer. (J'ai regardé ferrer les chevaux.)	Les chevaux que j'ai regardés courir. (Que j'ai regardés qui couraient, que j'ai regardés courant.)

Les oratorios que nous avons entendu exécuter. (Nous avons entendu exécuter les oratorios.)

Je me suis toujours réjoui des succès que j'ai vu remporter par mes élèves. (J'ai vu remporter des succès.)

Ces élèves ont travaillé ; aussi, combien de fois nous les avons vu couronner ! (Nous avons vu couronner eux.)

Les récompenses que je me serais senti si heureux de vous accorder ! (Je me serais senti si heureux de vous accorder les récompenses.)

Les beaux exploits que ces élèves ont entendu raconter. (Les élèves ont entendu raconter les exploits.)

Les services qu'il a vu refuser à son frère. (Il a vu refuser les services.)

Nous nous sommes entendu maudire malgré nos bienfaits. (Nous avons entendu maudire nous.)

La crainte qu'il a senti (compris) ne plus inspirer. (Il a senti ne plus inspirer la crainte.)

Les diamants que j'ai regardé tailler. (J'ai regardé tailler les diamants.)

Les artistes que nous avions entendus vocaliser. (Que nous avions entendus vocalisant, qui vocalisaient.)

Les méchants que nous avons vus si souvent prospérer. (Que nous avons vus qui prospéraient, prospérant.)

Que de joie dans le cœur de ces bonnes mères que nous avons vues couronner leurs enfants. (Que nous avons vues couronnant, qui couronnaient leurs enfants.)

La sueur que j'ai sentie couvrir mon front. (Que j'ai sentie couvrant, qui couvrait mon front.)

Sa main que j'ai sentie trembler. (Que j'ai sentie tremblant, qui tremblait.)

Les chants joyeux que nous avons entendus retentir. (Que nous avons entendus retentissant, qui retentissaient.)

Je les ai toujours vus refuser leur concours. (Je les ai vu refusant, qui ont toujours refusé leur concours.)

Nous pourrons juger du mérite de ces avocats quand nous les aurons entendus plaider. (Quand nous les aurons entendus qui auront plaidé.)

La crainte que j'avais sentie croître de plus en plus dans mon cœur. (Que j'avais sentie croissant, qui croissait.)

Je suis allé chez ces lapidaires, je les ai regardés tailler des pierres précieuses. (Qui taillaient, taillant des pierres précieuses.)

DES PARTICIPES *COUTÉ*, *VALU*, *PESÉ*.

Coûter signifiant être acheté un certain prix, revenir à tel ou tel prix.

Valoir signifiant être d'un certain prix, avoir un prix, un certain mérite, et

Peser signifiant avoir un certain poids, insister, appuyer sur une chose, sont des verbes intransitifs (ou neutres), dont le participe passé doit, selon nous, être toujours invariable.

INVARIABILITÉ.

Coûter, *peser*, *valoir*,

VERBES NEUTRES.

— Cette vieille masure vous coûte dix mille francs ? Elle ne les a jamais valu.

— Je vous rembourserai les quinze francs que vous avait coûté l'album que j'ai perdu.

— Cette matière, en séchant, a perdu le septième des kilogrammes qu'elle a pesé à l'état humide.

— Pour vous dédommager, nous doublerons la tare ; si elle n'est que de vingt-cinq livres, nous la porterons à trente ; vous bénéficierez ainsi de cinq livres sur la marchandise vendue, en ne payant que deux

Coûter signifiant causer, occasionner.

Valoir employé pour procurer, produire, rapporter, et

Peser indiquant l'action d'examiner la pesanteur d'une chose, de la conférer avec un poids certain, réglé et connu, ou, dans le sens figuré, voulant dire réfléchir, mûrir, calculer, examiner avec attention une chose, pour en connaître le fort et le faible, parler avec circonspection, avec lenteur.

Sont verbes actifs (ou transitifs) ; ce qui est dire que le participe de ces verbes est soumis aux règles qui régissent le participe passé des verbes actifs.

VARIABILITÉ.

Coûter, *peser*, *valoir*,

VERBES ACTIFS.

— Je ne vous parlerai pas des jolis cadeaux que m'a valus mon application.

— Dieu sait toutes les peines que cette affaire m'a coûtées !

— Je n'ai pas à rétracter l'opinion que j'ai émise ; je l'avais trop pesée avant de l'émettre.

— Quelle fortune aurait cet orfèvre s'il n'avait pas eu à payer tous les lingots d'or qu'il a pesés !

— Vous n'auriez pas prononcé de telles paroles si vous les aviez pesées auparavant.

cents livres au lieu des deux cent-cinq qu'elle aura réellement pesé.

— Je ne puis déterminer les sommes énormes que cet édifice a coûté.

— Que de ducats, que de sequins, que de florins auraient valu et vaudraient tous les chefs-d'œuvre que le temps ou le vandalisme a détruits.

— Le vieil avare! comme il tenait à ses chiffons, à ses guenilles! Il nous les aurait pesés au trébuchet, milligramme par milligramme!

— J'ai écouté les raisons qu'il a fait valoir, je les ai pesées, et je l'absous.

— Quelle leçon pour vous que les dures épreuves que votre insouciance vous a coûtées!

— Que de victoires a values aux Français leur promptitude à l'attaque!

L' mis pour le pronom personnel *la*, placé devant le participe passé d'un verbe actif, veut ce participe au féminin singulier; *l'* mis pour *le*, représentant un membre de phrase, n'imprime aucune variabilité au participe passé, *l'* étant mis pour *cela*.

L' mis pour *cela*.

Invariabilité.

— Ce jeune dissipateur croyait que sa fortune était un puits sans fond; il se repent aujourd'hui de l'avoir si follement cru.

— Le procès a eu, pour les accusés, une issue plus heureuse que nous ne l'aurions espéré pour eux.

— C'est notre vieille gouvernante qui nous a trahis : qui l'aurait supposé?

— Cette difficulté, je l'ai reconnu, est au-dessus de vos forces.

— Leur réconciliation s'est opérée plus tôt qu'on ne se l'était figuré.

L' mis pour *la*.

Variabilité.

— La confidence que je viens de vous faire, je ne l'ai faite qu'à votre frère, et ne la ferai pas à d'autres.

— Votre intention est bonne du moins nous l'avons interprétée ainsi.

— La position de votre cousin est désespérée; les médecins l'ont déclarée telle depuis plus de deux mois.

— Cette assertion, vous l'avez soutenue avec trop de chaleur et d'opiniâtreté. — La franchise est toujours avantageuse à votre âge, vous savez combien nous vous l'avons recommandée.

— La chose s'est passée absolument comme je vous l'ai dit.

— Je vous dispense de répondre à cette question trop difficile pour vous ; je l'ai reconnue trop tard au-dessus de vos forces.

— Votre cousine étant borgne et bossue, on l'a reconnue très-facilement.

DU PARTICIPE PASSÉ DES VERBES UNIPERSONNELS.

Le participe des verbes essentiellement ou accidentellement unipersonnels est toujours invariable ; cette règle ne souffre aucune exception.

— César est un des plus grands capitaines qu'il y ait eu.

— Les vents violents qu'il a fait se sont, pour ainsi dire, chargés de la récolte des fruits.

— Vous ne soupçonnez même pas tous les sacrifices qu'il a fallu pour coloniser cette contrée.

— Les tempêtes qu'il y a eu cet hiver ont fait périr bien des marins et ruiné bien des armateurs.

— Vous savez tous les désagréments qu'il vous en a coûté pour avoir suivi de perfides conseils.

— Vous avez appris la faute de ce ministre ; on ne gémira que trop plus tard sur tous les malheurs qu'il en sera résulté.

Le peu de annonce la suffisance ou l'insuffisance : s'il y a suffisance, le participe est variable ; s'il y a insuffisance, le participe ne change pas. Dans le cas où *le peu de* marque la suffisance, cette expression peut se retrancher, ce qui ne saurait arriver dans le cas contraire ; enfin, nous devons faire observer que, dans le premier cas, le verbe de la proposition principale a pour sujet le substantif complément de *le peu* ; dans le second cas, *le peu* est sujet.

INSUFFISANCE,

Invariabilité.

— Le peu d'attention que vous avez apporté à la démonstration de ce théorême, fait que vous ne pouvez pas résoudre les problèmes qui s'y rattachent.

— Le peu de documents

SUFFISANCE,

Variabilité.

— Le peu de progrès que cet élève a faits ont contenté ses parents.

— Nous l'avons remercié du peu de bienveillance qu'il nous a témoignée.

— Il consacra aux malheu-

que j'ai recueilli sur l'histoire de cette province ne m'a pas permis de continuer le travail archéologique que j'avais commencé.

— Le peu d'attraits que lui ont offert la paléographie et la numismatique l'a fait renoncer à des études qui, outre certaines aptitudes, demandent surtout beaucoup de patience.

— Cet orateur s'est montré froissé du peu d'applaudissements qu'a reçu son discours.

— On l'a puni pour le peu de docilité qu'il a montré.

— Le peu de progrès que vous avez fait a mécontenté vos parents.

reux le peu de fortune que lui avait laissée la guerre.

— Je mets à la disposition, au service de la jeunesse le peu de connaissances que j'ai acquises.

— Le peu de modestie qu'on a remarquée en lui n'a fait que rehausser son mérite.

— Le peu de bons et loyaux services qu'il a rendus lui permettent d'attendre, d'espérer une récompense.

— Le peu de joie que vous avez manifestée nous a convaincus que cette offrande, toute minime qu'elle est, vous faisait plaisir.

Liste alphabétique des participes qui sont toujours invariables, parce qu'ils sont pris dans un sens absolu.

Nota. Les participes qui sont suivis de petits points (...), sont ceux qui, bien qu'appartenant à des verbes neutres, peuvent être employés adjectivement.

Abondé.
Abouti.
Aboyé.
Acquiescé.
Adhéré.
Afflué.
Agi.
Agonisé (t. pop.).
Alterné.
Apostasié.
Apostumé.
Appartenu.
Argumenté.
Atentit.
Asenti.
Atterré.
Avenu...
Avorté...
Babillé.
Badaudé.
Baguenaudé.
Bâillé.
Baliverné.
Ballé.
Banqueté.
Barguiné.
Bataillé.
Batifolé.
Baudi.
Bavé.
Bavardé.
Bayé.
Beuglé.
Biaisé.
Biglé.
Billardé.
Bivaqué.
Blondi.
Boité.
Bondi.
Bouffonné.
Bougé.
Bougonné...
Bouillonné...
Bouquiné...
Bourdonné.
Bourgeonné ..
Boxé...
Braconné.
Braillé.
Brelandé,
Brétaillé.
Bricolé...
Brigandé.
Brocanté (il s'emploie quelquefois activement).

Brillé.
Bronché,
Bruiné... (des blés bruinés).
Butiné.
Buvoté.
Cabalé.
Cabriolé.
Cadré.
Cagnardé.
Capitulé.
Caqueté.
Caracolé.
Carillonné.
Carrégé (louvoyé).
Chamaillé...
Chancelé.
Chaviré...
Cheminé.
Chevauché.
Chevroté...
Chicoté (t. pop.)...
Chu.
Chopiné.
Choppé.
Circulé.
Clabaudé.
Clapi.
Clati.
Clignoté.
Cliqueté.
Cloché.
Clopiné.
Coassé.
Coexisté.
Cohabité.
Coïncidé.
Commercé.
Compati.
Compôté.
Concordé.
Concouru.
Condescendu.
Connivé.
Consisté.
Contrasté.
Contrevenu.
Contribué.
Convenu (sortable; il ne peut, dans ce sens, s'employer qu'avec avoir).
Conversé.
Convolé.
Coopéré.
Correspondu.
Craqué.
Crêmé.
Criaillé.
Croassé.
Croulé.
Croupi...
Cuisiné.
Daigné.
Dandiné,
Debouqué.
Débâclé.
Débuté.
Décampé...
Déchanté.
Découlé.
Défailli.
Dégoutté.
Déjeûné.
Délinqué.
Déliré.
Démangé.
Démérité.
Démordu.
Déparlé.
Dépendu (de dépendance).
Dépéri.
Déplu.
Déradé.
Déraisonné.
Dérogé.
Désaffourché.
Désobéi...
Détonné.
Dévié.
Devisé.
Dîné.
Disconvenu.
Discordé.
Discouru.
Disserté.
Divagué.
Dodiné...
Doigté.
Dormi.
Drageonné.
Dupliqué.
Duré.
Ebouilli.
Enchéri.
Endêvé.
Endiablé.
Entre-lui.
Entre-nui,
Entre-répondu.
Equivalu.
Equivoqué.
Erré.
Escadronné.
Escarmouché.
Espadonné.
Essaimé...
Esté.
Estocadé.
Eté.
Eternué.
Etincelé.
Excellé,
Excipé.
Existé.
Extravagué.
Faibli,
Failli.
Fainéanté.
Falaisé.
Fallu.
Faonné.
Ferraillé.
Feuillé.
Fienté.
Finassé.
Flamboyé.
Fleuré.
Flotté... (on dit des bois flottés, des planches flottées).
Flué.
Flûté...
Foisonné.
Folâtré.
Forfait.
Forligné.
Forlongé.
Fougé.
Fourché.
Fourgonné.
Fourmillé.
Fraîchi.
Fraternisé.
Frémi.
Frétillé.
Fringué.
Frissonné.
Froidi.
Froué.
Fructifié.
Fureté...
Fusé.
Galopé.

Gambadé.
Gargoté.
Gargouillé.
Gasconné.
Gauchi.
Gazouillé.
Geint.
Gémi.
Gesticulé.
Giboyé.
Gigoté.
Glapi.
Gloussé.
Goguenardé.
Goinfré.
Grasseyé.
Gravité.
Greloté.
Grignoté.
Grimacé.
Grimpé,
Gringotté.
Grisollé.
Grisonné.
Grogné.
Grommelé.
Grouillé.
Grumelé.
Guerroyé.
Haleté.
Henni.
Herborsé.
Hésité.
Hogné.
Hurlé.
Inféré.
Influé.
Insisté.
Instrumenté (t. de pratique).
Intercédé.
Ivrogné,
Jailli.
Jappé.
Jardiné.
Jargonné.
Jasé.
Jeûné.
Jouaillé.
Joui.
Jouté.
Judaïsé.
Lambiné
Langui.
Larmoyé.

Lésiné.
Libertiné.
Louché.
Louveté.
Louvoyé.
Lui.
Lutté.
Maigri.
Malversé.
Maraudé.
Marché.
Maugréé.
Médit.
Méfait.
Menti.
Mésoffert.
Mésusé.
Miaulé.
Milité.
Molli.
Mué.
Mugi.
Murmuré.
Musé.
Nagé.
Nasillé.
Navigué.
Neigé.
Niaisé.
Niellé.
Nigaudé.
Nui.
Obéi...
Obtempéré.
Obvié.
Officié.
Oiselé.
Opiné.
Opté.
Oscillé.
Pacagé.
Palpité,
Pantelé.
Papillonné.
Paressé.
Parlementé.
Participé.
Paru.
Pataugé.
Patienté.
Patiné...
Pâti.
Patrociné.
Patrouillé.
Pâturé.

Péri.
Périphrasé.
Péroré.
Persisté.
Pesté.
Peté.
Pétillé.
Pétuné.
Philosophé.
Piaffé.
Piaillé.
Piétiné.
Picoré.
Pindarisé.
Pinté.
Piraté.
Pirouetté.
Pivoté.
Plu.
Pleurniché.
Point.
Polissonné.
Politiqué.
Ponté.
Pouliné.
Prédominé.
Préexisté.
Préjudicié.
Préludé.
Préopiné.
Prévalu.
Procédé.
Profité.
Prominé.
Prospéré.
Psalmodié.
Pué.
Pullulé.
Pupulé.
Quémandé.
Quillé.
(Quillé, t. pop. est actif).
Radoté.
Raffolé.
Râlé.
Rampé.
Rayonné.
Réagi.
Rebondi.
Récalcitré.
Récidivé.
Récliné.
Recouru.
Récriminé.

Redondé.
Refleuri.
Reflué.
Regimbé.
Régné.
Regorgé.
Rejailli.
Relui.
Remédié.
Renâclé.
Reniflé.
Renoncé.
Reparu.
Reparlé.
Répugné.
Repullulé.
Résidé.
Résisté.
Résonné.
Resplendi.
Ressemblé.
Ressorti à (t. de jurisprud.)
Ressué.
Résulté...
Retenti.
Rétrogradé.
Réussi...
Rêvassé.
Reviré.
Revécu.
Ricané.
Rimaillé (se prend aussi activement).
Riposté.
Ri.
Rivalisé.
Rôdé.
Rognogné.
Rôlé.
Ronflé.
Rossignolé.
Roté.
Roucoulé (il est parfois actif).
Roupillé.
Rugi.
Ruisselé.
Saboté.
Salivé.
Sangloté.
Sautillé.
Séjourné.
Semblé.
Serpenté.
Serpé...
Sévi.
Siégé.
Sombré.
Sommeillé.
Soupé.
Soupiré.
Sourcillé.
Souri.
Subsisté.
Subvenu.
Succédé.
Succombé.
Suffi.
Suinté.
Suppuré.
Surabondé
Surgi.
Surnagé.
Surplombé.
Survécu.
Symétrisé.
Sympathisé.
Tâché.
Tangué.
Tardé.
Tâtillonné,
Tâtonné.
Tempêté.
Temporisé.
Tergiversé,
Terri.
Testé.
Tiédi...
Tintamarré.
Tiqué.
Tisonné.
Tôpé.
Tournaillé.
Tournoyé.
Toussé.
Transigé.
Transpiré.
Transsudé.
Trébuché.
Tremblé.
Trembloté.
Trépigné.
Tressailli.
Trigaudé.
Trinqué.
Triomphé.
Trotté.
Truandé.
Truché.
Uriné.
Vacillé.
Vagabondé.
Vagué.
Valeté.
Vaqué.
Vécu.
Végété.
Venté.
Verbalisé.
Verbiagé.
Verdoyé.
Vermillé.
Vétillé.
Vicarié.
Vivoté.
Vociféré.
Vogué.
Voisiné.
Volé (signifiant voltigé).
Voleté.
Volté (t. d'escrime).
Voltigé.
Voyagé.

Liste des mots dans lesquels la lettre H est aspirée.

Ha ! (interject).
Hâbler.
Hâblerie.
Hâbleur.
Hache.
Hacher.
Hachebaché.
Hache-paille.
Hachereau.
Hachette.
Hachis.
Hachoir.
Hachure.
Hagard.
Haha (ouverture).

Hahé (t. de chasse).
Haie (buisson).
Haïe (cri des charretiers.)
Haillon.
Haim (t. de pêche).
Haine.
Haineux.
Haïr.
Haire.
Haïssable.
Halage.
Halbourg.
Halbran.
Halbrener.
Hâle.
Hâlé.
Hâler.
Haler (un bateau).
Haletant.
Haleter.
Haleur.
Halicte.
Halippée.
Hallage (droit de halle).
Halle.
Hallebarde.
Hallebardier.
Hallebreda.
Haller (t. de botanique).
Hallier (buissons épais, et filet).
Hallier (gardien d'une halle).
Halo.
Halochimie.
Halochimique.
Halodendre.
Haloennes.
Halogène.
Halographe.
Halographie.
Halographique.
Haloïde.
Haloir.
Halologie.
Halologique.
Halomancie.
Halophile.
Halosachne.
Halos-Anthos.
Halosydne.
Halot.
Halotechnie.
Halotechnique.
Halotessera.
Halothrichum.
Halothrie.
Halque.
Halte.
Halurgie.
Halurgique.
Ham.
Hamac.
Hamaux.
Hambourg.
Hambourgeois.
Hambouvreux.
Hamburge.
Hameau.
Harmonie.
Hampe.
Hamster.
Han (sorte de caravansérail).
Han (cri sourd et guttural).
Hanap.
Hanau (géog).
Hanche.
Hangar.
Hanneton.
Hanovre.
Hanovrien.
Hanscrit (ou sanscrit.)
Hanse.
Hanséatique.
Hansgrave.
Hansgraviat.
Hansière.
Hantal.
Hante (pique ornée d'un gonfalon).
Hanter.
Hantise.
Haplaire.
Happe.
Happe-chair.
Happée.
Happe-foie.
Happe-lopin.
Happelourde.
Happement.
Happer.
Haque.
Haquebute.
Haquebutier.
Haquenée.
Haquet.
Haquetier.
Harache.
Harai.
Harangue.
Haranguer.
Harangueur.
Haras.
Harasse.
Harassement.
Harasser.
Harassier.
Harauder.
Haraux.
Harceler.
Harcellement.
Hard.

Harde.
Hardeau.
Hardées.
Hardelée.
Hardelle (v. m.)
Hardement (v. m.)
Harder.
Harderie.
Hardes.
Hardi.
Hardiesse.
Hardiment.
Harem.
Hareng.
Harengade ou harenguière.
Harengale.
Harengaison.
Harengère.
Harengerie.
Harfleur (géog.)
Hargne (se hargner.)
Hargnerie.
Hargneux, se.
Hargnière.
Hargouler (v. m.)
Haricot.
Haridelle.
Harle.
Harlem.
Harnachement.
Harnacher.
Harnacheur.
Harnais.
Haro.
Harpailler.
Harpailleur.
Harpaye.
Harpe.
Harpé.
Harpeau.
Harpéphore.
Harper.
Harpeste.
Harpeur.
Harpie.
Harpiée (t. d'astr.)
Harpigner (se)
Harpin.
Harpiste.
Harpoire.
Harpo-lyre.
Harpon.
Harponner.
Harponneur.
Harponnier.
Harre.
Hart.
Harviau.
Hasard.
Hasarder.
Hasardeux.
Hasardeusement.
Hase.
Hasteur.
Hasties ou hastilles.
Hastiforme.
Hâte.
Hâtelet.
Hâtelettes.
Hâter.
Hâtereau.
Hâteur.
Hatichérif.
Hâtier.
Hâtif, ve.
Hâtiveau.
Hâtivement.
Hâtiveté.
Hâture.
Hauban.
Haubaner.
Haubanier.
Haubart.
Haubelone.
Haubergenier.
Haubergeon.
Haubergier.
Haubert.
Haulée.
Hausse.
Hausse-col.
Haussement.
Hausse-pied.
Hausse-queue.
Hausser.
Hausset.
Haussier.
Haussoir.
Haut, e.
Haut-à-bas (v. m.)
Haut-à-haut (t. de chasse.)
Hautain, e.
Hautainement.
Hautaineté.
Hautbois.
Haut-bord.
Haut-de-casse.
Haut-de-chausses.
Haut-dessus.
Haute-bonté.
Haute-bruyère.
Haute-contre.
Haute-cour.
Hautée.
Haute-futaie.
Haut-feuillet.
Haute-grive.
Haute-justice.
Haute-lice.
Haute-liceur ou haute-licier.
Haute-lutte.
Haute-marée.
Hautement.
Haut-en-bas.

Haute-paie.
Haute-police.
Haute-somme.
Hautesse.
Haute-taille.
Hauteur.
Hauteville (géog.)
Haut-fond.
Haut-goût.
Hautin.
Haut-juré.
Haut-justicier.
Haut-le-corps.
Haut-le-pied.
Haut-mal.
Haut-pendu.
Haut-somme (t. de méd. Vétér.)
Hauturier, ère.
Haüyne.
Havane (La.)
Havamaal.
Hâve
Haveau.
Haveneau.
Havenet.
Havelée.
Haveron.
Havet.
Havir.
Hâvre.
Hâvre-de-Grâce. (géog.)
Havresac.
La Haye. (géog.)
Haye, (cri de chasse.)
Hayer.
Hé !
Heaume.
Heaumer.
Heaumerie.
Heaumier.

Hèche.
Hein ?
Héler.
Henné.
Hennir (pron. hanir.)
Hennissement.
Henri.
Henriade.
Héraut.
Hère.
Hérissé.
Hérisser.
Hérisson.
Hérissonne.
Hérissonné.
Hérissonnement.
Hérissonner.
Herniaire.
Hernie.
Hernié.
Hernieux.
Héron.
Héronneau.
Héronnier.
Héronnière.
Héros.
Herpailles.
Herpe.
Herpétique.
Hersage.
Herschell (télescope, étoile de Herschell.)
Herse.
Hersement.
Herseur.
Herser.
Hersillon.
Hesse (géog.)
Hêtre.
Heu !
Heurt.

Heurtequin.
Heurter.
Heurtoir.
Hibou.
Hic.
Hideur.
Hideux.
Hie.
Hiement.
Hier, (verbe.) se hier.
Hiérarchie.
Hiérarchique.
Hiérarchiquement
Hiérarque.
Hille (botan.)
Hilon (méd.)
Hinguet.
Hinné ou henné.
Hisser.
Ho !
Hobereau.
Hoc.
Hoca.
Hocco.
Hoche.
Hochement.
Hoche-pied.
Hochepot.
Hochequeue.
Hocher.
Hochet.
La Hogue, (géog.)
Holà.
Holement.
Holer.
Hollandais.
Hollande.
Hollandé.
Hollander.
Hollandille.
Hollandiser.
Holstein, (géog.)

Hom !
Homard.
Homardien.
Hon! (interj.)
Honchets.
Hongre.
Hongréline. (v. m.)
Hongrer.
Hongrie.
Hongrois.
Hongroyeur.
Hongrieur.
Hongroyer.
Honnir, honni.
Honnissement.
Honnisseur.
Honte.
Honteux, se.
Honteusement.
Hoquet.
Hoqueton.
Horde.
Horion.
Hors, (prép.)
Hors-d'œuvre.
Hors-œuvre.
Hotte.
Hottée.
Hotteur, euse.
Hottentot, e.
Hottentotie.
Houache.
Houage.
Houblon.
Houblonner.
Houblonnière.
Houcre ou hourque.
Houe.
Houer.
Houette.
Houguines.
Houillage.
Houille.
Houilleau.
Houiller.
Houillère.
Houilleur.
Houilleux.
Houillite.
Houle.
Houlette.
Houleux.
Houli.
Houp ! (interj.)
Houpette.
Houppe.
Houppée.
Houppelande.
Houpper.
Houppier.
Houra ou hourra.
Houque ou houlque.
Hourailler.
Houraillis.
Hource.
Hourdage.
Hourder.
Hourdi.
Hourdis.
Houre.
Houret.
Houri.
Hourque.
Housardaille.
Housarder.
Housche.
Houseaux.
Houspillage.
Houspiller.
Houspilleur.
Houspillon.
Houssage.
Houssaie.
Housard.
Housse.
Housseau.
Housser.
Housset.
Houssettes.
Houssières.
Houssine.
Houssiner.
Houssoir.
Houstalar.
Houvet.
Houx.
Houzures.
Hoyau.
Hoyé.
Huage.
Huaille.
Huard.
Huau.
Hublot.
Huch.
Huche.
Hucher.
Huchet.
Hue !
Huée.
Huer.
Huerie.
Huguenot, e.
Huguenoterie.
Huguenotique.
Huguenotisme.
Huhau !
Huit.
Huitain.
Huitaine.
Huitième.
Huitièmement.
Huit-pieds.
Hululer.
Humer.
Hune.
Hunier.

Huppe.
Huppé.
Huppe-col.
Hurasse.
Hure.
Hurhau.
Huri.
Hurlement.
Hurler.
Hurleur.
Hussard, à la hussarde.
Hutte.
Hutter.
Hutin, (Louis-le-Hutin.

La voyelle *Y* est aspirée dans les mots :

Yacht, petit bâtiment à voiles et à rames.
Yatagan, sorte de poignard turc.
Yole, sorte de petit canot léger.
Yucca, plante exotique de la famille des liliacées.

Nota. Voir et consulter notre *Grammaire et Dictées en texte suivi*, pour tout ce qui a rapport aux autres questions syntaxiques et à l'orthologie.

FIN DE LA GRAMMAIRE.

FIN DE LA TABLE.

Wassy. — Imp. Mougin-Dallemagne.

MÊME LIBRAIRIE

Manuel complet et gradué de la composition française, ... de sujets entièrement neufs en tous genres : narrations, ... tres, descriptions, tableaux, etc., tirés de nos meilleurs auteurs, ... pres à être donnés en devoirs dans les colléges, par A. F... *Matières, sans les corrigés, à l'usage des élèves*. 2 vol. in-...

Le même ouvrage, matières, préceptes et corrigés à l'usage des ... 2 vol. in-12.

Traité de la Narration et de l'Analyse littéraire, avec des ... tirés des meilleurs auteurs, par A. Fresse-Montval. 2 vol. in-12. ... fr.

Cours de Lectures morales, composé des plus beaux traits tirés des auteurs sacrés et profanes, et propres à mettre en relief les vertus chré-tiennes, pour servir de lecture courante dans les écoles, par A. Fresse-Montval. 1 vol. in-12 de 332 pages. 1 fr. ...

Géographie de l'enfance avec Questionnaires, par le même auteur. In-18. 60 c.

Atlas de Géographie du même auteur. Grand in-8, composé de 8 cartes ... teur, fort bien gravées et coloriées. 1 fr. ...

— **Le même Atlas**, composé de 16 cartes. ...

Premières Connaissances à l'usage des enfants, par M. Legoût, instituteur.

Histoire sainte.........	15 c.	Géométrie pratique......	25 c.
Grammaire française.....	30	Histoire de France......	15
Arithmétique............	25	Géographie..............	15

Les six parties cartonnées en 1 vol. in-8. 60 c.

Choix de Fables françaises en vers tirées des meilleurs fabulistes, sur les vertus, les vices, les qualités ; pour servir de second livre de lecture dans les écoles, par M. Rigaud, professeur au lycée de Lyon ; 3e édition. 1 vol. in-18. 80 c.

Corbeille poétique du jeune âge, ou Recueil de leçons littéraires, morales et religieuses, empruntées à nos meilleurs poëtes anciens et modernes, par M. Buron. In-18. 1 ...

Fables et morceaux divers, choisis dans nos meilleurs auteurs et annotés pour l'usage des classes élémentaires, par le R. P. Champeau, ancien supérieur de petit séminaire. 1 vol. in-18. 1 fr.

Recueil de Dialogues à l'usage des enfants, par le R. P. Champeau. 1 vol. in-18. 1 fr.

La Bruyère. Des Ouvrages de l'esprit. In-18. ...

Lectures sur les découvertes dans l'Industrie et dans les Arts. Livre de lecture courante à l'usage des enfants de douze à quinze ans, par M. Labare, officier de l'instruction publique. 1 vol. in-12. 1 fr.

PARIS. — IMP. SIMON RAÇON ET Cᵉ, RUE D'ERFURTH, 1.

www.ingramcontent.com/pod-product-compliance
Ingram Content Group UK Ltd.
Pitfield, Milton Keynes, MK11 3LW, UK
UKHW020951230726
13923UKWH00007B/257